정치하는
엄마가
이긴다

정치하는 엄마가 이긴다

• 모성 신화를 거부한 엄마들, 반격을 시작하다 •

정치하는엄마들 지음

생각의힘

차
례

다시 또 이렇게, 우리 만납시다

벚꽃잎이 떨어지고 녹빛이 피어오르는 계절에 우리는 만났습니다. 엄마가 된 후 알게 된 세상은 모순과 비상식 덩어리였고, 거대한 벽 앞에 서 있는 우리는 각자가 알아서 모든 어려움을 감내해야 하는 시절을 살아내던 차였습니다.

2017년 4월 22일, 우리는 꽃잎처럼 화사한 아이들의 손을 잡고 모여 앉았습니다. 우리 아이들, 엄마가 된 우리, 그리고 이 사회의 모든 이들이 함께 살아갈 더 나은 세상을 위해 할 수 있는 일이 무엇일지 머리를 맞댔습니다. 아이들과 함께한 자리는 부산하고 소란했지만, 이보다 더 진지하고 뜨거운 토론은 보지 못했습니다.

그동안 외딴섬처럼 존재하던 엄마들은 그렇게 '우리'로 거듭났습니다. 집 안에 갇혀 있던 '가정의 천사'들은 집 밖으로 당당히 걸어 나와 이 사회의 한가운데에 서기로 했습니다. 우리는 24시간 육아에 매진해야 하는 일상 속에서도 이야기를 나눌 수 있는 줄기를 찾아냈고, 밤마다 가상의 공간에서 만나 이 사회의 구조적 문제를 신랄하게 비판하며 대안을 찾기 위한 토론을 이어갔습니다. 첫 만남 이후 2개월 만에 비영리단체 '정치하는엄마들'을 창립했습니다.

정치하는엄마들은 줄곧 우리 사회에 의미 있는 메시지들을 던졌습니다. 우리는 이 사회를 지탱하는 가부장제와 자본주의라는 공고한 질서에 존재하는 차별과 비합리성에 질문을 던지는 존재가 되었습니다. 노동 시장에서 소외되고 배제되어 온 모성의 문제, 최소한의 돌봄 환경조차 누리지 못하는 아이들의 권리에 대한 문제, 남녀노소 평범한 생활인들이 겪는 무너진 삶의 균형에 대한 문제, 성불평등한 사회의 질서와 억압으로 고통받는 여성의 문제···. 우리가 제기하는 문제들은 결국 이 사회의 모든 모순을 머금은 병리 현상과도 같았습니다. 이 문제들을 해결하지 않으면 우리 아이들의 미래는 지금보다 더한 고통으로 가득할 것이 눈에 선했습니다.

그래서 정치하는엄마들은 세상에 나가고, 세상을 설득하고, 세상과 싸우고 있습니다. 싸우지 않으면 결코 변하지 않는다는 것을 잘 알기 때문입니다. 내가 싸우지 않으면 아무도 대신해서 싸워주지 않는다는 것을 잘 알기 때문입니다. 지금 싸우지 않으면 우리 아이들이 싸워야 한다는 것을 잘 알기 때문입니다. 그러나 우리의 싸움은 상대를 제압하고 짓누르기 위한 것이 아니라, 삶을 향한 의지이자 동시대인들에게 내미는 손길입니다. 함께 더 나은 세상을 만들자는 제안입니다.

정치하는엄마들이라는 이름에서 방점은 '하는'에 찍혀 있습니다. 우리 사회에서 '정치'는 권력과 이익을 좇고 자리를 보전하는 부정적인 행위로 인식되곤 합니다. 그러나 우리는 정치야말로 세상을 좀 더 살 만한 곳으로 바꾸기 위해 개인이 실천할 수 있는 최소한의 행동이라고 생각합니다. 우리가 행동한다면 세상은 조금씩 변화할 것입니다. 정치하는엄마들은 정치를 통해 ▲ 엄마들의 직접적인 정치 참여로 모든 엄마가 차별받지 않는 성평등 사회 ▲ 모든 아이가 사람답게 사는 복지 사회 ▲ 모든 생명이 평화롭게 공존하는 비폭력 사회 ▲ 미래 세대의 환경권을 옹호하는 생태 사회를 만들고자 합니다.

우리가 아이들 손을 잡고 만났던 그때로부터 꼭 1년의 세월이 흘렀습니다. 지난 1년간 정말 무수히 많은 일들이 있었습니다. 그리고 많은 변화가 일어나고 있습니다. 정치하는엄마들은 현실의 벽으로 인해 계속되는 좌절 속에서도 싸우고자 하는 의지와 희망으로 더욱 단단해지고 있습니다. 각자가 알아서 묵

묵히 어려움을 감내하는 외딴섬이었던 우리는 이제 함께 손을
잡고 세상을 향해 한목소리를 내는 공동체가 되었습니다. 우리
의 목소리는 세상에 울리고 있습니다.

그리고 다시, 잎이 움트는 계절입니다. 또 다른 도약을 꿈
꾸는 정치하는엄마들이 지난 1년간의 시간 속으로 당신을 초
대합니다.

다시 또 이렇게, 우리 만납시다. 함께합시다.

정치하는엄마들

1부

우리는 왜
정치하는엄마들이
되었나

* 1부의 글은 정치하는엄마들 카카오 스토리
펀딩 시즌1 〈그들은 왜 '정치하는 엄마'가
되었나〉의 원고를 바탕으로 이고은 공동대
표가 재구성하는 과정을 거쳤습니다.

정치하는엄마들의 탄생

글쓴이 | 강미정, 임아영

"우리 만납시다"

2017년 4월 22일. 정치하는엄마들이 태동한 날. 당시만 해도 우리는 이날의 만남이 우리의 삶을 이렇게까지 바꿔놓을 줄 몰랐다. 그날 이후, 많은 엄마들의 삶이 변화했다. 그리고 지금 이 시간에도 엄마들이 바라는 세상, 그리고 엄마들을 바라보는 세상은 쉬지 않고 조금씩 변화하고 있다.

첫 단추는 장하나 전 국회의원이 끼웠다. 2017년 3월 25일 토요일, 〈한겨레〉 칼럼 '장하나의 엄마 정치'에서 장 전 의원은 이렇게 말했다.

정치에 여성(엄마)들이 나서야만 독박육아를 끝장내고 평등하고 행복한 가족 공동체를 법으로 보장받을 수 있습니다. 그래야만 우울한 여성의 시대에 종지부를 찍을 수 있습니다. 그래야만 여러분의 아이들과 제 딸 두리에게 인간적이고 합리적인 사회를 전해줄 수 있습니다. 저와 마음이 통하신다면, 이제 우리 만납시다.

"우리 만납시다" 한마디에 '꽂힌' 전국의 엄마들은 장 전 의원이 개설한 페이스북 페이지 '엄마 정치(https://www.facebook.com/political.mamas)'에서 온라인으로 만났다. 그러나 얼마 지나지 않아 집 안에 갇혀 모니터 앞에 앉은 채로는 할 수 있는 이야기도, 할 수 있는 일도 한계가 있다는 것을 깨달았다. 가상의 공간에서 하나둘 모인 엄마들은 실제로 얼굴을 마주하고 싶어졌다. 나와 같은 경험, 나와 같은 고민을 하고 있는 이들을 만나고 싶었다.

장 전 의원의 첫 칼럼 이후 한 달 만에, 각지에서 온 엄마들이 만났다. 엄마들은 마치 더 이상은 참을 수 없었다는 듯, 벅찬 마음과 상기된 표정으로 달려왔다. 그렇게 30명 남짓의 엄마들이 첫 모임 장소인 서울 대방동 여성플라자에 모였다.

이날 모임은 아이를 맡길 곳이 없어 어디든 편히 갈 수 없는 엄마들에게도 걱정이 없었다. 엄마들의 사정을 누구보다 잘 아는 엄마 당사자들이 만든, 엄마들이 주인공인 자리였기 때문이다. 장소는 지하철역과 가까우면서 유모차 접근이 용이한 곳으로 정했고, 아이들과 함께 자리해도 눈치 볼 필요가 없도록 모임의 공간을 구성했다. 둘러앉은 엄마들이 만든 원 안에 돗자리를 깔았고, 아이들은 엄마들이 이야기를 나누는 동안 마음껏 그림을 그리고 간식도 먹었다.

남편에게 아이를 맡기고 참석한 엄마들도 있었지만 백일이 갓 지난 아기, 갓 걸음마를 뗀 아기, 뛰어다니는 아이와 함께 참석한 엄마들도 많았다. 엄마들이 이야기하는 동안 아이들이 보채기도 했다. 공공장소에서는 아이가 울기만 해도 눈치가 보였지만, 여기에서는 아무도 눈치를 주지 않았다. 모두가 엄마였기 때문이다. 원래 아이들은 그런 존재라는 것을 으레 알기 때문이다. 그래서 엄마들은 마음이 편안했다.

한 엄마가 마이크를 잡았을 때 아이가 칭얼대자 옆에 앉은 다른 엄마가 달래주었다. 어느새 모두가 모두의 아이를 조금씩 돌보는 게 당연해졌다. 부모와 아이들이 함께 어우러진, 부산하지만 따뜻한 모임. 매월 진행하는 정치하는엄마들의 정기 집단 간담회는 이후로도 계속 같은 형태로 이어지고 있다.

첫 모임에서부터 수도권뿐만 아니라 울산, 세종시 등에서 온 열혈 엄마들이 있었다. 울산에서 온 엄마는 생일 선물로 외출권을 획득해서 왔다고 말했다. 다들 환호했다. 혼자만의 외출권이 왜 그토록 환호할 만한 선물인지 엄마들이라면 이해할 수 있을 것이다.

이날의 주제는 '엄마의 삶 그리고 정치: 독박육아 대 평등육아'였다. 장하나 전 의원이 먼저 말문을 열었다.

청년 비례대표였던 제가 국회의원이 된 뒤 임신을 했다고 하면 '여자를 뽑아놓으니 애 낳고 쉰다'는 말을 들을까 봐 당당하지 못했어요. 아르헨티나의 여성 국회의원이 국회 본회의장에서 모유 수유하는 사진을 보고 후회했어요. 조금 더 당당하게 행동할걸, 하고요. 2016년 기준으로 20대 국회의원 전수 조사 결과, 평균 재산이 41억 원, 평균 연령은 55세, 83퍼센트가 남성입니다. 애초부터 엄마들을 대변할 수 없어요.

둥글게 모여 앉은 엄마들이 자기소개를 하는 데만 3시간이 걸렸다. 자신을 소개하는 시간은 잠깐이었고 나머지는 내내 앉아서 다른 엄마들의 이야기를 듣기만 하는 시간이었다. 그럼에도 다들 전혀 지루함을 느낄 수 없는 표정이었다. 모두 다 나의 이야기였기 때문이다. 어쩌면 이렇게 다들 비슷할까. 아이를 안고 온 한 엄마는 말했다.

어른하고 얘기하고 싶어서 왔어요. 아이들 행동은 이해가 안 되잖아요. '얘는 도대체 왜 울지?' 하게 되고요.

엄마들은 "와, 나랑 똑같아" 하며 박수를 치고 웃었다. 그러나 웃는 엄마들보다는 우는 엄마들이 더 많았다. 엄마로서의 삶과 자신의 인생을 소개하는 일은 이 사회에서 엄마이기 때문에 겪는 불합리와 모순에 대한 고발이기도 했다. 그 울음은 세상을 향한 엄마들의 첫 외침이었다. 정치하는엄마들의 출발이었다.

엄마들은 왜 만나서 울었을까

저는 72년생이에요. 아이들 둘 낳고 키우다가 야근이 너무 많아 주중에는 시어머니가 키워주시고, 주말부부로 살았어요. 그러다 직장을 그만두고 다른 일을 시작했죠. 최근 우리 사회 여성의 삶을 다룬 소설 『82년생 김지영』을 읽고 저보다 10년 후배들이 겪는 상황도 저와 똑같다는 사실을 알게 됐고, 정말 끔찍했어요. 딸이 고1, 고3이라 마음이 급해졌습니다. 제가 겪은 걸 똑같이 겪어야 하다니요. 그래서 이 자리에 나오게 됐습니다.

— 40대 중반, 조은아

임신 사실을 회사에 알리지 않았어요. 어느 날 마음먹고
알리려고 하는데 상사가 그러는 거예요. "일을 잘하던
직원들도 애 낳으면 별 볼 일 없더라고." 결국 말을 못했어요.
                                            - 30대 중반, 김○○

둘째를 낳은 뒤 다시 무언가를 할 수 없을 거란 느낌이
들었어요. 그런데 남편은 자신의 일과 가정을 함께
가져가더라고요. 세상에 구조적으로 배신당했다는 느낌이
들고 내 헌신은 무얼까 싶어 우울했습니다.
                                            - 30대 초반, 조성실

대학원 졸업하고 연구 조교로 활동하다가 임신을 했어요.
초기에 입덧이 심해서 주위에 알리고 도움도 받았는데, 마침
그때가 중요한 프로젝트가 있던 시기였죠. 배려받는 줄
알았는데 나중에 알고 보니 저를 배제한 거더라고요. 부끄럽고
민망해서 일을 그만뒀습니다.
                                            - 30대 중반, 권미경

육아의 즐거움은 모르고 살았어요. 남편은 새벽 여섯 시에
나가서 애들 자면 들어오고, 주말에도 일하고요. 경력단절에
대한 상실감이 커서 제 인생이 없어지는 기분이었어요.

후배들이 아이 때문에 퇴사를 고민하면 입주 도우미를
써서라도 일은 그만두지 말라고 이야기해요. 개인의 문제가
아니다, 내 잘못이 아니다, 그렇게 생각하면서 작은 힘이라도
연대하고 싶어서 나왔습니다. 생각만으로는 바뀌지 않잖아요.

– 40대 초반, 이○○

　　엄마들의 생생한 이야기는 서로의 마음을 울렸다. 그리고
실제로도 모두가 눈물을 훔쳤다. 엄마들은 자기 이야기를 하다
가도, 다른 엄마들의 이야기를 듣다가도 울컥했다. '경단녀(경
력단절 여성)'가 되고 만 현실, 나를 잃어버린 것 같은 상실감,
조직의 분위기 때문에 임신 사실조차 말하기 힘든 데서 느낀
자괴감, 슈퍼우먼 신화와 그에 따른 콤플렉스, 육아를 오로지
엄마에게만 떠넘기는 사회에 대한 분노까지…. 봇물 터지듯 나
오는 엄마들의 비명.

　　다들 외롭고 힘들었는데, 외롭고 힘들다는 사실조차 말할
곳이 없었다. 엄마로서의 삶이 고통스러웠지만 그동안 그 이야
기를 할 공적인 통로가 없었다. 엄마됨의 어려움, 고통, 우울을
털어놓으면 이 사회의 '모성 신화'로부터 이탈한 비정상인이
되기 일쑤였던 탓이다.

　　우리 중 누군가는 친구들에게 하소연을 하고 사적으로 고
민을 토로하기도 했겠지만, 그러고 나면 허망함만이 남곤 했

다. 나아진 게 없고 나아질 거라는 희망도 없으니. 나를 괴롭히는 문제들의 근원적인 해결책을 찾지 않으면, 무수했으나 잠시 떠돌던 말들로 결국엔 또 잊힌다는 것을 아니까. 이제야 이렇게 마음 놓고 자기 이야기를 할 수 있고 마음껏 웃고 울 수도 있는 자리를 찾은 것이다.

엄마들은 몸으로 느낀다. 육아에는 모든 문제가 겹쳐 있다는 사실을. 노동, 보육, 교육, 주거…. 어느 것 하나 관련되지 않은 게 없다. 부모가 제때 퇴근하지 못하는 까닭에 아이들은 유아동기 때부터 학원을 전전한다. 학원은 교육을 위한 것이 아니라, 노동시간이 긴 부모들이 '울며 겨자 먹기'로 선택할 수밖에 없는 보육 대안이다. 그리고 여기에서부터 출발한 사교육은 학령기가 끝날 때까지 이어진다. 노동시간이 길고 저녁 없는 삶을 사는 부모들은 자식들이 '헬조선'의 울타리를 조금이라도 뛰어넘길 바라며 교육에 헌신한다.

교육 문제는 부동산 문제와 떼놓을 수 없다. 학군에 따라 집값은 천정부지로 뛰고, 임금보다 훨씬 가파르게 올라가는 집값을 감당할 수 없는 부모들은 절절맨다. 맞벌이를 하고 저녁을 반납해도 미래가 보이지 않는 현실, 손익을 따지다 부부 중한 사람이 일을 그만두고 아이들에게 집중하기로 결정하는 순간 경력단절과 독박육아가 시작된다. 대부분 임금이 더 적은 엄마가 그 주인공이 된다. 일과 육아를 병행하는 엄마들이라면

1부 우리는 왜 정치하는엄마들이 되었나

가랑이가 찢어질 것 같은 기분을 느낀다. 일과 육아 어느 쪽도 발을 뗄 수 없어 한쪽 다리씩 걸쳐 있는 기분 말이다. 그런 일상은 지속 가능하지 않다. 일을 하건 하지 않건, 엄마는 우울하고 그 우울은 아이에게도 전염된다.

어떻게 살아야 하는지 답이 나오지 않았어요. 그러다 문득 깨달았죠. 아무도 내 문제를 해결해주지 않는다는 것을요. 대통령이 바뀌어도, 국회의원들이 바뀌어도 내 문제는 우선순위 밖이라는 것을요. 다들 인구 절벽과 저출산 문제를 걱정하는 척하지만, 정작 아이들을 위한 투자는 언제나 후순위라는 것을요. 그렇다면 내가 바뀌어야지 싶었어요. 내 문제를 내가 해결하려고 하지 않으면 아무도 해결해주지 않잖아요. 엄마 정치 모임도 그래서 참여했습니다. 나는 엄마이고, 무엇이 문제인지 아니까요.

— 30대 중반, 임아영

엄마들은 독박육아를 만드는 사회 구조를 평등육아를 할 수 있는 환경으로 바꿀 수 있는 방법에 대해 함께 고심하기로 했다. 아이 하나를 키우는 데 온 마을이 필요하다는데, 지금은 마을은커녕 모두가 각자도생하는 시대가 아니던가. 엄마들은 이 문제를 엄마는 물론 아빠도 함께, 그리고 사회가 함께 풀어

© 강미정

맞벌이를 하고 저녁을 반납해도 미래가 보이지 않는 현실. 손익을 따지다 부부 중 한 사람이
일을 그만두고 아이들에게 집중하기로 결정하는 순간 경력단절과 독박육아가 시작된다.

갈 수 있는 방법을 모색하기로 했다.

답은 결국 정치였다. 정부와 국회는 그동안 무엇을 했는지 헛헛한 공약만이 난무했을 뿐, 부모 당사자들은 정치의 효과를 체감하지 못했다. 2005년 9월부터 보건복지부 산하 자문기구인 저출산고령사회위원회가 있어왔지만 출산율은 나날이 떨어지고 있다. 정치가 부모를 두려워하지 않으니, 말로만 정치를 한 탓이다.

우리는 행동하기로 했다. 결국 행동하는 것만이 답이기 때문이다. 아이 키우는 양육 당사자를 대변할 국회의원이 없다면 당사자 스스로가 목소리를 내면 된다. 혼자서는 어렵지만 함께 목소리를 모으면 힘이 생긴다. 어쩌면 '엄마'는 정치와 가장 잘 어울리는 단어일 것이다. 생활의 최전선에 서 있는 존재이기 때문이다.

첫 모임이 끝나고, 모임의 이름을 정했다. 정치하는엄마들 준비위원회.[1] 우리는 직접 정치를 하고자 뜻을 모았다. 당사자가 행동해야만 가장 잘 바꿀 수 있다는 믿음을 공유했다. 정치란 늘 욕망의 또 다른 이름으로 여겨지는 게 그간의 현실이었지만 그렇다고 해서 정치라는 이름을 비껴갈 수는 없었다. 정치가 아니라면 불합리하고 모순덩어리인 엄마들의 현실이 바뀔 수 없다는 사실을 잘 알고 있기 때문이다. 그래서 우리는 당당히 '정치하다'라는 능동사를 쓰기로 했다.

외롭고 힘들어 혼자 울던 엄마들이 서로를 향해 울음을 토해내고, 그 눈물에서 연대의 싹이 움텄다. 우리는 집 안에서 나와 세상 밖으로 나가기로 했다. 함께 손잡고 웃으며 걸어가기로 했다.

정치하는엄마들의 아지트, '텔방'

정치하는엄마들 준비위원회를 꾸린 뒤, 우리에게 절실한 것은 언제 어디서든 이야기를 나누고 뜻을 모을 수 있는 아지트였다. 정치를 통해 행동하기로 했는데, 정작 엄마들에게는 행동할 수 있는 시간과 공간이 절대적으로 부족했기 때문이다. 엄마가 되고 나서 우리는 하루 종일 아이들을 돌보느라 온전한 나만의 시간과 독립된 공간을 가지지 못했다. 그런 엄마들이 모여서 정치적 목소리를 내고 행동한다는 것은 물리적으로 불가능에 가까운 일이었다. 이제껏 우리 사회에서 정치하는엄마들과 같은 존재가 만들어질 수 없었던 가장 큰 이유일 것이다.

하지만 지금은 21세기, 4차 산업혁명을 논하는 스마트 시대가 아니던가. 우리의 첫 만남을 견인했던 것도 페이스북이라는 온라인 공간이었다. 엄마들의 한정된 시·공간 자원을 효율적으로 쓰기 위해서는 우리의 아지트 역시 스마트해야 한다는 데 공감했다. 그 때문에 정치하는엄마들이 감사와 경의를 표해야 할 사람 중에는 스티브 잡스와 마크 저커버그도 포함되어야 한다는 데 많은 엄마들이 동의하고 있다. 우리는 첫 만남의 열의를 이어가기 위한 새로운 공간으로 온라인 단체 대화방을 개설하기로 했다.

우리는 많고 많은 온라인 채팅 플랫폼 가운데 '텔레그램'을 선택했다. 검열의 위험성이 있는 국내 플랫폼들은 미덥지 않았다. 정치하는엄마들은 가부장적이고 보수적인 현 사회 체제를 위협하고 전복시킬, 전에 없던 새롭고 '위험한' 존재가 될 것이라는 농반진반의 대화 끝에 내린 결정이었다.

'텔레그램방(이하 텔방)'이 개설되자 엄마들의 대화는 밀물처럼 쏟아졌다. 어느 날은 사적 취향을 고백하는 수다로 십 대 소녀처럼 들떴다가, 어느 날은 사회적 이슈와 정책 의제에 대해 치열하게 토론하는 운동가가 되어 대화창을 뜨겁게 달구었다. 일상의 언어와 정치의 언어가 뒤섞이고, 재미와 공감을 느끼다가 의식화와 행동으로 이어지는 공간. 엄마들은 이 온라인 공간에서 엄마가 되고 나서 잊고 지냈던 자신의 내면을 다시금 들춰내고 서로를 다독이며 함께 나아가는 새로운 경험을 시작했다.

텔방에서는 시간의 제약 역시 문제 될 게 없었다. 밤 열 시, 정치하는엄마들 텔방에서 가장 뜨거운 시간은 바로 '육퇴(육아

퇴근)' 시간이다. 낮 동안 악동 같던 아이들이 모두 잠들어 천사로 변하는 마법의 시간. 비로소 자유의 몸이 된 엄마들은 밤 열 시부터 하나둘 텔방에 입장해 새벽녘까지 치열한 대화를 이어갔다. 아이들을 재우다 깜빡 잠들어버리는 날이면 다음 날 수백 개의 메시지 폭탄을 맞이하는 당혹감을 느끼기 일쑤였다.

> 프듀 보고 왔더니 메시지가 318건 쌓여 있네요.

> 프듀는 뭔가요?

> 모르세요? 아, 다, 다들 열심히 사시는군요…. 하하.

텔방이라는 마법 같은 시·공간에서 우리는 '엄마'를 벗고 잃어버렸던 '나'로 돌아오기도 했다. 대화 중 종종 사라졌다가 다시 등장하는 한 엄마는 아이돌 오디션 TV 프로그램인 〈프로듀스 101〉의 팬이었다. 줄곧 날카로운 통찰로 깊이 있는 논의를 이끌던 그였는데, 아이돌 지망생들의 이름을 다 꿰고 있을 정도로 열렬한 팬심의 소유자였던 것이다.

그의 고백을 시작으로, 엄마들은 엄마가 된 이후로 감추고 잊은 채 살았던 취향을 드러내기 시작했다. 원조 아이돌 사생팬 출신의 경험담부터, 한 배우를 15년 동안 변함없이 좋아해 온 무한 애정 이야기, 일드·미드·영드 섭렵기, 방 한쪽 벽면을 가득 채울 정도로 열정을 쏟는 플레이모빌 컬렉션까지…. 엄마들은 엄마 이전에 오롯한 한 사람으로 존재했던 자신의 모습을 소환하고 교감하면서 서로가 친구이자 동지가 되어갔다.

때로는 웃지 못할 에피소드도 생겼다. 아이를 재우려 품에 안은 채 한 손으로 휴대폰을 들고 하는 처지다 보니, 텔방에서는 심심찮게 오탈자가 등장했다. 엄마의 휴대폰을 손에 넣은 아이들이 등장해 종종 알 수 없는 외계어 같은 문자들이 출몰하기도 했다. 그러던 중, 정치하는엄마들의 출범을 위해 각자의 역할에 대해 대화하다가 한 엄마가 이렇게 말했다.

미역하게나마, 맡겨주시면 해볼게요.

미력하게나마? 미약하나마? 한 아이는 업고 한 아이는 안고서, 한 손으로 겨우겨우 자판을 치다가 벌어진 해프닝이었다. '미역하게나마'가 왜 등장할 수밖에 없었는지 너무도 잘 알고 있는 엄마들은 여기저기서 제창하기 시작했다.

저도 미역하나마 돕겠습니다.

여기 미역 하나 더!

이후로 '미역'은 정치하는엄마들의 공식 유행어가 됐다. 아이들을 돌보느라 부족한 시간과 자유롭지 않은 몸, 그럼에도 세상을 조금이라도 바꿔보겠다는 고귀한 의지와 뜨거운 열정. 그 모든 상황을 고스란히 담고 있는 오자가 바로 '미역'이었다.

정치하는엄마들은 이후로도 줄곧 온 마음을 다해 '미역'을 감고 있다.

역사는 텔방에서 쓰인다

엄마의 삶에 대해서는 누구도 가르쳐주지 않는다. 아니 누군가 가르쳐준다 하더라도, 그 누구도 제대로 알 수 없다. 엄마의 삶을 직접 경험해보지 않고서는 말이다.

그래서 엄마들은 자신과 같은 경험을 한 사람을 찾는다. 이미 경험한 사람의 이야기는 깊은 위로가 되고, 어떤 전문 서적보다 실용적인 정보가 된다. 엄마들이 온라인 커뮤니티에서 각종 경험과 정보, 지식을 나누는 이유는 바로 그 때문이다. 정치하는엄마들의 텔방 역시 여느 '맘카페'들과 마찬가지로 서로의 경험과 정보를 나누는 공간이기도 하다.

어린 아이들은 시시때때로 아프다. 예측은 불가능하다. 아이가 아프면 엄마도 아프다. 아픈 엄마는 분주하고 산만해진다. 엄마가 아프면 온 집안이 엉망진창이 된다. 엄마들의 무거운 어깨 위에 무거운 짐이 하나 더 올려진다.

정치하는엄마들을 시작할 때도, 본격적으로 활동할 때도, 거리로 나설 때도 아픈 아이들은 항상 있었다. 텔방에서는 늘 아이들의 질병, 사건·사고에 대한 이야기가 끊이지 않았다. 아이가 아픈 와중에 무언가 새로운 일을 도모한다는 건 만만찮은 일이다. 하지만 우리는 그 상황을 마냥 위로하며 한숨만 내쉬는 데 그치지 않았다. 눈앞에 닥친 어려운 현실은 오히려 전의를 불태우는 동기가 되었다.

하루는 누군가 텔방에서 폐렴, 기관지염을 앓는 아이에 대한 고민을 털어놨다. 그러자 비슷한 문제를 겪었던 엄마가 배도라지즙을 권했고, 또 다른 엄마는 아이의 안전한 먹거리를 위해 생활협동조합을 이용할 것을 권했다. 의료, 먹거리, 환경 문제는 엄마들의 자연스러운 일상적 관심사였다.

제 아이를 먹이고 돌보는 과정 속에서 엄마들은 여러 분야의 준전문가가 되기 마련이다. 그래서 엄마들이 머리를 맞대면 늘 제도의 허점에 대한 토론이 이어지고, 다양하고도 효과적인 해법을 도출할 수 있다. 아토피를 심하게 앓는 한 아이의 엄마는 안전한 먹거리에 관심이 많았다. 하지만 유치원이나 학교 급식에는 식품 알레르기를 가진 아이들을 위한 식단이 제대로 짜여 있지 않은 경우가 부지기수다. 많은 엄마들이 그의 고민과 고통에 공감했고 용기를 북돋웠다. 그는 서울시 교육청을 상대로 '식품 알레르기 아이들을 위한 교육 기관 급식 개선안'을 건의하기로 했다.

한 엄마는 자신의 의도와 달리 한순간 '맘충'으로 전락한 경험을 토로했다. 순식간에 서로가 각자의 경험담을 털어놓았고, 우리 사회에 만연한 여성혐오 현상에 대한 문제의식이 공론화되었다. 누군가는 이렇게 말했다.

> '맘충' 낙인을 찍는 건 육아 경험이 없어서 아닐까요? 아이들의 습성을 안다면 충분히 이해할 수 있는 문제일 텐데…. 우리 사회의 교육 현실이 배타적 분위기를 조장해요. 경쟁에서 이기는 게 최우선인 각자도생의 사회이니 타인에 대한 공감력이 부족할 수밖에요.

엄마들은 맘충 현상과 여성혐오 문제에 대해 토론하다가 그 근본 원인을 따져 물었다. 우선 이 사회에서 아이를 낳고 기르는 당사자가 아니면 양육을 전혀 경험할 수 없다는 것이 문제점으로 꼽혔다. 이러한 양육 교육이 공교육의 시스템 안에서 이뤄지면 좋겠지만, 경쟁 위주의 한국 교육 현실을 감안하면 언감생심 상상도 할 수 없는 일이라는 진단도 제기됐다.

우리는 진단에서 그치지 않았다. 공교육 내에서 양육 및 성평등 교육이 이루어져야 한다는 공감대가 있었고, 이 공감대를 단체의 목소리로 발화함으로써 공적으로 의제화해야 한다는 의견도 나왔다. 이 문제에 관심이 높은 엄마들이 자발적으로 '함께교육팀'이라는 팀을 꾸렸다. 함께교육팀은 공교육에서부터 양육의 기본 과정을 익힘으로써 양육자와 아동에 대한 사회의 보편적 이해 수준을 향상시켜 거기에서 비롯되는 사회적 갈등을 줄여나가는 것을 목표로 삼았다.

함께교육팀이 근본적인 원인을 찾고 갈등을 예방하는 것을 지향한다면, 맘충 문제를 제기한 엄마는 우리 사회에 만연한 각종 혐오 표현에 대한 법적 제재가 필요하다는 점을 피력했다. 여성혐오에서 비롯된 맘충이란 표현이 일종의 폭력이라는 데 착안한 것이다. 이후 정치하는엄마들 내에서는 '혐오표현금지법' 제정을 위한 팀도 꾸려졌다.

2017년 6월 15일에는 정부 여당이 가사서비스 종사자에게 근로자 지위를 부여해 최저임금과 4대 보험을 보장하는 특별법을 당정 협의를 통해 추진하기로 했다는 기사가 엄마들의 눈길을 끌었다. 가사노동, 돌봄노동의 실체를 속속들이 알고 있는 엄마들이 이를 가만히 두고 볼 리 없었다. 정부가 가사도우미의 가사노동을 양성화하는 것까지는 좋은데, 이를 서비스 산업으로 육성해서 '경력단절 여성의 일자리 창출'로 삼겠다는 발상은 가사노동을 또다시 여성의 전유물로 가두는 것이기에 기가 찰 노릇이라는 의견이 이어졌던 것이다.

한 엄마는 "결국 제대로 관리가 이뤄지지 않는 파견 업체의 여성 노동자 착취가 증가하고 그 부담이 엄마들에게 전가될 것"이라며 제도의 허점에 일침을 가했다. 또 가사서비스의 질을 높여 여성의 가사 부담을 줄이고 출산율을 높일 수 있다는 정부 여당의 계산법에도 혀를 내둘렀다. 또 다른 엄마는 출산율에만 기계적으로 매달리는 정부에 대한 냉소적인 정서를 담

© 강미정

정치하는엄마들은 자신들에게 주어진 환경과 처지에
최적화된 정치적 공론의 장을 탄생시켰다.

아 "출산율 깔때기"라는 표현을 쓰며 강하게 비판하기도 했다.

논의는 점차 확장되어 성평등 문화의 부재, 가사와 돌봄노동에 대한 인식이 부족한 사회 문화, 나아가 4차 산업혁명으로까지 이어졌다. 4차 산업혁명 시대가 오면 기계로는 대체할 수 없는, 오직 사람만이 할 수 있는 일이 각광받을 것이라고 한다. 그렇다면 인공지능 시대에, 사람이 사람을 제대로 길러내는 돌봄만큼 중요한 일이 또 어디 있겠는가. 우리는 엄마들이 짊어진 돌봄노동에 대한 사회의 인식이 더욱 바뀌어야 한다는 데 뜻을 모았다. 엄마들이 나눈 성찰을 토대로 정치하는엄마들은 추후 가사 및 돌봄노동에 왜곡된 인식을 가진 정치인이나 공직자의 발언이 나오면 적극 대응하게 되었다.

이런 모든 활동들이 텔방이라는 온라인 공간에서 이루어지고 있다. 온라인 채팅이라고 해서 심도 있고 밀도 높은 대화와 토론이 이뤄지지 말란 법이 어디 있겠는가. 정치하는엄마들은 자신들에게 주어진 환경과 처지에 최적화된 정치적 공론의 장을 탄생시켰다.

밤 열 시의 정치하는엄마들 텔방은 어떤 번화가보다도 환한 불을 켠 채 서로를 맞이한다. 이곳에서는 우리 사회의 각종 문제들이 당사자의 생생한 증언으로 총망라되며, 경험자들의 살아 있는 고민에서 출발한 해법들이 피어난다. 우리는 어떤 오프라인 공간에서도 이처럼 생산적인 논의가 오가기는 힘

들 것이라는 데 자부심을 느낀다. 오늘 밤에도 엄마들의 텔방
은 불야성을 이룬다.

집단모성이 세상을 바꾼다

글쓴이 ㅣ 김소향, 이고은, 최지현

난상 토론의 장

첫 모임 이후 꾸려진 정치하는엄마들 준비위원회는 한 달 간 텔방과 오프라인에서 지속적으로 만나며 분주한 시간을 보냈다. 꾸준한 대화를 통해 엄마들이 내린 결론은 우리가 원하는 사회로 변화하기 위해서는 기성 정치권에 법, 정책, 제도적인 변화를 촉구해야 한다는 것이었다. 우리는 이를 위해 정치적 싸움을 마다하지 않아야 할 때도 있고, 또 제대로 싸우기 위해서는 힘과 결집력을 가진 단체를 구축해야 한다는 데 공감했다.

따라서 두 번째 집단 간담회는 자연스럽게 정치하는엄마

들이라는 이름의 단체를 공식적으로 출범하기 위한 사전 준비
과정이어야 했다. 준비위원회는 단체의 형태를 다양하게 고민
하다가 결국 비영리단체로 규정하고, 창립에 필요한 행정적 절
차를 검토했다. 비영리단체를 창립하기 위해서는 행정상 단체
를 등록하기 위한 여러 문서가 필요했다. 바로 단체의 설립 취
지 등을 담은 정관과 총회 회의록 등이었다.

준비위원회는 예시가 될 만한 어느 한 단체의 정관을 공유
했다. 문서의 형식을 참고하기 위해서였다. 하지만 이내 정관
이 그저 형식적인 문서가 아님을 깨달았다. 수십 개의 조항이
이어지는 복잡한 문서를 맞닥뜨리자 첫머리에서부터 고민이
시작됐다.

> 제1장 제1조 명칭, 제2조 목적, 제3조 사업…. 목적에서부터
> 딱 막히는데요? 이건 준비위원회 차원에서 뚝딱 만들 수 없을
> 것 같아요. 회원들과 함께 토론해봐야 하지 않을까요?
> 정치하는엄마들의 존재 이유가 무엇인지, 이 단체의 목적이
> 무엇인지에 대해서요.
>
> – 30대 중반, 이고은

아이 키우기 힘든 이 사회의 모순과 불합리를 비판하는 목
소리를 내기 위해 엄마들이 모였지만, 우리가 모여서 무엇을

위해 어떤 방향으로 목소리를 낼 것인지에 대해서는 정교하고 심도 있는 논의가 필요했다. 우리는 단체 정관을 단순히 형식적인 문서로 만들지 않기로 했다. 정치하는엄마들의 설립 배경과 존재 이유, 향후 목적 등을 담은 '철학'을 심고자 했다.

준비위원회는 단체 창립을 위한 각종 실무적 준비 이전에, 정관 제1장 제2조에 해당하는 '목적'을 정의하는 일이 가장 시급하다는 결론을 내렸다. 그래서 두 번째 집담회는 정치하는엄마들의 존재 이유와 창립 목적을 고민하기 위한 난상 토론의 자리로 준비했다. 이날의 토론은 오로지 정관 제1장 제2조에 들어갈 두세 줄의 문장에 우리의 정체성을 담아 향후 지향하는 바를 정의하기 위한 시간이었다.

2017년 5월 13일에 치러진 두 번째 모임에는 30여 명이 참석했다. 이날 처음 참석한 엄마들도 있었고, 아이들 역시 함께였으며, 간간이 아빠들도 있었다. 아빠들 대부분은 엄마들 손에 이끌려서 온 것으로 보였지만 그 자리에 함께 발걸음을 한 것만으로도 충분히 의미 있는 일이었다.

엄마들은 다양한 상황에 처해 있었고, 따라서 다양한 입장을 갖고 있었다. 일을 하는 엄마가 있는가 하면 경력이 단절된 엄마가 있었고, 아이를 어린이집에 보내는 엄마와 공동육아를 하는 엄마, 기관에 보내지 않고 가정 보육을 하는 엄마 등 양육의 형태도 다양했다. 영아기 아이를 둔 엄마도 있었지만 아이가 고등학생인 엄마도 있었다. 조부모의 손을 빌릴 수 없어 오롯이 독박육아인 경우도 있었고, 조부모의 손을 빌리며 일하느라 '죄인'의 굴레를 쓴 경우도 있었다.

각자의 다양한 입장과 생각이 쏟아지는 과정은 무척 역동적이었다. 서로가 처한 상황이나 생각이 달라 행여 충돌하지 않을까 우려되는 순간도 있었다. 취업모와 비취업모 사이의 현실적 괴리, 아이를 양육하는 방식의 서로 다른 관점들, 가족의 정의와 범주의 인식 차이 등…. 서로의 차이가 작지 않았지만 엄마들은 그 간극을 성숙하게 메워갔다.

슬로건에 대한 아이디어를 논의하던 중 한 엄마가 "아빠를 가정으로 돌려보내야 한다"라는 문구를 제안했다. 엄마에게 오롯이 육아의 짐을 지우는 현실을 타파하고 직장에서의 노동시간을 줄여 부모가 함께 아이를 키울 수 있는 사회를 만들자는 취지였다. 많은 이들이 공감하고 박수를 보냈다. 바로 그때 또 다른 엄마가 제기한 문제의식은 인식의 지평을 넓혔다.

'아빠를 돌려달라'는 슬로건은 육아 문제를 엄마 아빠가 가정 안에서 다 해결하겠다는 의미가 되지 않을까요? 또 기본적으로 아빠를 돌려달라는 건 사회가 정해놓은 틀일 뿐인 정상가족 이데올로기에 갇힌 사고일 수 있다는 생각이 들어요. 한부모 가정, 조부모 가정 등 육아를 담당하는 다양한 양육 당사자들을

소외시킬 것 같기도 하고요. 게다가 동성 부부도 얼마든지
있을 수 있고요.

– 40대 초반, 오은정

처음 슬로건을 제안한 엄마는 "제 생각이 짧았던 것 같다"
라며 금세 이견을 수용했다. 한국 사회에서는 남녀 양성으로
이뤄진 부모와 그들의 자녀로 이루어진 3인 이상의 가정만을
정상의 범주로 여기는 문화가 공고하다. 모든 제도와 정책 역
시 이런 틀 안에서 마련된다. 그러한 문화와 제도에서 소외되
어 이중의 짐과 고통 속에서 아이를 키워야 하는 가정이 얼마
나 많을까.

다양한 입장과 생각들은 갈등의 씨앗이 되기보다 오히려
단체의 철학을 단단하게 다지는 계기가 되었다. 토론에 참여한
이들은 자신과 다른 입장의 이야기를 접했을 때 상처를 입거나
거부감을 느끼기보다 자신의 부족한 성찰을 되돌아보고 더 나
은 대안을 모색하고자 했다.

토론이 깊어질수록 우리는 정치하는엄마들이 내 아이, 내
가족만을 위한 이익집단이 아니라 이 사회의 모든 아이와 모
든 구성원이 인간답게 살아갈 수 있는 세상을 꿈꾸는 단체이기
를 바라고 있다는 사실을 깨달았다. 한 엄마는 "대한민국에서
아이를 키우는 사람이 엄마만은 아니기 때문에, 그래서 대한민

국이 누구나 아이를 잘 키울 수 있는 사회가 되어야 한다"라고
말했다.

시종일관 건강하고 성숙한 토론이 가능했던 것은 아마도
엄마로서의 경험을 축적한 이들이 모였기 때문이 아닐까. 하나
같이 "엄마라는 것이 이렇게 힘든 일이라고 말해준 사람은 없
었다"라고 말하지만 꿋꿋이 삶을 견뎌내고 있고, 누구도 가르
쳐주지 않은 엄마로서의 삶 속에서 자의 반 타의 반으로 희생
을 감내하며 살았던 이들이다. 엄마가 됨으로써 비로소 나 아
닌 타인의 삶을 온전히 받아들이면서도 자신은 내려놓는 경험
을 반복해온 사람들이다. 어쩌면 엄마라는 경험으로 얻은 선물
은 이 사회의 한 구성원으로서 보다 넓은 시야로 타인과 세상
을 바라보게 되는 '성장'이 아닐까.

더군다나 우리는 사랑스러운 아이가 내 세상의 전부가 되
었음에도, 아이 키우는 일을 엄마 혼자 오롯이 떠맡아서는 안
된다고 생각하며 이곳에 모였다. 이제는 달라져야 한다고 느끼
는 엄마들의 절박함은 개인의 소소한 입장 차를 넘어서는 강력
한 연대의 힘으로 작동했다.

난상 토론의 장은 그렇게 점점 더 커져갔다. 엉킨 실타래
처럼 엉망진창이 된 문제들을 풀어내기 위해서는 정성스레 한
올 한 올 끄집어내는 수고가 필요했다. 각자가 토해내는 분노,
억울함, 한탄은 고스란히 정치하는엄마들의 과제가 되었고, 그

1부 우리는 왜 정치하는엄마들이 되었나

과제들을 해결하는 것이 우리의 목적으로 발전했다. 목적을 찾기 위한 모임의 의미를 제대로 찾아가는 시간이었다.

모두가 엄마다

'모두가 엄마다' 이런 슬로건은 어떨까요? 꼭 생물학적 엄마가 아니더라도 다양한 사람들이 엄마로서 육아에 참여할 수 있게 하면 좋겠어요.

난상 토론이 깊어지던 중 한 엄마가 '모두가 엄마다'라는 슬로건을 제안했다. 이 역시 많은 공감과 지지를 받았다.

사람들은 모성을 생물학적 여성이면서 아이를 낳은 엄마들만의 전유물로 인식한다. 그러나 아이를 돌보고 보살피고 기르는 행위를 꼭 엄마여야만 할 수 있는 것은 아니며, 엄마들에게만 전가해서는 더더욱 안 될 일이다. 그런 식의 '모성 신화'가 오늘날 엄마들을 옭아매는 굴레가 되지 않았던가.

우리는 사회 전체가 돌봄과 양육의 주체가 되어야 하며 사회 구성원 누구든지 엄마의 역할을 자연스레 수행할 수 있는 문화가 만들어져야 한다고 생각했다. '모두가 엄마다'라는 슬로건은 한부모 가정이나 조부모 가정 등 다양한 가족의 형태를

© 강미정

정치하는엄마들의 '엄마'란 단순히 생물학적 여성으로서의 개념이 아니라
아빠, 할머니, 할아버지, 이모, 삼촌 등 성별이나 연령을 넘어서 모든 성인들에게 주어지는 이름이다.

수용하고, 사회 구조적 문제로 독박육아에 시달리는 여성들을 해방시키겠다는 의미를 가진다. 또 아이 키우는 일이 사적 영역의 책임이 아니라 사회 모든 구성원과 제도, 그리고 구조의 책임임을 역설하는 뜻도 있다.

우리는 정치하는엄마들의 '엄마'란 단순히 생물학적 여성으로서의 개념이 아니라 아빠, 할머니, 할아버지, 이모, 삼촌 등 성별이나 연령을 넘어서 모든 성인들에게 주어지는 이름이어야 한다고 의견을 모았다. 나아가 국가와 사회 시스템 역시 아이를 돌보는 엄마로서의 역할을 수행해야 한다는 의미로도 확장하기로 했다.

정치하는엄마들은 이러한 생각들을 벼려서 '집단모성'이라는 새로운 개념을 정의했다. 집단지성이 현대 정보 사회에서 강력한 힘을 갖는 것처럼, 집단모성은 개인화되고 배타적인 현대 자본주의 사회를 구원하는 미래의 철학이 될 것이라는 믿음에서다.

집단모성이 우리 사회에 자리 잡는다면 많은 엄마들이 독박육아의 굴레에서 벗어날 수 있을 것이다. 아이 키우기 좋은 사회 구조로 변하고, 아이를 맡길 수 있는 신뢰가 회복될 것이며, 노동시간이 줄어들어 가족과 함께하는 시간이 늘어날 것이다. 사람들의 일상은 보다 인간적이고 평화로워질 것이고, 우리 사회를 옭아매고 있는 각종 경계의 빗장이 풀릴 것이며, 경쟁보다는 공생과 관용의 정서가 차오를 것이다. 아이들은 물론 모든 사회 구성원이 인간답게 살아갈 수 있는 사회, 모두가 모두의 아이를 키우는 사회를 집단모성의 힘으로 만들어갈 수 있을 것이다.

사실 집단모성에 대한 실험은 정치하는엄마들 안에서 이미 진행되고 있다. 이날 난상 토론이 이루어진 모임의 한 장면을 스냅숏으로 찍어본다면 '모두가 엄마다'라는 슬로건과 집단모성의 철학이 정치하는엄마들과 얼마나 잘 어울리는지를 알수 있다. 너와 나의 아이들이 모두 어우러져 뛰놀고, 울고 웃는 아이들을 내 아이 네 아이 할 것 없이 서로가 함께 돌보는 순간들. 모두가 모두의 엄마일 수 있음을 증명하는 장면들이 곳곳에서 연출됐다. 마을 공동체가 존재하던 시절, 제 아이만이 아니라 마을의 다른 모든 아이들까지도 자신의 돌봄 범주 안에 넣고서 살아왔던 우리 어머니, 할머니 세대의 삶처럼.

모임이 끝나고 밖으로 나가자 세차게 비가 쏟아지고 있었다. 유모차에 아이를 태운 한 엄마가 난감한 표정을 지었다. 엄마들이 유모차 주변으로 하나둘 모여들었다.

"우산을 씌워줄게요."

"유모차를 들어줄게요."

"누가 차를 갖고 왔는지 알아볼게요."

불과 몇 시간 전, 모임 전까지만 해도 일면식도 없던 이들

사이에 싹튼 애틋한 마음. 그것이 곧 집단모성의 단면이었다. 우리는 그렇게 조금씩 연대하는 사람들로 거듭나고 있었다.

창립총회의 기억

첫 만남 이후 두 달이 채 지나지 않은 2017년 6월 11일, 우리는 드디어 일을 냈다. 짧다면 짧은 시간 안에 비영리단체 창립을 선언한 것이다.

장소는 첫 만남 이후 줄곧 정기 집단 간담회를 이어오고 있는 서울 대방동 여성플라자. 창립총회에는 많은 엄마, 아빠, 그리고 언제나처럼 아이들이 함께했다. 상기된 표정으로 등장한 엄마들은 어색한 듯 인사를 나누었지만, 서로의 얼굴에서 은근한 동지애를 느꼈다. 이 자리까지 오게 된 각자의 사정과 연유를 묻지 않더라도 그 답을 자기 자신에게서 찾을 수 있었기 때문이다. 나는 왜 이곳에 와 있는가. 무엇을 바꾸고 싶은가. 어떤 세상을 꿈꾸고 있는가.

입구에 놓인 탁자에는 준비위원회에서 마련한 회원 가입 신청서가 가지런히 놓여 있었다. 엄마들은 문 앞에 들어서기 전부터 당연하다는 듯, 이미 작심하고 왔다는 듯, 펜을 꾹꾹 눌러가며 가입 신청서를 썼다. 오로지 행동하기 위해 발걸음을 옮긴 사람임을 증명하듯이.

**뼈 빠지게 착취당한 우리 엄마들을 위해 모두 같이
묵념하겠습니다.**

정치하는엄마들의 창립총회는 형식은 식상하지만 내용은 신선한 묵념으로 문을 열었다. 사회를 맡은 임아영 회원은 "묵념사가 장난스러울 수도 있겠지만 이것이 바로 우리가 모인 이유"라고 설명했다. 우리의 어머니, 시어머니, 할머니… 모든 '선배' 엄마들의 삶이 주마등처럼 스쳐갔다.

엄마들의 삶은 태곳적부터 존재해왔으나, 엄마들의 삶을 역사의 수면 위로 끌어올린다는 건 생소한 일이었다. 엄마들은 항상 국가 혹은 사회와 같이 거대한 존재로부터 외면당하고 또 착취당했다. 한 집안의 남성 가장을 주인공으로 상정하는 이 사회의 구조 속에서 엄마들은 늘 구조를 떠받치기 위해 희생을 감내해야 하는 존재였다. 이름도 없이, 그저 엄마라는 단어에 갇힌 채 강요당한 모성의 역사는 얼마나 무수했던가.

성원이 되었으므로 정치하는엄마들 첫 총회를 개회합니다.

땅, 땅, 땅. 총회 의장을 맡은 장하나 회원은 "의장으로서 창립총회를 진행하는 게 처음이라 어색하다"라고 말하면서도 있는 힘껏 의사봉을 두드렸다. 사실 총회에 참석한 모든 이들이 같은 마음이었을 것이다. 이런 일을 시작하는 것이 우리 모두 처음일 테니. 그러나 누구보다도 간절하고 열띤 마음일 테니.

총회는 지난 두 달간 준비위원회의 준비 과정을 보고하고, 이고은·장하나·조성실(가나다 순) 공동대표 선출과 운영위원회 구성을 의결하고, 준비위원회에서 작성한 정관 초안을 토론하는 순서로 진행되었다. 이고은 공동대표는 전직 신문기자 출신으로 육아 때문에 경력을 단절했고, 장하나 공동대표는 임기 중 결혼과 임신·출산을 한 전직 국회의원이며, 조성실 공동대표는 짧은 사회생활 후 전업주부로 생활하면서 공동육아 등 생활운동을 해왔다. 3인의 공동대표는 저마다의 특색과 강점을 토대로 정치하는엄마들의 행보를 이끌고 있다. 정치하는엄마들이 1인 대표가 아니라 공동대표 체제를 구성하게 된 것은 논의와 감시를 통해 민주적이고 투명한 의사 결정을 하기 위해서다.

단체의 정관을 만들기 위한 과정에서도 정치하는엄마들의 민주주의는 어김없이 실현되었다. 정관은 이날 총회에서 바로 의결되지 못했다. 정관 전문에서부터 깊고 넓은 토론이 이어졌기 때문이다. 물리적으로 모이기 어려운 엄마들이었기에 사전에 온라인으로 정관 초안이 공유됐고 많은 논의가 이뤄졌다. 엄마들의 시선이 날카로운 만큼 고민도 깊었다. 집단모성의 씨

© 강미정

정치하는엄마들의 탄생.
모든 것이 새롭게 시작되는 순간이었다.

앗이 된 '사회적 모성'이라는 표현을 둘러싸고 1시간 가까이 토론이 이어졌다.

미국에 살면서 온라인으로 활발히 활동해온 서이슬 회원은 정치하는엄마들이 규정하는 모성이 "사회와 국가의 책임과 역할을 통칭하는 사회적 모성"이어야 한다는 의견을 개진했다. 여기저기서 손이 쑥쑥 올라왔다. 엄마들은 거침없이 자신의 의견을 발표했다. 손 들고 발표하는 것에 익숙하지 않은 한국 사회에서, 이렇게 적극적으로 토론하는 모습을 본 적이 있었던가. 회원들은 "모성에는 양육, 돌봄, 가사는 물론 경제 활동도 포함되므로 '워킹맘'에 대한 내용도 포함되어야 한다" "대한민국의 모든 엄마를 대상으로 한다면 이주민 여성도 포함해서 표현해야 한다" 등 다양한 의견을 제기했다.

그 결과, 정치하는엄마들은 정관에서 생물학적 성별이나 연령을 떠나 모든 성인과 국가 및 사회 시스템까지도 집단모성의 주체로 지목했다. 또 우리 사회의 약자와 소수자들에 대해서도 집단모성이 연대해야 하는 대상이라는 철학을 심었다. 이런 광범위한 정의의 근간에는 이른바 '엄마 마음'이 있다. 엄마들의 감수성, 공감력, 포용력이 없었다면 정치하는엄마들의 정관은 완성되지 못했을 것이다.

창립총회를 마치자 보육과 노동 관련 교육 세미나가 이어졌다. 일과 가정의 양립을 위해서는 근본적으로 부모가 직업을 안정적으로 유지하면서 아이도 충분히 돌볼 수 있는 환경이 마련되어야 한다. 이를 위해 선결되어야 하는 과제가 바로 보육 환경과 노동 환경의 개선이다. 이 두 가지는 앞선 두 달여간 텔방에서 뜨겁게 논의해온 결과물이었고 가장 시급한 현안이라는 공감대가 형성된 주제였다. 이는 추후 정치하는엄마들이 우리 사회에 던지는 최초의 의제가 되었다.

열띤 창립총회는 3시간을 훌쩍 넘겼다. 아이들에게 그 시간은 버티기에 무척 긴 시간이었지만, 총회는 무사히 진행되었다. 아이들은 처음 보는 이모들의 품에 안겨 놀았고, 어느덧 서로의 친구이자 형제자매가 되어 그들만의 총회를 신나게 즐기고 있었다. 집단모성, 모두가 엄마인 사회로의 출발은 꽤 근사한 풍경이었다.

우리는 앞으로 우리가 만들어갈 멋진 일들을 그리며 헤어졌다. 그리고 우리가, 우리의 아이들이 살아갈 세상이 더 아름다워지길 고대하며 다음 만남을 기약했다. 모든 것이 새롭게 시작되는 순간이었다.

모성과 페미니즘의 경계선에서

20세기 초 영국 여성 노동자들의 참정권 투쟁사를 그린 영화 〈서프러제트〉는 정치하는엄마들의 참고서다. 2017년 7월의 정기 집단 간담회에서는 이 영화를 함께 감상한 후, 정치하는엄마들 회원이자 젠더정치연구소 여세연(여성정치세력민주연대)의 대표인 이진옥 회원의 강연을 듣기도 했다. 각종 언론 인터뷰에서도 정치하는엄마들은 이 영화를 대표적인 전범으로 소개하기도 했다.

영화는 여성이자 엄마인 주인공이 차별과 억압에 시달리다가 투쟁을 통해 참정권을 쟁취하는 과정을 그린다. 자신의 가난한 삶과 가난의 대물림을 당연하게 생각했던 평범한 노동자 계급 여성이 저항과 운동에 헌신하게 되는 이야기다.

정치하는엄마들이 이 서사에 매료된 것은 바로 영화 속 주인공이 엄마라는 존재이기 때문이다. 인류의 역사 속에서 엄마라는 이름은 체제를 전복시키고 역사를 바꾸는 존재라기보다 기성의 사회 구조를 지탱하고 질서 유지에 복무하는 존재이곤 했다. 가부장적이고 남성중심적인 질서가 만연한 사회 속에서 엄마는 그 체제를 안전하게 유지하기 위해 가정을 지키는 사람이었다.

반면 여성운동의 역사 속에서 여성은 독립적인 한 인간으로서의 오롯한 권리를 위해 싸우는 존재여야 했다. 그러다 보니 모성은 가부장적 사회가 체제를 유지하기 위해 여성에게 강요하고 주입한 것으로, 여성의 권리를 가로막는 신화로 치부되

어온 경향이 있다. 그 때문에 모성은 페미니즘의 주류로 다뤄
지지 못한 측면도 있다. 엄마들은 가정을 지키면서 사회생활도
병행하려다 하루하루 살아내기 바쁠 뿐 사회운동과는 거리가
먼 사람이 됐다. 엄마들의 어려움은 지인과의 대화에서나 분출
되는 사적인 영역의 문제로 소외되어왔다.

그러다 보니 엄마와 정치라는 단어는 무척 생소한 조합이
되었다. 기성 정치권에 엄마인 여성이 없는 것은 아니었지만
자신의 대표적인 정체성을 '모성'으로 내건 경우는 찾기 힘들
었다. 일부 정치인들이 사용하는 '엄마의 마음으로 하는 정치'
따위의 구호는 자신의 정치성을 온건하게 포장하기 위한 장치
로 쓰였을 뿐이다. 엄마로서의 정체성을 전면에 걸고 엄마라는
이름에 감춰진 수많은 모순과 불합리에 항거하는, 당사자로서
의 '엄마 정치'는 우리 사회에서 이제껏 없었다.

물론 엄마들의 목소리가 없었던 것은 아니다. 그저 뿔뿔이
흩어져 조직화, 세력화되지 못했을 뿐이다. 아이 키우느라 몸
이 자유롭지 못하고 자신의 일과 행동을 위해 시간을 마음껏
쓰지 못하는 엄마들은 인터넷의 맘카페 커뮤니티 등을 통해 여
론 형성에 기여한다. 엄마들은 정부에 미세먼지 대책을 요구하
고, 국공립 보육 시설 확충을 청원하고, 대선 후보를 초청해 정
책 간담회를 열기도 한다. 2002년 월드컵, 2008년 미국산 쇠고
기 수입 파동, 2016년 촛불혁명 등을 통해 광장과 정치를 경험

한 2017년의 엄마들은 언제든 정치적 목소리를 낼 준비가 되어 있다.

하지만 한계도 있다. 온라인에 갇힌 조직은 집중도와 관여도가 낮다. 현안에 따라 모였다가 흩어지곤 한다. 결집되지 못하는 집단은 정치적으로 영향력이 없다. 따라서 정치하는엄마들은 현실 세계에 존재하는 기성 정치권에 질문을 던지고 도전하는 '실물 정치 세력'을 표방한다. 특정 이슈에 따라 모였다가 해산하거나 특정 정보의 공유 기능을 주로 하는 온라인 커뮤니티와 달리, 보다 사회 구조적이고 광범위한 정치적 의제를 다루고자 한다.

엄마들의 정치는 어쩌면 사회가 진보하고 있다는 방증이기도 하다. 모든 가정의 중심에는 엄마가 있다. 엄마는 생활과 가장 밀접한 존재다. 엄마는 보육, 교육, 노동, 경제, 환경 등 어느 이슈 하나 빠지지 않고 생활 속에서 두루 주체로서 관여한다. 정치하는엄마들의 등장은 우리 사회가 필요로 하는 정치가 시민의 일상과 점점 더 밀접해지고 있다는 의미이기도 하다.

2017년 11월 4일 자 〈한국일보〉에 보도된 정치하는엄마들 인터뷰 기사에서 조성실 공동대표는 다음과 같이 말했다.

엄마야말로 정치에 가장 적합한 인물이에요. 가장 좋은 정책 개발자가 주부들이고요. 정치가 거대 담론을 이야기하는 것

같지만, 정치야말로 일상을 바꾸는 것이고, 그런 측면에서 엄마들이야말로 정치의 필요와 개선의 방법을 가장 잘 아는 주체죠. 정치는 늘 야망과 연관된 단어였고, 엄마와는 어울리지 않는 것으로 인식됐잖아요. 저 같은 갈증을 가진 엄마들이 이렇게나 많았다는 사실에 놀랍고 뭉클했어요.

정치하는엄마들이 활동을 시작한 후 외부로부터 많이 듣는 이야기는 '이런 목소리를 내는 단체가 전무하다'는 것이다. 집단모성을 전면에 내건 정치. 기득권 주류 세력의 '엘리트 정치'가 아니라 생활인이자 돌봄의 주체로서의 '당사자 정치'가 희소성이 있다는 의미일 것이다.

우리는 지금도, 그리고 앞으로도 줄곧 스스로 정체성을 만들어가고자 한다. 민주적인 조직 구조 안에서 끊임없이 토론하고 성찰함으로써 그 과제에 직면하고자 한다. 엄마 혹은 모성이라는 이름의 신화에 갇힐 필요도, 개인의 고유한 정체성을 애써 벗어던질 필요도 없다. 그저 인간의 본성인 돌봄과 공존을 위한 공동체의 문제라는 근원으로 돌아간다면 답은 훨씬 찾기 쉬워질 것이라 믿는다. 정치하는엄마들이 늘 새로운 도전을 맞이하는 이유다.

언니들의 민주주의

글쓴이 | 권미경, 이고은

'엄벤저스'의 탄생

할리우드에 어벤저스Avengers가 있다면 정치하는엄마들에는 엄벤저스(엄마+어벤저스)가 있다. 〈어벤저스〉는 일곱 명의 히어로가 힘을 합쳐 악당들과 싸우는 한 팀의 활약상을 그린 블록버스터 히어로 무비다. 엄벤저스는 어벤저스에 비견할 정도로 엄마들의 활약이 눈부시다고 자평하는, 일종의 '자뻑' 조어인 셈이다.

이 말은 정치하는엄마들 회원들의 자발성에서 비롯된 예측 불가능한 가능성과 에너지를 잘 설명해준다. 또 악당들과 싸워 지구를 구하는 영웅처럼 세상을 아름답게 구해내고자 하는 엄마들의 꿈과 바람을 담은 유쾌한 단어이기도 하다. 우리는 이 조어를 통해 단체를 만들어가는 내내 스스로를 응원하고 서로의 기운을 북돋웠다.

단체 창립까지 정치하는엄마들 준비위원회가 해야 할 일들은 복잡하고 어려웠다. 단체 하나를 창립한다는 것이 보통 일이 아니었던 것이다. 단체 등록을 위해서는 정관이 필요하고, 창립총회를 열어야 하며, 회의록을 작성해야 한다는 사실을 처음 안 엄마들도 많았다.

흥미로운 점은 이런 과정들이 한 명의 리더가 진두지휘하는 방식으로 진행되지 않았다는 점이다. 단체 창립 후 많은 이들이 질문한 것 중 하나는 전직 국회의원이자 이 모임을 제안한 장하나 공동대표의 역할이었다. 정치하는엄마들이 장 전 의원의 지지 모임 혹은 후원단체인 것처럼 오해하고 질문해오는 일들도 종종 있었다.

그런 질문들은 닳고 닳은 여의도식 정치적 셈법에 익숙한 시각에서 비롯된 것에 불과함을, 지금의 정치하는엄마들은 잘 알고 있다. 정치하는엄마들의 모든 활동은 시작부터 지금까지 다양한 재능을 가진 여러 명의 엄마들이 자발적으로 일하고, 조화롭게 협업하며, 서로 연대하는 방식으로 이뤄져왔다.

우리는 정치하는엄마들 창립을 준비하면서 '손 드는' 자발성의 미덕과 힘에 대해 깨달았다. 학창 시절부터 손 들고 발표하는 게 쭈뼛쭈뼛한 일로 여겨지며, 노래방에 가서도 남들 손에 이끌려 나가서야 겨우 노래 한 소절 부르는 게 보통인 한국 사회 아닌가. 그런 사회에서, 엄마들이 손을 번쩍번쩍 들게 한 힘이 과연 어디에서 나왔을지 놀라울 따름이다. 아마도 스스로 행동하지 않으면 누구도 자신의 문제를 해결해줄 수 없다는 사실을 온몸으로 깨달은 경험치에 따른 자연스러운 행위들이 아니었을까. 엄마들은 그만큼 절실했다.

준비위원회에서 조성실 공동대표는 단체 창립을 위한 기초 조사 및 회원 간 네트워크 구축을 담당했다. 이고은 공동대표와 임아영 운영위원은 조직에 필요한 기능과 조직의 형태에 대한 밑그림을 그렸다. 장하나 공동대표 역시 이 모든 과정에서 방향을 제시하며 함께 참여했다.

하지만 시간이 갈수록 필요한 일손이 늘었다. 단체 창립을 위해 손이 가는 부분이 한두 군데가 아니었기 때문이다. 그러나 난관에 봉착하고 막막해지는 순간마다 숨어 있다가 등장하는 히어로처럼 누군가가 튀어나왔다.

제가 한번 해볼게요.

그건 제가 잘합니다!

엄마들은 가장 절박한 때에 구원투수가 되어 다양한 분야에서 자신만의 재능을 발휘했다. 그때마다 우리는 누가 시키지 않았는데도 씩씩하게 손 드는 용기에 박수를 치며 격려와 칭찬을 아끼지 않았다. 저마다 잘하는 일, 하고 싶은 일이 달랐지만 신기하게도 모두가 꼭 필요한 재능을 가지고 있었다.

강미정 운영위원은 첫 모임 이후, 우리만의 정체성을 그림으로 그려냈다. 2017년 5월 장미대선을 앞두고 대선 후보들에 대한 관심이 높던 때, 그는 아이를 안고 메가폰을 잡은 엄마가 다섯 명의 대선 후보에게 소리치는 장면을 그렸다. 강렬한 화풍의 그림은 정치하는엄마들의 정체성을 잘 드러내준다는 평가를 받았고, 그 그림이 정치하는엄마들의 단체 로고를 창작하는 토대가 되었다.

미술을 전공한 그는 "회사 생활을 하고 결혼을 해서도 절실하게 느껴지는 '무엇'이 없어 연필을 쥐고 고민을 해도 늘 빈 화면뿐이었다"라고 회고했다. 그러나 정치하는엄마들의 그림과 로고 작업을 진행하면서 자신의 내면과 마주하고 스스로의 한계를 깨트리는 경험을 했다. 결혼과 출산, 육아로 이어지는 과정 속에서 경력단절을 겪었던 그는 정치하는엄마들 활동을 통해 "내 존재가 없어지는 것만 같은 깊은 우울이 사라지는 경험을 했다"고 고백했다.

그동안은 무엇을 창작해야 좋을지 몰라서 고민하고

씨름해왔는데, 정치하는엄마들을 만나고 나서 그 '무엇'을 발견한 느낌이었어요. 평범한 대한민국 엄마들의 '엄마 노릇'에 대한 토로를 들으며 우리의 삶을 지배하는 이데올로기에 대한 문제 제기와 대안 모색에 대해 생각했어요. 저는 이를 시각적인 작업물로 만들어내고 싶었죠. 예전부터 로고 디자인에 관심이 많았거든요. 조직의 정체성을 함축적인 디자인으로 표현한다는 점이 매력적이라고 느꼈던 것 같아요. 하지만 그러한 일이 엄마인 나에게 주어지지 않으니까, 그냥 관심사로만 그치다가 드디어 작업할 기회가 생긴 거죠.

단체 창립을 위해 여러 사람이 머리를 맞댔지만 실무 역량이 녹록지 않던 중에 등장한 구세주는 이한나 운영위원이었다. 비영리단체에서 일하는 그는 자신의 경험을 바탕으로 창립총회에 필요한 실무적 준비를 도맡았다. 그는 조직 구성과 운영 사안뿐만 아니라 창립총회에 필요한 소소한 준비 사항을 살림꾼처럼 챙겼다. 그는 자신이 "오지랖이 넓을 뿐"이라고 겸손하게 말했지만, 창립총회에 이르기까지 필요한 대부분의 행정업무를 총괄하며 종횡무진 활약했다.

제가 다니는 직장이 사단법인이고 협회이다 보니 총회나 단위별, 위원회별 회의 경험이 많아요. 회의 자료도 회사에

© 강미정

엄마들은 가장 절박한 때에 구원투수가 되어
다양한 분야에서 자신만의 재능을 발휘했다.

많으니 도움이 될 거라고 생각했고요. 그리고 소소하게 도움을
줄 수 있는 부분도 있었어요. 예를 들면 창립총회에 쓰일
의사봉을 구하는 것이랄까요. 하하. 열정도 많고 재능도 많은
엄마들의 모습에 감동을 받았어요. 아이를 돌보며 잠도 제대로
못 잘 텐데 하나씩 해나가는 모습에 저도 무언가를 하고
싶다는 생각을 하게 되었죠. 내용은 이미 엄마들이 다 가지고
있었던 거예요. 저는 그걸 밖으로 드러내기만 했고요.

학창시절 아이돌 팬클럽 운영진으로 활약했던 경력의 소
유자 윤정인 운영위원은 조직 운영과 관리를 도맡았다. 그는
회원 가입 신청서를 뚝딱 만들어냈고, 회원 명단을 능숙하게
정리했으며, 인터넷 카페 운영과 게시판 관리 등 단체 운영에
필요한 능력을 가감 없이 발휘했다.

일간지 기자였던 이고은 공동대표는 글쓰는 일을 자신의
'숙련 기술'이라 자처하며 정관 초안 작성을 맡았고, 대외 언론
홍보를 위한 보도자료 쓰기 등에 나섰다. 그는 "10년간 보도자료
를 받기만 하다가 직접 쓰게 되니 감회가 새롭다"라고 말했다.

활동가이자 전직 국회의원 출신인 장하나 공동대표는 법
과 정책 분야에서 활약했다. 창립총회를 비롯해 각종 기자회견
등에서 앞장서 마이크를 잡았고, 정관을 작성하는 과정에서도
법적 자문을 받아 정치하는엄마들만의 색깔을 입혔다. 이후에

도 기자회견 등의 현장에서 '스트리트 파이터'로서의 진면목을
보여주고 있다.

디자인에 남다른 열정과 관심을 갖고 있는 남궁수진 운영
위원은 창립총회 현수막을 만들었다. 강미정 운영위원의 그림
과 디자인을 토대로 서로 영감을 주고받으며 정치하는엄마들
의 다양한 활동에 필요한 플래카드, 소품, 디자인 물품 등의 제
작자로서 활약하고 있다.

이런 면면들은 엄벤저스라는 말이 왜 등장했는지를 쉽게
설명해준다. 엄마들은 정치하는엄마들 속에서 '내가 얼마나 쓸
모 있는 사람이며 공동체에서 필요로 하는 존재인지 깨달았다'
고 말했다. 엄마가 되면서 사회적으로 고립되고 소외되어왔지
만, 이곳에서는 마음껏 재능을 발휘할 수 있다. 잠시 주춤했던
꿈과 재능들이 이곳에선 마음껏 고개를 들고 춤을 출 수 있다.
우리를 소외시키고 배제하는 사회를 향해 조직의 힘으로 당당
하게 목소리를 낼 수 있다.

물론 어려움도 있다. 육아와 살림, 직장 생활 등으로 분주
한 엄마들이 단체 창립을 위한 일에만 몰두하기는 어렵다. 아
이들은 언제 아플지, 언제 자다가 깨서 울어댈지 모른다. 정치
하는엄마들 활동에 몰두하다가도 가족들이 눈에 밟혀 마음껏
일에 집중하지 못하는 경우도 잦다. 지쳐서 잠시 잠적하는 엄
마들도 있고, 고되고 힘든 일상의 괴로움을 토로하는 엄마들도

있다.

우리는 정치하는엄마들 안에서 어느 누구도 '제 몫을 해야 한다'는 스트레스에 시달리지 말자고 했다. 지친 사람은 잠시 쉬고, 그 자리는 또 다른 누군가가 대체하자고 말이다. 돌쟁이 아이를 둔 한 엄마에게 많은 일이 쏟아져 힘든 기색이 보이자 누군가 이렇게 말했다.

"쉬어가요. 돌쟁이 엄마니까 일을 덜해도 괜찮아요. 우리가 만들고 싶은 사회가 그런 거잖아요?"

우리는 그동안 위계적이고 질서 정연하며 사람보다 조직을 우선시하는 사회가 얼마나 잔인한지 충분히 목격했다. 경직되어 있고 효율성만을 따지는 시스템은 사람을 소외시키고 누군가를 착취한다. 소외와 착취의 대상이 되어본 경험이 있는 엄마들은 그 무자비함을 너무도 잘 알고 있다.

그래서 정치하는엄마들 안에는 '이어달리기'라는 공감대가 있다. 우리는 혼자 달리는 것이 아니라 함께 달리는 것이다. 누군가 지치면 잠시 멈춰서 쉬어가도 된다. 다른 누군가가 바통을 이어받아 달리기 때문이다. 하고 싶은 일들을 할 수 있는 만큼만 하면 된다. 정치하는엄마들의 기준은 성과에 따라 평가받는 세상의 잣대와 다르다. 함께하는 이들 모두가 자발적인 열정으로 즐겁게 참여할 수 있는 공동체, 정치하는엄마들이 몸소 실험하고 있다.

우리는 왜 서로를 '언니'라 부를까

우리, 나이나 성별에 관계없이 서로를 '언니'라 부르면 어떨까요? 상호 존중의 의미도 있고, 남녀노소 굳이 따지지 말고 모두가 평등한 존재로 말이에요.

늘 그렇듯 수다와 토론으로 바쁜 정치하는엄마들 텔방. 어느 날 한 엄마가 이런 제안을 했다. 이전에도 호칭과 관련해 아이 이름을 별칭으로 하자는 제안이 있기도 했지만 온라인 맘카페에서 주로 쓰는 '○○맘'이란 이름은 썩 내키지 않던 터였다. 그래서 그때까지는 "성실 님" "수진 님" 하고 서로를 이름으로 부르고 있었다. 모든 엄마들이 '언니'라는 호칭을 반겼다. 엄마가 된 이후 '누구의 엄마'로만 불리게 만든 사회에 대한 문제의식으로 이곳에 모인 우리들이 아니었던가.

호칭은 사회적 의미를 함축한다. 한국 사회에서는 생면부지의 사람들이 만나면 통성명과 함께 나이를 묻는다. 나이를 묻고 답하는 순간 서열은 자동으로 정리된다. 이후 관계는 경직되고 소통은 줄어들기 마련이다.

남녀 간 호칭에는 더욱 복잡한 함수관계도 존재한다. 나이 어린 여성이 나이 많은 남성을 부르는 '오빠'라는 호칭은 때로 성적 긴장감을 유발하는데, 이 때문에 성별에 따른 차별과 배제의 도구로 악용될 소지도 있다.

2010년 인기리에 방영된 드라마 〈추노〉에서는 신체 건장한 남자 노비가 서로를 언니라 부르는 생경한 장면이 나온다. 지금은 손아래 여성이 손위 여성을 친근하게 부르는 말로 쓰이지만, 조선 시대에는 동성의 손위 형제를 언니라고 불렀다는 이야기도 전해진다. 한자어인 형兄에 비해 우리말 언니는 어감도 정답다.

그러니 서로를 남녀노소 구분 없이 모두 언니로 부르자는 제안은 반갑지 않을 수 없었다. 그때부터 우리는 나이가 많건 적건, 남자건 여자건, 서로를 언니라 부르기로 했다.[2] 그러자 신기하게도, 예전보다 서로를 부르는 데 주저함이 없어지고 관계 맺기의 어려움이 옅어지는 경험을 하기 시작했다. 정치하는엄마들의 첫 남성 회원인 태석 언니는 우리 모두에게 친근한 이름이 되었다. 처음 만나는 회원들도 서로를 언니로 부르고 불리는 가운데 벽은 쉬이 허물어지고 관계는 스스럼없어졌다.

누구의 엄마, 어디 회사나 어느 단체의 직책 등 자신을 규정하는 각종 이름들로부터 자유로워진 우리는 정치하는엄마들의 '○○ 언니'라는 이름을 새롭게 얻었다. 서로를 어떻게 불러야 할지 고민하지 않아도 되니 많은 것이 달라졌다. 적어도 우리 안에서만큼은 복잡하고 불편한 '호칭의 정치'에서 벗어날 수 있었다.

형식은 내용을 규정한다. 우리는 애초부터 서로를 언니라 부르며 동등한 위치에서 관계 맺기를 시작하기로 약속했다. 나이가 많든 적든 서로 존대하며 언니라는 말에 담긴 친밀함과 온기를 나누고 있다. '장하나 대표님' 대신 '하나 언니', '임아영 정책위원장님' 대신 '아영 언니'라고 부르면서 서로의 거리는 한 발자국씩 좁혀지고 관계는 수평적으로 어우러진다.

'언니'의 정서는 정치하는엄마들의 민주주의를 잘 보여준다. 우리는 창립 당시 정관 한 조항 한 조항을 만들면서도 우리 안의 민주주의를 확인했다. 모두들 구태의연한 형식적 정관을 만들 이유는 없다는 데 동의했다. 정관의 내용뿐만 아니라 정관을 완성해가는 과정 또한 우리의 정체성을 잘 보여줬다. 초안을 쓴 사람이 도움을 구하면 누군가가 나서서 바통을 이어받아 수정했고, 또 누군가가 나서서 법적 자문을 구했다. 정관은 그야말로 모든 언니들의 합작품이었다.

우리 스스로 정한 민주적 형식과 절차는 실제 의사 결정 과정에도 그대로 반영된다. 누군가 아이를 키우면서 겪은 불합리를 하소연하듯 털어놓으면, 하나둘 이야기를 보태고 의견을 더해 사회적 이슈로 확장시키는 일이 자연스럽게 이뤄진다. 이것이 정치하는엄마들의 더 큰 가능성을 말해주는 가장 강력한 힘이다.

우리 스스로 멘토가 됩시다

첫 만남 두 달 만에 개최한 창립총회를 통해 정치하는엄마들의 창립을 공식적으로 선언하기는 했지만, 촉박했던 시간 탓에 충분히 홍보하지 못해 보다 많은 참여를 이끌어내지 못한 점이 아쉬움으로 남았다. 그 때문에 이 사회에 정치하는엄마들의 탄생과 우리의 주장을 좀 더 널리 알릴 수 있는 공식 발대식을 개최하자는 의견이 나왔다.

발대식의 형식을 구상하면서 많은 이야기가 오갔다. 발대식 장소를 공공 기관의 강당처럼 판에 박힌 공간이 아닌 광장에서 하자는 의견도 나왔고, 기왕 야외에서 할 거라면 플래시몹 형태로 이벤트를 마련해서 강한 메시지를 던지자는 아이디어도 나왔다. 엄마들이 목소리를 내기 위해 한자리에 모일 수 있는 시간은 아이들이 모두 잠들었을 때뿐이므로, 밤 열한 시에 광장에 모여 육아의 고충을 상징하는 퍼포먼스 겸 발대식을 하자는 의견도 있었다.

이런저런 상상의 나래가 펼쳐지는 가운데, 텔방에서는 한 가지 주제에 대한 열띤 토론이 벌어졌다. 정치하는엄마들에서 다루는 문제들이 워낙 방대하다 보니, 각계의 전문가를 멘토 혹은 자문위원으로 모시면 좋겠다는 의견이 나왔기 때문이다. 유명한 양육 전문가를 비롯해 각계의 명망 높은 이들이 거론되었다. 그때, 장하나 언니가 말했다.

> 저는 멘토 찾기 싫어요. 엄마들의 문제는 당사자인 우리가 가장 잘 알고 가장 절실하잖아요. 그러니 정치하는엄마들이 직접 참여하는 당사자 정치여야 한다고 생각해요. 우리 스스로 멘토가 됩시다.

세상은 한 걸음씩 진보해왔다. 하지만 세상을 진보하게끔 노력하고 운동을 펼쳐온 사람들이 여성에 대한 차별과 학대, 착취를 위해 싸워오지는 않았다고 엄마들은 느낀다. 시민들이 주체가 되었던 숱한 정치적 항쟁을 통해 정치적 민주주의의 기틀을 마련하는 성과는 있었지만, 실제 우리의 삶과 일상을 파고드는 생활의 민주주의는 아직 요원하다. 진보적이라는 남성 인사들의 여성혐오적인 발언이 심심찮게 보도되는 것이 현실이며, 이전 세대의 여성운동가들에게 생활 민주주의를 위한 싸움과 업적을 기대하기 힘든 것도 사실이다.

새로운 관점의 새로운 세력화를 위해 앞서간 누군가에게 의지하고 싶은 마음은 당연한 것인데, 정치하는엄마들에게는 의지할 수 있는 선구자가 존재하지 않는다. 우리가 처한 냉혹한 현실이다. 아무리 성평등 의식을 가진 남성이라고 해도 엄마들만큼 가사와 양육의 의무를 지닌 채 살아왔을까. 아무리 성공한 여성운동가라고 해도 일과 가정의 양립을 지키면서 그간의 성취를 이룰 수 있었을까. 정치하는엄마들의 창립은 이제껏 그 누구도 엄마들의 문제를 엄마 당사자의 시각에서 정치적 의제로 제기한 존재가 없었기 때문이다. 그러니 당연하게도, 우리의 문제를 누구에게 묻는다고 해도 답을 해줄 이는 없다.

장하나 언니는 "정치는 나부터 실천해야 타인에게 감동을 줄 수 있고 세상을 바꿀 수 있다"라고 말했다. 멘토에게 의지하기보다 우리 스스로가 나서서 우리만의 싸움을 해나가야 한다는 의미였다.

본격적인 활동을 시작하자 정치하는엄마들이 싸울 대상은 도처에 널려 있음을 깨달을 수 있었다. 가장 큰 적은 '엄마들이 뭘 알겠어' 하는 사회의 편견이었다. '정치'라는 단어를 전면에 내걸었다는 이유로 어느 기성 정치 세력의 하위 조직인지를 묻는 질문도 숱하게 받았다. '맘충'에 대한 혐오 정서가 만연한 시대에 "집에서 애나 보지 왜 나왔냐"라는 악성댓글은 이제 별로 놀랍지도 않은 일이 됐다. 이런 편견들을 헤치고 당사자의 입장을 대변할 수 있는 멘토가 존재할 수 없다는 사실은 자명했다.

정치하는엄마들의 존재가 조금씩 알려지면서 창립 몇 달 만에 저출산고령사회위원회, 보건복지부, 서울시 등 각종 정부 부처와 지자체로부터 부모 당사자로서의 의견을 듣고 싶다는 요청을 받고 있다. 일단 공공의 영역에서 당사자의 목소리를 듣고자 하는 의지를 가지고 있다는 것은 무척 환영할 일이다.

그러나 그 같은 자리에 참여한 언니들의 생각은 회의적이다. 엄마 당사자를 허수아비 취급하는 것 같다는 인상을 받은 경우가 많기 때문이다.

우리는 이런 경험들을 충분히 공유하며 학습하고 있다. 2017년 하반기, 서울시에서 준비한 저출산 대책 토론회에 참석한 언니들은 토론회가 부모 당사자의 의견을 진지하게 듣는 방식이 아니라 보여주기 식 '쇼'에 그쳤다고 지적했다. 한 토론회는 애초에 객석의 의견을 청취하는 시간을 너무 짧게 배분해 공분을 샀고, 또 다른 토론회는 연예인 콩트에 수십 분을 배정해 엄마들의 의견을 진지하게 듣고자 하는 의지가 없다는 비판을 받았다.

그러나 정치하는엄마들은 이런 상황에서도 지속적으로 목소리를 내고 우리의 존재감을 스스로 높이는 노력을 지속해야 한다는 데 공감했다. 토론회에 참석한 이고은 언니는 당사자들의 목소리를 귀 기울여 듣고자 하는 의지가 부족한 상태로 행사가 준비되고 진행되었음을 지적하며 "양육 당사자의 이야기를 듣기 위해서 자리를 마련한다면 보다 적극적으로 엄마가 참여할 수 있는 공간을 설계해야 한다"라고 발언했다. 박원순 서울시장이 참여한 최종 토론회에 참석한 조성실 언니는 이 토론회의 방식이 "피상적이고 쇼잉 위주"라며 문제점을 지적했다. 이에 박 시장은 "정치하는엄마들의 지적에 공감한다. 앞으로

서울시가 더욱 노력해야 한다"라고 답변했다.

엄마라는 존재가 이 사회에서 어떤 존재인지, 우리는 각자의 다양한 사적인 경험 외에도 정치하는엄마들 활동을 통해 여실히 경험하고 있다. 세상 밖으로 나가면 나갈수록, 우리가 맞닥뜨려야 할 편견과 모순이 너무도 많다는 사실을 깨닫는다. 나가기 전엔 우리 스스로도 미처 몰랐던 이런 사실을 그 누가 알고 조언해줄 수 있단 말인가. 정치하는엄마들은 우리 스스로의 멘토를 자처하고 길을 만들며 함께 걸어가고 있다.

정치하는엄마들 정관 톺아보기

정치하는엄마들의 민주주의는 단체 정관을 만드는 과정뿐만 아니라, 정관 내용 속에도 잘 담겨 있다. 준비위원회가 창립총회에 상정할 초안을 마련해 사전에 온라인으로 의견을 수렴하기도 했지만, 2017년 6월 11일에 이뤄진 창립총회에서는 정관이 최종 채택되지 못했다. 총회 당일 쏟아져 나온 많은 언니들의 의견을 수렴해 다시 한번 정관을 다듬는 과정을 거쳐야 했다.

언니들은 정관의 문장 하나하나에 담긴 의미를 세심히 읽어내며 부족한 내용을 꼼꼼히 추가하고, 발견되는 오류들을 과감하게 고쳐나갔다. 총회 현장에서 긴 시간 토론이 이어졌지만 수십 개의 조항으로 이루어진 정관을 그 자리에서 모두 수정한다는 것은 불가능한 일이었다.

총회 당일 깊은 토론이 오갔던 정관 초안을 그대로 옮겨본다.

양육과 돌봄, 가사 등 가정 및 사회의 재생산 노동이 모성이라는
이름으로 여성에게 전가되고 있는 대한민국의 현실 속에서,
엄마들은 사회 구조적 소외와 문화적 혐오로 고통받고 있다.
다양한 형태로 나타나고 있는 현대 가족 구성을 고려할 때,
엄마란 생물학적 엄마뿐만 아니라 양육과 돌봄을 수행하고
있거나 향후 이 역할을 수행하고자 하는 모든 사회적 구성원을
통칭할 수 있는 사회적 모성의 주체임을 정의할 필요가 있다.
엄마이기에 겪는 사회·경제·문화적 문제와 구조적 모순을
해결하고자 자발적으로 모인 사회 구성원들의 뜻을 모아
정치단체를 창립하게 되었다.

― 2017년 6월 11일 창립총회 회의록

이후 정치하는엄마들이라는 단체로서의 정체성을 구성해 가는 과정은 더뎠지만 충분히 민주적이었다. 우리는 되도록 많은 구성원들의 다양한 의견을 정관에 담으려 애썼다. 그렇게 총회 후 한 달여를 더 논의한 뒤에야 정치하는엄마들의 정관은

제 모습을 찾아갔다.

정치하는엄마들은 정관을 통해 인간이 수행하는 양육과 돌봄의 가치가 저평가된 현실을 지적하며 엄마라는 이름에 모든 책임과 의무를 지우는 사회를 고발하고자 했다. 또 '맘충' 등 혐오 현상이 불거지게 된 현실을 진단하고, 모성의 주체가 생물학적 엄마뿐만 아니라 모든 사회 구성원이 되어야 하는 문제임을 분명히 하고자 했다. 집단모성의 개념이 녹아든 정치하는엄마들의 철학을 담고자 한 것이다. 최종 수정된 정관의 전문은 다음과 같다.

> 사람은 삶의 어느 기간 혹은 모든 기간 동안 자신의 생명
> 유지를 위해 반드시 타인에게 의존하게 된다. 즉, 사람은
> 생존을 위해 돌봄과 살림을 필요로 하고, 서로 돌봄과 살림을
> 주고받는 존재다. 이렇듯 돌봄과 살림은 인간 사회를
> 유지하는 데 있어 가장 근본적이고 가치 있는 일임에도
> 불구하고, 한국 사회는 이를 사사로운 일로 치부하며 사회적·
> 국가적 책임을 인정하지 않았다. 게다가 출산과 육아, 자녀의
> 교육, 일상적인 가사노동, 간호 등 돌봄과 살림의 영역에서
> 벌어지는 모든 일을 단지 '집안일'이라는 말로 폄하하며, 그
> 책임을 오로지 '엄마'에게 전가해왔다. '모성'과 '모성애'라는
> 이름 아래 많은 여성들이 희생과 헌신을 강요받았고, 정치·

경제적 주체로서 자립할 기회를 박탈당했으며, '아줌마'와 '맘충'이라 불리는 혐오와 비하의 대상이 되었다. 그러나 무릇 사람을 낳고 기르고 살리는 돌봄과 살림은 우리 사회의 현재 뿐 아니라 미래가 달린 일로서 엄마·여성·개인에게 그 책임을 전가해서는 안 되며, 가족 공동체·지역 공동체·국가 공동체가 서로 함께 책임져야 할 영역이다. 이제 모성은 생식적 어머니와 분리하여 돌봄과 살림을 수행하는 모든 주체의 역할을 가리키는 개념이 되어야 하고, 우리 사회는 집단모성·사회적 모성을 추구해야 한다. 나아가 혈연을 넘어서 돌봄과 살림의 관계를 기준으로 다양한 형태의 가족을 포용해야 하며, 가족 구성원 간의 성평등한 관계를 법·제도적으로 보장해야 한다. 우리는 사회적 모성을 바탕으로 모든 아이들과 그 아이들을 돌보는 모든 사람들의 권리를 옹호하고, 그들이 처한 정치적·경제적·사회 문화적 모순을 해결해나감으로써 더 나은 공동체를 만들 수 있다고 믿는다. 이에 우리는 직접적인 정치 참여를 통해 이러한 목표들을 실현하고자 모인 구성원들의 뜻을 모아 '정치하는엄마들'을 창립한다.

– 최종 확정된 정치하는엄마들 정관 전문

정관의 다른 조항에서도 정치하는엄마들의 민주주의가 잘 드러난다. 특히 소개하고 싶은 부분은 운영위원회의 구성에 관한 규정이다.

　운영위원회는 정치하는엄마들의 최고 의결 기구인 총회의 위임을 받아, 다음 총회까지 조직의 운영과 사업 등 주요 사항을 의결하고 집행하는 상설 기구다. 운영위원회는 일반적인 선출직 혹은 지명직 운영위원만으로 구성되지 않는다. 정관에는 다음과 같은 내용이 있다.

　　선출직 운영위원은 총회에서 추첨제로 선출하며, 재적 권리회원
　　중에서 무작위 추첨 방식으로 할당된 정수의 3배수를 순서를
　　붙여 추출하고, 본인의 운영위원 활동 의사를 확인하면서 추첨
　　순서에 따라 확정한다. 본인의 운영위원 활동 의사가 없어서
　　정수에 미달하는 경우에는 추가로 추첨한다.
　　　　　　　– 정치하는엄마들 정관 제3장 제2절 제16조 1항 2호

　전체 운영위원의 3분의 1은 선출직으로, 누구에게든 기회가 주어진다. 전체 총회에 참여한 권리회원 가운데 무작위 추첨 방식으로 지명된 사람은 자신이 선출직 운영위원으로 활동할지 여부를 결정할 수 있다. 이 조항은 여러 권한을 가진 운영위원회가 보다 민주적이고 열린 모습으로 기능하게끔 보조하는 장치다. 소수 구성원이 운영위원회를 독점해 단체를 이리저리 휘두를 가능성을 애당초 없애고자 하는 취지다.

© 강미정

이제 모성은 생식적 어머니와 분리하여 돌봄과 살림을 수행하는 모든 주체의 역할을 가리키는
개념이 되어야 하고, 우리 사회는 집단모성 · 사회적 모성을 추구해야 한다.

추첨제는 민주주의의 발원지 고대 그리스에서 유래했다. 수백 명에 이르는 행정관들을 제비뽑기 방식으로 선출한 추첨제 민주주의 방식은 200년 동안이나 유지됐다. 제비뽑기로 대표자를 뽑는다고 해서 그 과정이 허술한 것은 아니었다. 추첨된 행정관 후보자들은 자격 심사를 거쳐야 했기에 시민들은 자신이 추첨될 가능성을 염두에 두고 늘 자기 검열을 일상화했다. 선출된 후에는 민회와 법정이 행정관을 감시했고, 행정관은 임기 후 결산 보고서를 제출해야 했다. 시민들은 행정관에게 책임을 묻고 탄핵할 수도 있었다.

정치하는엄마들 역시 민주적으로 선출한 공동대표와 운영위원에 대해 감시를 소홀히 하지 않기로 했다. 정관 제11조 1항은 "공동대표 등 운영위원이 정치하는엄마들의 목적에 위배된 행위를 하거나, 정관·내규 및 결의 사항을 따르지 않거나, 단체에 해를 끼친 경우에는 재적 권리회원 5분의 1 이상의 요구로 소환을 청구할 수 있다"고 정하고 있다. 소환된 이들은 해임 여부를 묻는 찬반 투표에 부쳐질 수 있고 최악의 경우 직을 상실할 수 있다.

정치하는엄마들의 정관은 하루아침에 만들어진 것이 아니다. 스스로를 '엄벤저스'라고 지칭하며 자발적으로 손 들고 헌신하는 언니들의 힘, 호칭의 정치에 갇히지 않고 동등한 관계 맺기라는 실험을 하고 있는 혁신성, 사회의 질서에 얽매이지 않고 우리 자신만의 역사를 쓰기로 한 독립성과 용기, 이 모든 도전과 노력이 하나의 텍스트로 응집되어 탄생했다. 그리고 우리는 정관을 만들어낸 우리 안의 민주주의를 지속적으로 키워가기 위해 지금도 항상 열린 토론을 지향한다. 그것이 이 뻔한 세상에서, 정치하는엄마들이 새로운 세력으로 거듭날 수 있는 강력한 힘이라 믿으면서.

거리에 나서다

글쓴이 | 김신애, 백운희

국회 앞에 선 정치하는엄마들

정치하는엄마들 창립 선언 열흘 후, 우리는 거리로 나섰다. 2017년 6월 21일, 정치하는엄마들은 여의도 국회 앞에서 첫 기자회견을 열었다. 아기띠를 메고 유모차를 끌고 나온 언니들 손에는 각종 플래카드와 팻말, 부채 등이 들려 있었다. 거기 적힌 문구는 다음과 같았다.

"바보야, 문제는 칼퇴근이야!"

"야3당 보이콧 철회하고 민생 법안 조속히 처리하라!"

이날의 기자회견명은 「국회야, 일 안 하고 뭐 하니?」였다.

개점휴업 상태인 6월 임시국회의 무능을 규탄하고, 잠자고 있는 '칼퇴근법'의 통과 및 국회 정상화를 촉구하기 위한 기자회견이었다. 정치하는엄마들의 목소리를 내기 위한 첫 번째 직접 행동이었으며, 우리가 그동안 고민해온 정치적 의제에 대해 이 사회에 공개적으로 주장하는 자리였다.

이날 기자회견에는 칼퇴근법의 당사자인 취업모도 있었지만 퇴근 시간이 따로 없는 전업모도 있었다. 직장 생활을 하는 아빠들도 있었지만 오래전에 은퇴한 할머니, 할아버지도 있었다. 기자회견에 참석한 심공순 언니는 정치하는엄마들 최초의 할머니 회원이다. 엄마 회원인 남궁수진 언니의 어머니이기도 한 그는 자신이 왜 손주와 함께 칼퇴근법 통과를 주장하는 기자회견에 나오게 됐는지 설명하기 위해 마이크를 잡았다.

36년 전의 저는 직장에 다니다가 육아로 인해 꿈을 접을 수밖에 없었습니다. 그런데 지금 내 딸이 나와 똑같은 상황에 처해 있어요. 딸과 손녀의 삶은 나와는 달라야 한다는 생각에 이 자리에 섰습니다. 칼퇴근법이 조속히 통과돼야 합니다.

첫 기자회견은 생각보다 많은 언니들이 참여했고, 또 예상보다 많은 언론의 관심을 받았다. 엄마뿐만 아니라 아빠, 할머니, 할아버지가 함께하고 또 아이들이 함께하는 이색적인 장면이 만들어졌다. 집단모성의 철학이 그대로 드러난 현장이었다. 그렇게 다양한 정체성의 당사자들이 한목소리로 칼퇴근법을 요구한 이유는 무엇일까.

아이가 자라는 데는 시간이 필요하다. 아이를 키우기 위해서도 마찬가지다. 그러나 한국 사회의 노동 환경은 아이와 함께할 수 있는 충분한 시간을 허락하지 않는다. 정책 지원도 보육 기관 및 돌봄서비스를 늘리거나 현금 수당처럼 지원금을 확대하는 데 초점이 맞춰져 있다. 돈을 지불하고 구매하는 서비스로 부모의 귀중한 시간을 대체하는 방식이다.

이런 해법은 병의 근본 원인은 외면한 채 당장의 통증만 잠시 없애는 단기적 처방에 불과하다. 저출산 대책으로 100조 원을 쏟아부어왔다는 대한민국에서 들려오는, 아이 키우기 힘든 곳이라는 당사자들의 곡소리가 그것을 증명한다.

정치하는엄마들 텔방에서의 대화는 늘 '기-승-전-노동시간'이라는 결론에 도달하곤 한다. 늦은 퇴근 시간은 부부 중 일방을 독박육아하게 만들고, 아이가 하루 종일 보육 기관에 맡겨진 채 자라게 만든다. 버티다 못해 부부 중 한 사람이 사표를 내야 하는 상황에 직면하면, 성별 임금 격차가 심한 한국 사회에서는 대개 엄마가 경력을 단절하게 된다. 너무 긴 노동시간에 비해 낮은 임금은 결국 여성의 노동을 저평가하게 되고, 엄마들은 '집에서 애 키우는 게 남는 장사'라는 이 사회의 셈법에 무릎 꿇게 된다. 긴 노동시간의 피해자는 여성만이 아니다. 외벌이 신세가 된 아빠는 과도한 경제 활동의 현장으로 내몰리고 가족과의 시간을 박탈당한다. 부모를 대신해 아이를 돌보는 할마(할머니+엄마), 할빠(할아버지+아빠)의 삶도 황폐하게 만든다.

문재인 대통령은 대선 후보 시절 "아이 키우는 엄마의 근무시간을 오전 열 시부터 오후 네 시까지로 임금 감소 없이 단축시켜주는 방안도 검토해봐야 한다"라고 말해 비난에 휩싸인 적이 있다. 아이 키우면서 일하는 엄마를 '민폐 인력'으로 전락시키는 발상이라고 해서 당시 많은 엄마들이 불만을 표출했다. 그래서 우리는 한국 사회의 비정상적인 생활을 견인하는 길고 긴 노동시간을 줄이기 위해 남녀노소 불문하고 모든 노동자들의 법정 노동시간을 공평하게 줄이고자 칼퇴근을 주장하기로 했다. 따라서 창립 첫 일성으로 '칼퇴근법 통과'를 외치는 것은 당연한 일이었다. 법안 통과의 당사자들이 모인 국회 앞에서, 문제 해결을 가장 바라는 당사자인 엄마들이.

신영복 선생은 "그 사람의 생각은 그 사람이 걸어온 인생의 결론이다"라고 말했다. 우리는 우리가 걸어온 인생을 통해 우리의 생각을 다듬고 다져왔다. 긴 노동시간의 사회에서 엄마로서의 삶이 너무도 피폐하니 칼퇴근법을 외치게 되었다. 우리는 아이를 낳고 기르면서 겪은 수많은 모순과 불합리가 사회

시스템을 유지하기 위해 엄마들을 착취함으로써 발생했다는 사실을 알게 되었고, 더 이상 그런 방식은 곤란하다는 것도 깨달았다. 그리고 이런 구조를 바꾸려면 문제 당사자가 직접 정치에 참여하고 싸워야만 한다는 것도 깨달았다. 정치하는엄마들의 정치는 그렇게 시작되고 있었다.

광화문 1번가에서 마주한 현실의 벽

정치하는엄마들은 창립 일성으로 제시한 보육과 노동 의제를 들고 또 한번 거리로 나섰다. 2017년 6월 27일, 문재인 정부의 국민 정책 제안 프로젝트 '광화문 1번가'에서 정책 제안 간담회를 개최한 것이다. 기자회견 때와는 다르게, 우리가 준비한 주요 정책 이슈를 공식적으로 설명할 수 있는 자리여서 기대감도 높았다.

정치하는엄마들 창립총회 당시 정책 세미나를 통해 정리한 구체적인 정책은 다음과 같다.

보육 분야에서는 첫째, 정책 설계 및 집행 과정에 부모 참여를 의무화할 것. 둘째, 아동가족복지 지출 예산을 GDP 대비 3퍼센트 수준으로 증액할 것. 셋째, 보육 바우처의 누수가 없도록 보육 기관에 대한 관리·감독을 강화할 것. 넷째, 보육 기관에 대한 정보 공개 및 경영 투명화. 다섯째, 유·보 통합 5년에 대한 로드맵 제시 등을 요구했다.

노동 분야에서는 첫째, 출산휴가·육아휴직 사용률의 목표치 제시 및 달성. 둘째, 칼퇴근법 연내 통과. 셋째, 대체 인력 활용 제도의 민간 확대. 넷째, 전체 사업장 '스마트 근로감독' 실시. 다섯째, 여성 노동자의 노동권·모성권 보호 전문 기관 설치 등을 제시했다.

정치하는엄마들은 이 같은 정책을 공개적으로 브리핑하는 시간을 가졌고, 내용을 정리한 정책 제안서를 해당 정부 부처에 전달했다. 1시간가량 진행된 정책 제안 간담회에는 보건복지부(보육), 고용노동부(노동) 담당 공무원이 참석해 정치하는엄마들의 제안에 답변하는 시간도 포함됐다. 보육 분야에 임아영 언니, 노동 분야에 장하나 언니가 발표를 맡았고 이어서 소관 부처 담당 공무원의 답변이 이어졌다.

현장에 참석한 보건복지부 보육정책과 최신광 사무관은 보육 바우처 누수 문제와 관련해 "제도 개편 요구에 따라 보육료 지급 체계 방식에 대한 고민을 하고 있는 상황인 만큼, 상당 기간 연구 용역 및 준비 기간을 거쳐 준비하겠다"라고 말했다. 맞춤형 보육료 지원 체계의 문제점을 지적하는 질문에 대해서는 "수요자 중심의 보육 제도 개선 방안을 검토하고 있다. 부작용이 제기되고 있는 맞춤형 보육에 대해서도 각종 모임을 통해 의견을 듣고 있다"라고 답했다.

고용노동부 고용문화개선정책과 하창용 과장은 칼퇴근 방안 및 노동시간 단축과 관련해 "근로자가 일정한 사유가 있을 때 근로시간 단축을 청구할 수 있고, 기업은 특별한 사유가 없는 한 이를 수용해야 하는 '근로시간 단축 청구권'을 추진할 예정"이라고 답변했다. 또 출산휴가 및 육아휴직의 낮은 사용률에 대해 "스마트 근로감독을 위한 감독관이 충원되면 기업에 페널티를 적극 부과하는 방식으로 보완하도록 하겠다"라고 말했다.

전반적으로 잘하겠다, 노력하겠다는 답변들이었지만 언니들은 어쩐지 회의적인 소감을 내놓았다. 담당 공무원들의 답변이 원론적이어서 당장의 변화를 이끌어내기에 미흡하다는 지적과 함께 "고구마 100개를 먹은 기분"이라는 소감도 나왔다.

공무원들의 원론적인 답변들은 부족한 예산과 정부의 박약한 의지라는 한계를 전제한 것일 테다. 어쩌면 그들은 속으로 '우리도 이미 다 알고 있는 이야기인데, 현실이 따라주지 않는 걸 엄마들만 모른다'고 생각했을지도 모른다.

문제의 핵심은 이 사회에 우리가 요구한 정책들이 아예 없는 것이 아니라, 있는 제도조차 실효성이 없거나 잘 지켜지지 않는다는 것이다. 있으나 마나 할 정도로 제도의 수혜 대상이 적고 관리 감독이 잘 안돼 그림의 떡인 경우가 대부분이라는 것이 문제다. 그렇다면 실질적인 변화를 이끌어내기 위해서 우리는 무엇을 해야 하는가?

광화문 1번가의 경험을 통해 우리가 깨달은 것은 단번에 모든 것이 해결되리라 기대하지 않아야 한다는 사실이었다. 우리가 얼마나 긴 싸움을 해야 하는지, 그 과정에서 얼마나 끈질기게 버텨야 하는지에 대해서도 말이다.

우리는 강펀치 한 방을 준비하기보다, 계속해서 잽을 날리기로 했다. 부모 당사자들의 목소리를 끊임없이 세상에 내보이고, 우리가 그림자 같은 존재가 아니라는 사실을 지속적으로 알리는 일이 중요하다.

노무현 전 대통령의 묘소에는 "민주주의 최후의 보루는 깨어 있는 시민의 조직된 힘입니다"라는 문구가 있다. 우리는 앞으로 그간 세상을 향해 조직된 목소리를 내지 못했던 부모 당사자들의 깨어 있는 힘을 보여주는 일을 해나가겠다고 다짐했다.

정치하는엄마들 스타일

정말 이런 분들에게 우리 아이들을 어떻게 맡길지 암담해요.

김정덕 언니의 얼굴이 새하얗게 질렸다. 2017년 7월 25일, 서울시 교육청에서 열린 「제2차 유아교육발전 5개년 기본 계획」세미나 자리에서였다. 문재인 정부는 임기 중인 2022년까지 국공립 유치원 및 어린이집 재원 아동률을 40퍼센트까지 확충하겠다는 공약을 한 바 있다. 이날 세미나는 공약 이행을 위해 유아 교육 정책 전반을 점검하고 여론을 모으려는 자리였다.

그런데 행사가 무산됐다. 사립 유치원 원장들의 모임인 한국유치원총연합회(이하 한유총)가 무력으로 행사 개최를 막았기 때문이다.

"전면 휴원을 불사하겠다."

"휴원하면 워킹맘들 난리 난다."

"엄마들을 잘 꼬셔야 한다."

귀를 의심하게 만드는 말들이 다름 아닌 사립 유치원 관계자들의 입에서 나왔다. 아이들을 가르치고 보살피는 유치원 원장들이 어떻게 이런 경악할 만한 발언들을 서슴지 않고 할 수 있을까. 정치하는엄마들이 이런 생생한 발언을 들을 수 있었던 것은 우리가 직접 현장에서 두 눈으로 모든 상황을 목격했기 때문이다.

아직 어린 아이들의 손을 잡고 함께 현장을 찾았던 김정덕, 문소영, 임아영, 조유나 언니는 사립 유치원 관계자들의 후안무치한 말들을 듣고 크게 분노했다. 네 사람은 분노에 그치지 않고 그 자리에서 바로 성명서를 써 내려갔다. 아래는 성명서 「유아 교육·보육은 비즈니스가 아니다!」의 일부분이다.

우리는 아이들과 맞벌이 부모들을 볼모로 '집단 휴원도 불사하겠다'는 사립 유치원 원장들에게서 교육자가 아닌 사업자의 진면목을 보았다. 유치원에서는 품위와 경륜을 자랑하던 원장님들이었지만, 세미나를 원천 봉쇄하는 데서 교육자의 이미지는 산산조각 났다. 세미나가 무산됐다고 박수와 환호를 보내는 모습에 경악을 금치 못했다. 향후 5년간 대한민국의 유아 교육 정책과 방향성을 논의해야 할 자리가 다른 누구도 아닌 사립 유치원 원장들에 의해 풍비박산 나는 광경을 지켜본 학부모의 마음은 한없이 참담할 따름이다. (…) 정치하는엄마들은 한유총에 의한 유아 교육의 공공성 퇴보를 심히 우려하며, '유아교육발전 5개년 기본 계획'을 수립하고 실행하는 전 과정에 엄마들의 참여를 제도적으로 보장하기 위해 김상곤 교육부총리와의 조속한 면담을 요청한다.

이 성명서는 언니들이 현장 바닥에 앉아 써 내려간 것이다. 이 성명서를 꽤 많은 언론사에서 기사화했다. 그도 그럴 것이 그동안 사립 유치원의 횡포와 무력행사에 대해 비판적인 시각으로 직접 대응한 세력이 전혀 없었기 때문이다. 보육 정책의 무주공산에서 한유총은 스스로를 정치 세력화하며 자신들의 이득을 취하는 데 거침이 없었고, 한국 사회의 보육 정책을 좌지우지해왔다. 그 때문에 정치하는엄마들은 점차 보육 정책에서 부모 당사자를 대변하는 세력으로 주목받게 되었다.

정치하는엄마들의 문제 제기에도 불구하고 한유총은 결국 2017년 9월 18일, 정부에 재정 지원금을 늘리고 국공립 유치원 확대 방침을 중단하라며 집단 휴업을 예고했고 번복을 거듭하다 결국 철회하기에 이르렀다. 정치하는엄마들은 한유총이 집단 휴업을 예고했던 9월 18일, 청와대 앞에서 「대통령님, 우리도 떼쓰면 되는 겁니까?」라는 제목으로 한유총의 집단 행동을 규탄하고 문 대통령의 국공립 유치원·어린이집 재원 아동률 40퍼센트 공약 이행을 촉구하는 기자회견을 열었다.

언니들은 매서운 눈초리로 사립 유치원은 물론 정부의 공약 이행 여부를 지켜보고 있다는 의미에서 선글라스를 쓴 채 기자회견을 진행하고 '쪼아 보는' 눈을 시각화해 퍼포먼스도 진행했다. 이 역시 보육 정책의 무대에서 없는 존재로 치부되었던 부모 당사자가 직접 목소리를 낸다는 점에서 중요한 의미를 지니는 기자회견이었다.

이날 기자회견에는 이례적으로 스마트폰으로 원격 발언을 하는 순서도 마련됐다. 육아 때문에 집 밖에 나올 수 없지만 문제를 지적하고 자신의 목소리를 내고자 하는 엄마들의 현실적인 상황과 의지를 감안한 방식이었다. 스마트폰으로 발언에 나선 이고은 언니는 이렇게 말했다.

요즘 엄마들에게는 스마트 기기라는 무기가 있습니다. 더 이상 목소리를 못 내는 존재가 아닙니다. 저도 그래서 이렇게 온라인으로 기자회견에 나설 수 있었습니다. 엄마들은 스마트폰으로 육아 정보를 나누고, 사는 이야기도 나누고, 세상 돌아가는 이야기도 나눕니다. 아이 키우기 힘든 이 세상에 분노하고, 말도 안 되는 기사가 있으면 공유하고, 사립 유치원 불법 집단 휴업에 대해서도 비판합니다.

엄마들을 집 안에 가둔 세상. 그러나 정치하는엄마들은 스스로를 가정 안에 가두지 않았다. 우리는 우리만의 방식으로 현장에 찾아간다. 진실을 마주하고 절실함을 토해낸다. 세상에 목소리를 내는 방법을 새롭게 만들어가고 있다. 그것은 우리가 더 이상 착취와 혐오의 대상이 아닌 오롯한 한 사람, 독립적인 주체임을 증명하는 행위다.

좋은 추억으로 남지 말자

두 달 만의 빠른 창립, 첫 기자회견, 그리고 사회에 질문과 이슈를 던지는 집단 행동을 게릴라식으로 이어가면서 정치하는엄마들은 빠르게 성장하고 있다. 성장하는 만큼 우리의 고민도 깊어지고 넓어진다. 단순히 엄마들의 권익을 위한 활동이 아니라, 각자도생과 경쟁의 패러다임에 물든 병든 세계를 바꿔보고자 하는 거대한 움직임으로 확장해가고 있기 때문이다.

현실은 녹록지 않다. 엄마들이 모인 단체다 보니 양육에 필요한 절대적 시간 때문에 단체에 전념할 수 없는 현실적 여건 때문이다. 정책 연구, SNS 관리, 기자회견 준비, 보도자료 작성 등 여느 시민단체와 유사한 일들을 하면서도 상근 인력하나 없이 자발적 참여를 동력으로 삼는 것이 여간 어려운 일이 아니다.

가정에서의 갈등도 있다. 정치하는엄마들 활동을 하면서 남편에게 지지를 얻지 못하거나, 지지를 얻더라도 갈등을 겪는 언니들도 많다. 우리의 문제는 사회 구조에서 기인했지만, 현상은 각 가정 안에서 드러나는 것이 현실이다. 엄마들에게 가정의 안녕과 질서를 수호하기 위해 존재하라는 사회의 압박은 가정에서부터 발현된다. 언니들은 가정의 문제를 해결하기 위해 남편과 투쟁하거나, 갈등을 최소화하기 위해 오히려 가사와 육아에 더욱 열의를 보이며 주부로서의 정체성을 증명하기 위해 애써야 했다.

또한 엄마들의 발은 늘 무겁다. 아이와의 외출은 물리적으로 참 어려운 일이다. 아이들은 언제 아플지 모르고, 갑작스레 수유하고 기저귀를 갈아야 하며, 이유 없이 보챌 때도 있다. 기

ⓒ 강미정

엄마들이 침묵하지 않고 세상에 맞서나가는 현장을 경험한 아이들이 어른이 되었을 때,
이 사회는 얼마만큼 자라 있을까? 미래의 변화, 그것이 바로 우리가 거리에 나서는 이유다.

자회견이나 토론회, 각종 회의 자리에 참석하려 할 때 아이를 돌봐줄 사람이 없는 엄마들은 늘 아이와 동반해야 하지만 아이를 데리고 기자회견에 나가면 비난의 손가락질도 뒤따른다. 맘충. 엄마가 혐오의 대상이 되어버린 이 사회에서 정치하는엄마들이 가는 길에는 이중 삼중의 가시밭길이 펼쳐진다.

'정치'라는 이름을 내걸었기에 뒤따르는 어려움도 있다. 특정 정당의 주장과 유사하거나 대치되는 입장을 펼쳤을 때, 정파적 행동이라는 편견이 이어지기 때문이다. 정책에 따라 현 정부를 비판할 수도, 지지할 수도 있지만 우리 사회에서 정치란 늘 정파적인 것으로 해석되기에 더욱 그럴 것이다.

대표적인 예가 2017년 7월 왜곡된 성의식을 드러낸 저서 『남자 마음 설명서』로 여성계와 시민 사회로부터 지탄의 대상이 된 탁현민 청와대 의전비서관실 선임행정관에 대한 단체의 입장 표명 문제였다. 당시 탁 행정관은 책에서 여성을 대상화하고 특정한 여성상을 강요한다는 점에서 여성혐오적 시선이 깔려 있다는 평가를 받았으며, 왜곡된 성인식을 가진 그가 공직을 유지하는 데 문제 제기가 거셌다.

정치하는엄마들 내에서도 탁 행정관이 사퇴해야 한다는 여론이 커졌지만, 일부에서는 사퇴 주장이 정치적 쟁점으로만 부각되고 실제 사퇴로 이어지기에는 부족할 것이라는 의견도 나왔다. 사퇴냐 아니냐의 문제에 집중하게 되면 탁 행정관에 대한 청와대의 처분이라는 닫힌 정치적 결론에 매달리게 될 것이라는 계산이었다. 그 때문에 사퇴 주장 대신 여성을 대상화하는 성인식이 만연한 우리 사회를 정상화하자는 메시지를 더욱 부각시키자는 주장이 나왔다.

정치하는엄마들은 갑론을박했지만 합의점을 도출하지 못했다. 치열한 토론 끝에, 소수의 의견을 묵살하고 다수의 의견을 강요하는 방식을 택할 수 없었기 때문이다. 물론 매번 만장일치를 추구할 수는 없다. 중요한 것은 정치하는엄마들이 이런 과정을 통해 우리 안의 민주주의에 대해 고민하며 다수결의 폭력성을 무방비하게 수용하지 않고 소수 의견을 아울러 공통의 합의점을 찾아가는 방식을 다져가고 있다는 점이다.

이러한 이유로 정치하는엄마들의 외부 활동에는 어려움이 뒤따른다. 앞으로도 정치하는엄마들이 넘어야 할 산은 많을 것이다. 하지만 그 산이 넘기 힘들다는 이유로 좌절하고 포기한 채 우리의 오늘을 추억의 한 페이지로 간직하는 미래는 그리고 싶지 않다. 그래서 우리는 서로에게 '좋은 추억으로 남지 말자'고 이야기한다.

꾸역꾸역 한 발짝씩 내딛는 이 걸음이 더 나은 사회를 위한 것이라는 희망. 우리가 지나온 길이 곧 역사가 될 것이라는 기대. 우리 아이들에게 더욱 나은 세상을 선물할 수 있으리라는 꿈. 지금 정치하는엄마들 마음속에는 이런 에너지가 가득하다.

언니들의 직접 행동이 있을 때마다 정치하는엄마들의 온라인 카페, 페이스북 페이지, 홈페이지는 뜨겁게 달아오른다. 응원과 참여의 메시지가 봇물을 이룬다.

"정치보다는 당장 살길이 우선이라 여겼는데 생각이 바뀌었습니다."

"작은 목소리라도 내어야 세상이 바뀔 것입니다. 함께하고 싶습니다."

목소리를 내고 행동에 나서니 같은 생각을 갖고 있던 사람들이 하나둘 세상 밖으로 나오기 시작한다. 우리는 어느새 보다 나은 세상을 희망하는 또 다른 이들의 불씨를 댕기는 역할을 하고 있다.

뙤약볕에서 1인 시위를 하고, 장대비가 쏟아지는 날씨에도 아이와 함께 발언을 하고, 영하의 기온에서도 손을 호호 불어가며 행동하는 정치하는엄마들. 함께 행동하는 현장 속에서 아이들도 더불어 자란다. 엄마들이 침묵하지 않고 세상에 맞서나가는 현장을 경험한 아이들이 어른이 되었을 때, 이 사회는 얼마만큼 자라 있을까? 미래의 변화, 그것이 바로 우리가 거리에 나서는 이유다.

ⓒ정치하는엄마들

정치하는엄마들 창립총회, 서울여성플라자, 2017년 6월 11일.

ⓒ정치하는엄마들

「국회야, 일 안하고 뭐 하니?」 (칼퇴근법 및 보육 추경 6월 국회 통과 촉구) 기자회견, 국회 앞, 2017년 6월 21일.

©정치하는엄마들
두 번째 정기 모임. 「엄마들의 정치
세력화 어떻게 할 것인가?」
2017년 5월 13일.

©정치하는엄마들
광화문 1번가(국민인수위원회) 10대
요구안 전달, 광화문, 2017년 6월 27일.

©정치하는엄마들
「페미니즘 교육과 페미니스트
교사들에 대한 공격을 멈춰라」
기자회견, 광화문 광장.
2017년 9월 7일.

세계 여성의 날 기념 한국여성대회, 「내 삶을
바꾸는 성평등 민주주의」 광화문 광장.
2018년 3월 4일.

ⓒ정치하는엄마들
「대통령님, 우리도 떼쓰면 되는
겁니까?」(정부-한유총 졸속 합의 우려)
기자회견, 청와대 앞, 2017년 9월 18일.

ⓒ정치하는엄마들
「국공립 40퍼센트 대신 아동수당? 스튜핏 비리 유치원 감싸기, 베리베리 스튜핏!」(아동수당, 비리 유치원 감싸기 정부 규탄)
기자회견, 광화문 정부서울청사 앞, 2017년 11월 30일.

©정치하는엄마들
보육 공공성과 인권 교육 실현을 위한 전국보육노동자한마당. 광화문 세종문화회관 앞.
2017년 9월 27일.

©정치하는엄마들
정치하는엄마들—박원순 서울시장 간담회. 서울시청. 2018년 4월 1일.

2부

정치하는엄마들이 세상에 던지는 질문들

노동

: 일과 삶의 균형을 찾아서

글쓴이 | 이고은

엄마들은 왜 칼퇴근법을 요구했나

직장 어린이집이 좋다지만 한국 사회에서는 무용지물이죠.
회사가 일찍 끝나야 아이도 엄마 아빠 손잡고 집에 가는데,
노동시간도 길고 집도 멀면 그림의 떡이잖아요. 베이비시터
이모님이나 조부모님이 야근하는 부모를 대신해 아이를
데려가려면 집 가까운 곳이 최고니까요. 결국 기-승-전-
노동시간이란 생각이 듭니다.

— 30대 중반, 이고은

보육 정책을 만들 때 부모가 참여할 수 있어야 하는데, 정작 엄마 아빠는 '시간 거지'라서 참여할 시간이 없어요. 보육 정책에서 부모가 소외되는 이유 역시 노동시간이 길어서죠. 기-승-전-노동시간입니다.

- 30대 중반, 이○○

정치하는엄마들의 토론은 늘 뜨겁지만, 결론은 간단하게 끝나는 경우가 많다. 답이 항상 정해져 있기 때문이다. 부모가 아이를 키우며 겪는 어려움의 근본 원인을 찾아가다 보면 해법은 대부분 노동시간을 줄이는 데 다다른다. 이 때문에 정치하는엄마들 사이에서는 기-승-전-노동시간이라는 말이 심심찮게 나왔다.

인간이라면 누구든 적정한 시간 동안 일하고 충분히 쉬어야 한다. 노동시간이 길면 사적으로 쓸 수 있는 시간이 줄어들고 개인의 삶은 균형이 깨진다. 아이 키우는 부모는 양육에 필요한 충분한 시간을 얻을 수 없다. 핵가족으로 분열된 현대의 가정에서는 부모가 일하느라 아이들까지 모두 뿔뿔이 흩어져 하루를 보낸다. 이는 곧 불행의 시작이며 '헬조선'의 출발이다. 엄마들이 노동시간에 주목하는 이유다.

우리 사회에서 엄마들이 경력을 단절하고 독박육아에 내몰리는 중요한 이유 중 하나는 한국의 전통적 성역할에 따른

'남성 외벌이 가정 경제 모델' 때문이다. 가부장제 아래 남성 가장을 사회 경제 활동의 주요 구성원으로 상정하는 이 사회는 적정 노동시간의 기준 역시 가정을 돌보는 일로부터 자유로운 전통적 남성상으로 설정하고 설계해왔다. 그 결과 우리의 노동 환경은 일·가정 양립의 과제를 후순위로 제쳐두고, 세계적으로도 가장 긴 수준의 노동시간을 기록해왔다. 그 때문에 가정을 돌볼 의무를 떠맡고 있으면서 평균 임금 수준마저 낮은 여성들은 언제든 가정으로 돌아가라는 무언의 압박에 시달린다.

물론 현재의 노동 환경이 기혼 여성에게만 문제가 되는 것은 아니다. 긴 노동시간은 남성에게 가족과 함께하는 삶을 앗아 가고, 그저 일하고 돈 버는 기계로 살아가도록 만든다. 미혼의 청년이나 독신자들에게도 마찬가지다. 이른바 '워라밸(워크 앤 라이프 밸런스의 줄임말)'이 불가능한 사회다.

또한 지금의 긴 노동시간은 사회가 '정상가족'으로 규정한, 부부와 아이로 구성된 3인 이상의 가족만을 기준으로 삼는다. 따라서 싱글맘, 싱글대디, 조손 가정 등 다양한 형태의 가정에는 폭력적으로 작동한다. 아이를 돌보는 일을 가정 내 다른 구성원에게 맡길 수 없는 수많은 경제 주체들도 있는데, 모두가 장시간 노동하는 것을 당연하다고 여기는 시스템은 이들의 실질적 삶을 전혀 고려하지 않는다.

저출산으로 나라가 망할 것처럼 모두가 떠들지만, 정작 필요한 일은 '누구든' '어떤 환경에서든' 아이를 키울 수 있는 구조를 만드는 것이다. 그러나 지금까지의 저출산 대책은 장시간 일하는 양육자 대신 보육 기관이 아이를 키워주기 위해 예산을 쏟아붓는 방식이었다. 그렇다고 공공 보육 시스템이 탄탄한 것도 아니어서, 이 사회에서 지속 가능하고 안정적으로 아이를 키우는 것은 경제 자본이나 혈연 자본 등 양육에 필요한 환경을 개인적으로 갖춘 이들에게만 가능했다. 정치하는엄마들은 결국 모두의 노동시간이 공평하게 줄어들어 함께 일찍 퇴근해 각자가 사적 생활을 영위할 수 있도록 하는 것이 모든 이의 삶을 회복하는 방법이 되리라 생각한다.

이런 논의 끝에 정치하는엄마들은 창립 직후 가진 첫 기자회견의 주제를 칼퇴근법으로 삼았다. 모두의 노동시간을 줄이고 삶의 질을 끌어올리는 것이 엄마들의 삶도 개선할 수 있는 단초라고 생각했던 것이다. 엄마들의 삶은 사회의 구조적 문제를 모두 끌어안고 있기에, 우리의 삶이 나아진다는 것은 결국 모든 이의 삶이 나아진다는 의미이기도 하다. 자연스레 우리 아이들이 살아갈 세상도 좀 더 진보한 모습일 것이라는 기대감도 컸다.

칼퇴근법의 원조는 사실 정치하는엄마들의 공동대표인 장하나 언니다. 그는 국회의원이던 2015년 '노동시간 단축법'을 발의했다. 이 법안에는 「근로기준법」, 「고용정책 기본법」, 「부담금관리 기본법」등 세 가지 법안의 개정안이 포함되어 있다. 당시 박근혜 정부는 임금피크제로 청년 고용 13만 명을 늘리겠다는 등의 일자리 정책을 내놨는데, 노동시간 단축법은 노동시간을 줄이는 것이 오히려 일자리 창출 효과가 크다는 취지를 담아 발의됐다.

「근로기준법」개정안에는 휴일을 포함해 주당 근로시간을 52시간으로 단축시키는 내용 등이 담겨 있었다. 「고용정책 기본법」개정안의 경우 정부가 근로시간과 관련한 통계를 작성하고 매년 근로자의 근로시간 현황을 공시하는 '근로시간 공시제'가 포함되고, 「부담금관리 기본법」개정안은 노동자가 장시간 노동할 경우 기업에 장시간 근로 유발 부담금을 부과하는 내용 등을 담고 있었다.

비록 노동시간 단축법이 19대 국회에서 통과되지는 못했지만, 같은 취지의 법안들이 칼퇴근법이라는 패키지 법안으로 계속 발의되었다. 이제는 노동시간 단축에 대한 사회적 공감대도 커졌다. 그리고 마침내 문재인 정부 들어 2018년 2월 28일에는 칼퇴근법 중 하나인 「근로기준법」개정안이 주당 근로시간을 68시간에서 52시간으로 줄이는 내용으로 국회를 통과했다. 또 2017년 12월 17일 저출산고령사회위원회는 만 8세 이하의 자녀를 둔 부모의 노동시간을 의무적으로 1시간 줄이는 방안을 추진한다고 밝혔다. 양육을 위해서는 부모의 노동시간 단축이 필요하다는 것을 분명히 한 정책이라는 데 의미가 있다.

정치하는엄마들은 그 과정에 우리의 목소리도 일정 부분 역할을 했으리라 자부한다. 누구보다 노동시간 단축이 절실한 당사자의 목소리가 세상에 큰 울림을 던져주었을 것이라고 우리 스스로를 다독인다. 구호에 지나지 않았던 '일·가정 양립'을 삶의 실질적인 변화로 끌어오는 발걸음에 우리가 무게를 더했을 것이라 자평하고 싶다. 그리고 우리는 다짐한다. 앞으로도 더욱 절실하게, 당사자로서의 정체성에 충실한 목소리를 내겠다고.

삶의 질을 끌어올리는 첫 단추, 노동 환경의 실질적 개선

시대가 변화하고 있는 것은 분명하다. 많은 이들이 노동시간을 줄여 삶의 질을 끌어올리는 일이 중요해진 시대임을 받아들이고 있다. 누구나 아이 키우기 좋은 사회로 나아가는 길 위에 서 있다는 의미다. 제시되고 있는 좋은 법과 정책, 제도들이 잘 이행되는 것은 물론 앞으로 더욱 확대 발전되기를 기대한다.

그러나 정치하는엄마들은 칼퇴근법과 같은 새로운 정책을 도입하는 것이 만병통치약이라고 생각하지는 않는다. 칼퇴근법은 기초 공사에 불과할 뿐이다. 노동시간이 줄어든다고 해도, 실제 생활에서 칼퇴근 문화가 정착되고 모두의 삶의 질이 높아지는 단순한 도식이 쉽게 현실화되지는 않으리라는 사실을 잘 알고 있기 때문이다. 오히려 우리는 일·가정 양립을 위한 새로운 정책들이 자칫 정치적 선전 도구로만 이용되는 데 그칠까 우려스럽다. 사실 현재도 정책과 제도가 없어서 많은 사람들이 고통스러운 것은 아니다. 있는 제도가 유명무실하고, 정책의 혜택이 실질적으로 배분되지 못하기에 많은 사람들의 삶이 힘겨운 것이다.

예를 들어보자. 육아휴직 제도는 부모 모두를 위한 제도이지만 실사용자는 여성 노동자가 대부분이다. 남성 노동자의 육아휴직 사용률은 극히 미미하다. 남성의 육아휴직률이 10~20퍼센트에 달한다는 공식 통계도 있지만, 이는 전체 육아휴직자 가운데 남성이 차지하는 비율일 뿐 실사용률은 현저히 낮다. 남성 노동자의 육아휴직 실사용률은 공무원의 경우 2퍼센트대에 불과하고 민간 기업의 경우는 실질 통계 수치마저 존재하지 않는다. 실제로 육아휴직은 여성의 전유물인 셈이라는 말이다.

그 때문에 현장에서 육아휴직 제도는 여성을 '민폐 인력'으로 취급하는 도구가 되기도 한다. 모두에게 의무적으로 적용되지 않는 제도는 합법적으로 그 제도를 이용하는 사람이 눈치를 보게 만든다. 일·가정 양립을 위한 제도조차도 성평등 문화가 부족한 사회에서는 오히려 또 다른 불평등을 낳는다. 제도만 만들어놓는다고 해서 현실이 개선되기엔 역부족이다.

육아휴직 제도를 여성이 주로 사용하는 현실을 감안하더라도, 또 다른 문제가 있다. 여성 노동자만 놓고 보더라도 사용률이 턱없이 낮을 뿐만 아니라, 기업 형태나 고용 형태에 따라 격차도 무척 크다. 한국보건사회연구원의 「취업 여성의 일·가정 양립 실태와 정책적 함의」에 따르면, 2011~2015년에 출산한 전체 여성 노동자의 첫째 아이 육아휴직 사용률은 41.1퍼센트에 불과했다. 그중 공무원 및 국공립 교사의 사용률은 75퍼센트에 달했지만 민간 기업 종사자는 34.5퍼센트로 차이가 컸다. 고용 상황에 따라서도 정규직의 사용률은 46.9퍼센트였지만 비정규직은 1.9퍼센트라는 낮은 사용률을 기록했다. 일·가정 양립 정책의 수혜가 안정적 고용 형태와 지위를 가진 노동자에게만 편중되어 있다는 사실을 알 수 있다.

제도가 존재하는 것만으로는 실제로 사람들의 삶을 개선할 수 없다. 그 때문인지 2017년 장미대선을 앞두고 여야 대선 후보가 앞다퉈 '육아휴직 급여 대폭 인상(두 배), 육아휴직 기간 대폭 연장(3년)' 등을 공약했지만, 엄마들은 반기지 않았다. 위와 같은 현실을 고려한다면 그림의 떡만 많아지는 셈이었기 때문이다. 이미 있는 육아휴직조차 제대로 쓰지 못하는데, 육아휴직 급여를 두 배로 인상하고 기간을 연장해봤자 무용지물

일 것임을 엄마들은 체감하고 있었던 것이다.

정치하는엄마들은 좋은 제도를 새로이 도입하는 것도 중요하지만 그만큼 중시되어야 하는 것은 기존 제도의 취지와 효과를 살려 제대로 실행하는 일이라고 생각한다. 따라서 출산 전후 휴가와 육아휴직 제도의 사용률을 높이기 위해 기업에 대한 관리·감독을 강화하는 스마트 근로감독 제도를 확대 실시하고, 제대로 이행하지 않는 기업에 페널티를 주는 등 강력한 감시 정책이 필요하다고 본다. 또한 출산과 육아로 인해 업무 공백을 만들 수밖에 없는 경우를 위해 대체 인력 제도를 강화하고, 해고 없는 유연 근무를 확산해 다양한 노동 형태를 보편화하는 것이 필요하다고 보고 있다. 이것은 정부의 실행 의지에 달린 문제다.

또한 문재인 정부 들어 노동시간이 단축되는 등 변화가 시작되고 있지만, 정책의 사각지대를 잘 들여다봐야 한다는 점을 강조하고 싶다. 노동 시장이 유연화된 시대, 2017년 기준 통계청 조사에 따르면 전체 임금 노동자 1천 988만 3천여 명 가운데 42.3퍼센트(841만 2천여 명)가 비정규직 노동자다. 고용이 불안정한 많은 노동자들에게는 노동시간 감축이 정리 해고의 공포로 다가올 것이다. 또 고정적으로 초과근로수당이 포함된 형태로 임금을 지급하는 포괄임금제의 적용을 받는 노동자가 많은데, 이들 또한 노동시간 단축의 혜택을 받지 못할 가능성이 크다. 경영난에 직면하게 되는 영세 사업자나 해당 사업장의 노동자 역시 실질적인 도움을 받지 못할 수 있다. 이 사각지대에 비정규직이 절반 이상을 차지하는 여성 노동자가 상당히 많다는 사실은 정치하는엄마들에게 매우 중요한 지점이다.

정치하는엄마들이 노동 문제에 주목하는 이유는 결국 이것이 우리 삶의 질을 끌어올리는 첫 단추라는 공감대 때문이다. 생산과 효율을 위해 달리는 시간만이 가치 있는 시간이라고 여기는 세상이지만, 아이 키우는 일에는 당장의 성취는 없더라도 그저 살을 부대끼며 함께하는 절대적 시간이 필요하다. 우리 사회는 돌봄노동의 가치를 평가절하하고 낮은 대가를 지급하면서, 양육에 필요한 시간을 보다 생산적인 일들에 쏟으라고 노동자를 종용한다. 그렇게 일과 가정의 균형이 깨지고 우리의 삶도 망가져왔다.

자본과 기업이 생산성을 위해 노동자의 시간을 착취하고 점유하는 구조는 사람을 사람답게 살 수 없게 만든다. 더군다나 저성장 시대에 접어든 오늘날, 노동 환경만은 구태舊態를 벗어나지 못하는 불균형 속에서 그 피해가 고스란히 노동자에게 돌아간다. 노동소득이 자본소득을 절대 넘어설 수 없는 시장 자본주의 시대, 맞벌이를 하지 않으면 살아가기 힘든 오늘날 평범한 부모들에게 과중한 노동시간을 강요하는 것은 결국 삶의 균형을 깨트리라는 말과도 같다. 삶의 질을 보장해주지 못하는 사회에서 부모들은 제 가족의 삶에 필요한 균형을 돈으로 사는 수밖에 없다. 베이비시터와 가사도우미를 고용하고, 반찬을 사 먹고 외식을 한다. 일상은 사라지고 노동해서 번 돈으로 소비하는 일만 남는다. 소득이 낮으면 이런 균형조차 불가능하다. 돈이 없으면 사람답게 살 수 없다는 이야기와 다를 바 없지 않은가.

이처럼 정글 같은 사회에 신뢰를 잃은 사람들은 오로지 경쟁을 통해 각자도생한다. 상생의 의미를 잃어가는 사회에서 사회적 최약자인 아이들의 삶이 평화롭고 안전할 수 있을까? 당연히 그럴 수 없다. 우리는 모두의 삶이 보다 나아지기 위해, 우리 아이들이 좀 더 나은 세상에서 살 수 있도록 만들기 위해 사회의 구조를 새롭게 짜야만 한다고 생각한다.

정치하는엄마들은 거대한 변화를 꿈꾼다. 그러나 거대한 변화란 사실 그리 거창한 것이 아니다. 바로 우리의 삶 면면이 바뀌는 것이다. 일찍 퇴근해서 모인 가족이 함께 장을 보고, 요리도 하고, 집에서 같이 저녁을 먹을 수 있는 삶. 아이들은 하루 종일 어린이집에서 엄마 아빠를 기다리지 않아도 되고, 부모들은 아이 맡아줄 사람을 찾아 전전하지 않아도 되는 삶. 아이 키우기 좋은 사회는 곧 사람이 사람답게 사는 사회, 가족의 삶이 피어나는 사회다.

정치하는엄마들이 꿈꾸는 세상은 그리 특별하지 않지만,

오늘날 대한민국에서는 평범한 삶을 영위하는 것이 가장 어려운 일이 되어버렸다. 정치하는엄마들의 존재가 그런 슬픈 현실을 역설하고 있다.

돌봄노동과 가사노동을
제대로 평가하는 사회를 꿈꾸며

밥하고 청소하고 빨래하며 아이들을 돌보고 챙기는 일, 매일같이 반복되고 계속되지만 누구에게도 인정받지 못하는 일, 바로 가사노동과 돌봄노동이다. 우리 사회에서 이 노동은 대부분 여성의 몫으로 정해져 있다. 그러므로 직장 생활을 하건 하지 않건, 엄마들은 모두 노동자다.

엄마들도 엄마가 되기 전에는 알지 못했다. 엄마의 노동이 끊임없는 일상임을. 가족을 위해 밥을 차리고 집 안을 치우고 옷가지를 정돈하는 노동은, 쉬지 않고 계속해도 대단한 공이 되지 않지만 하루라도 쉬면 그 공백이 커진다. 그 때문에 당사자가 되어보지 않으면 알 수 없다. 마치 시시포스의 돌처럼 자신에게 주어지는 끝없는 짐이 만들어내는 무거운 부담감을 말이다.

우리의 일상에 항상 존재하지만 마치 존재하지 않는 것처럼 취급되는 그림자 노동. 계속해서 소모될 뿐 돈으로 환산되지 않기에 무가치한 것으로 치부되는 무임금 노동. 가사노동과 돌봄노동은 가부장제의 구조 속에서 여성에게 그 책임이 전가되며 더욱 저평가된다. 우리는 우리 스스로 가사와 돌봄을 전담하는 노동자가 된 후에야, 이 노동에 은폐된 구조적 모순을 맞닥뜨렸다. 정치하는엄마들은 우리 자신에게 주어진 가사·돌봄노동의 굴레가 얼마나 무거운 것인지, 또 이를 통해 사회가 여성을 얼마나 착취하는지에 대한 숱한 고백들을 나누곤 했다.

그러다 정치하는엄마들에게 트리거Trigger로 작용한 사건이 있었다. 2017년 7월 9일 언론 보도를 통해 국민의당 이언주 의원이 급식 노동자들의 파업 문제를 언급하며 관련 노동자들을 '밥하는 아줌마'로 지칭한 것이다. 가사노동을 천대하고 급식 노동자를 무시하는 이 발언은 국민들의 공분을 샀다.

막말의 대가로 인정받고 싶은 걸까요?

희대의 정치인으로 거듭나는 것 같네요.

정치하는엄마들 역시 이 의원의 발언에 강한 문제의식을 느끼며 진지한 토론과 비판을 이어갔다. 당초 언론 등에서는 비정규직 노동자의 노동권 문제로 다뤄지던 문제였지만, 정치하는엄마들은 이 사건을 통해 가사와 돌봄노동의 가치를 재정의해야 하며 우리 사회의 혐오 문제까지도 되돌아봐야 한다는 의견을 주고받았다. 가사 및 돌봄노동을 저평가하는 현실이 그 노동에 종사하는 대부분의 여성을 멸시와 혐오의 덫에 빠뜨렸고, 사회가 그들을 착취하고 혐오하는 구조를 더욱 공고화하고 있다는 지적이 나왔다. 정치하는엄마들이 우리 사회에 새로운 시각과 질문을 던지는 존재로 거듭나는 과정이었다.

우리는 속전속결로 성명서를 만들어 이 의원의 발언이 보도된 지 이틀 만인 2017년 7월 11일에 발표했다. 성명서를 쓰는 과정에는 수많은 언니들이 참여했다. 현직 노무사로 노동 현안에 목소리를 내던 언니가 초안을 쓰고, 휴가 중이던 다른 언니가 그것을 다듬었다. 운영위원들은 성명서 내용을 토대로 보도자료를 만들고 언론에 배포했다. 모든 과정은 협업으로 이루어졌다.

그렇게 성명서 「이언주는 '밥하는 아줌마'의 진정한 의미를 모르는가」는 육아와 직장일로 바쁜 엄마들이 각지에서 가능한 만큼씩 제 역할을 함으로써 세상 밖으로 나올 수 있었다. 가사노동과 돌봄노동에 대한 메시지를 세상에 던지는 것이 우리에게 얼마나 절실하고 중요한 문제인지 절감할 수 있는 순간이었다. 아래에 성명서 중 일부분을 옮겨본다.

"밥하는 아줌마"는 자신을 위해 헌신적으로 희생한 엄마의 또 다른 이름일 뿐만 아니라, 국민을 대표하는 국회의원이 섬겨야 할 국민이다. 그럼에도 아무런 죄의식 없이 주권자인 국민을 무시하고 비하하는 표현을 쏟아내는 의원의 작태는 우리 사회를 또 다시 '혐오'의 시선으로 편 가르기 하는 꼴이다. (…) 대한민국은 비정규직과 정규직이라는 계급으로 구성된 신분제 사회가 아니라 누구나 행복을 추구하고 인간다운 삶을 살 권리를 가지고 있는 자유민주주의 국가이다. 이를 실현하기 위해 헌법으로도 보장된 노동3권을 행사하고 있는 또 다른 '엄마들'의 싸움에 정치하는엄마들 역시 연대의 뜻을 보낸다.

우리가 급식 노동자들에게 보낸 연대의 메시지는 정치하는엄마들에게도 큰 의미를 지닌다. 정치하는엄마들의 모토인 집단모성은 가사 및 돌봄노동으로 대변되는 전통적인 모성의 역할에 대한 애틋한 공감과 연대의 정신을 기본으로 한다. 또한 이 사회에서 소외되고 배제되는 모든 이들에 대한 따뜻한 연대와 지지를 운동의 방향으로 삼는다. '밥하는 아줌마' 발언에 대한 강한 비판과 문제 제기는 앞으로 정치하는엄마들이 이 사회에서 엄마라는 이름으로 착취당하고 소외된 모든 존재들을 위해 싸우겠다는 의지를 보여준 선언이다.

가사노동과 돌봄노동은 어째서 여성의 전유물인가

남편은 서울과 지방을 오가며 출퇴근을 했는데, 퇴근 시간은
오후 열 시를 넘기기가 일쑤였어요. 아이가 태어나니 갈등이
시작됐죠. 저는 직장 생활과 가사노동을 병행하며 퇴근 후
육아까지 감당해야 했고, 남편은 장거리 출퇴근과 야근, 잦은
출장으로 이어지는 과도한 업무에 지쳐갔어요. 어느 날 보니까
아이가 성큼 자라 있는 거예요. 그런데 우리 부부의 기억 속에는
아이가 성장하는 모습이 담겨 있지 않다는 걸 깨달았어요.
더 이상 이렇게 살 수 없다는 합의에 이르렀고, 결국
상대적으로 급여가 적은 제가 회사를 그만뒀습니다.

― 30대 중반, 백○○

정치하는엄마들 회원들 사이에서 종종 볼 수 있는 스토리
다. 그리고 대한민국 수많은 가정의 서사이기도 하다. 회사 일
만으로도 벅찬 남편, 직장과 가사·돌봄노동까지 모두 감당하
다가 결국 일을 포기하게 된 아내. 우리 사회에서는 왜 이 같은
경우를 수없이 목격하고, 직접 경험하며, 그럼에도 개선되지
못해 끊임없이 반복되고 있을까.

한국 여성의 남성 대비 임금 격차는 OECD 최고 수준이다.
2015년 기준으로 OECD 회원국 가운데 한국의 성별 임금 격

차가 가장 컸다. 한국 남성 노동자가 100만 원의 임금을 받을 때, 여성 노동자는 62만 8천 원을 받아, 성별 임금 격차는 37.2 퍼센트에 이르렀다. 30퍼센트 이상 격차가 벌어지는 국가는 한국이 유일했다. 또 여성 노동자 중 저임금 노동자의 비율이 40퍼센트에 달해 OECD 회원국 중 가장 높은 수준이었다. 여기서 저임금 노동자란 월평균 임금 중간값의 3분의 2 이하를 받는 경우를 뜻한다.

긴 노동시간으로 인한 보육 공백 때문에 아이를 안정적으로 키울 수 있는 여건이 못 되다 보니, 결국 일을 그만두게 되는 것은 상대적으로 임금이 적은 여성, 즉 엄마다. 일을 그만둘 수 없는 한부모 가정의 엄마들에게는 여성의 낮은 임금 수준이 이중의 고통을 안겨준다. 남성 외벌이 가정 경제 모델의 폐해다. 어떤 가정 형태에서건, 가사노동과 돌봄노동은 당연하다는 듯 엄마 몫이 되고 있다.

가정 안에서 사회 경제적 노동과 가사노동은 철저히 분업화된다. 한국여성정책연구원이 2013년 발표한 「맞벌이 여성의 일·가정 양립 갈등과 건강영향 연구」에 따르면, 맞벌이 남성의 하루 가사노동 시간은 41분으로, 200.4분인 여성과 상당한 격차를 보인다. 가사에 쓰는 시간뿐만 아니라 남녀가 임하는 가사노동의 종류에도 큰 차이가 있다. 남성이 가사노동에 적극 참여하는 경우라고 해도 빨래, 설거지, 분리수거 등 단순하고 명확하게 정의할 수 있는 일을 담당하는 것이 대부분이다. 반면에 여성은 식료품이나 생필품 등의 질을 따지고 시기에 맞게 구입하거나 교체하는 등 집안의 시스템을 관리하는 일까지 담당한다. 아이를 돌보는 일이나 보육·교육 기관을 선정하고 다른 아이들의 부모와 교류하는 일도 여성의 몫인 경우가 많다. 이른바 가정을 '경영'하는 일을 도맡는 것으로, 이는 상당한 정신노동을 필요로 한다.

이렇다 보니 직장에 다니는 엄마들은 물리적으로 아예 쉴 틈이 없다. 아침에는 직장, 저녁에는 집으로 하루 두 번 출근하는 셈이다. 일과 가정 모두 잘 챙기기를 요구받는 여성들은 일상적으로 과중한 노동에 시달린다. 사회가 슈퍼우먼을 치켜세우며 응원하는 것은 여성을 착취함으로써 구조를 지탱하는 현실을 미화하기 위한 장치일지도 모른다. 직장에 다니는 엄마들은 만성적인 피로와 건강 악화를 겪으며 개인 시간을 잃어버린 채 우울에 시달리기도 한다.

우울에 시달리는 것은 직장을 다니지 않는 엄마도 마찬가지다. 직장에 다니지 않는 엄마라고 해서 처음부터 사회적으로 자신의 자리가 없는 것은 아니었다. 학창 시절부터 남성과 동등하게 경쟁하며 자랐고 노력 끝에 좁은 취업 문을 통과한 엄마들은 아이 앞에서 지나온 세월과 자신의 미래를 모두 포기하게 된다. 자발적으로 일을 그만두는 것 같지만 그 결정에 개입하는 수많은 구조적 요소를 감안하면 완전히 자발적이라고 보기 어렵다. 이런 경우 결과적으로 사회적 자아를 박탈당하는 셈인데, 경력이 단절된 채 가사노동과 돌봄노동에만 매진하는 것은 없던 우울증도 생길 노릇으로 만든다.

엄마들 사이에서는 '경력단절은 결정의 문제가 아니라 시기의 문제'라는 이야기도 나온다. 아이를 키우면서 시작되는 '퇴사의 유혹'은 아이가 초등학교에 들어갈 때, 중학교에 들어갈 때, 대학 입시를 앞둘 때와 같이 아이에게 결정적 시기가 닥칠 때마다 끊임없이 이어진다. 그 유혹은 아이가 성인이 될 때까지 무한 반복되며, 결국 끝까지 직장에 남아 있는 여성은 손에 꼽을 정도로 몇 안 되는 결과에 도달한다.

한국 사회만큼 유리천장이 공고한 곳도 없다. 2017년 3월 8일 세계 여성의 날을 맞아 영국의 시사주간지 〈이코노미스트〉가 내놓은 유리천장지수에 따르면 한국은 OECD 소속 국가 가운데 최하위다. 한국 기업의 여성 임원 비율은 2014년 기준 최하위로 0.4퍼센트에 불과했다. 19대 국회의원의 경우 전체 300명 중 여성이 47명(15.7퍼센트)으로, 공직자나 정치인의 경우 그나마 사정이 낫지만 일반 국민들이 체감하는 유리천장과는 차이가 크다.

여성 리더가 부족한 현실은 여성 친화적인 노동 환경을 조성하는 데 큰 걸림돌로 작용한다. 여성이 일하기 어려운 구

© 강미정

사회가 슈퍼우먼을 치켜세우며 응원하는 것은 여성을 착취함으로써
구조를 지탱하는 현실을 미화하기 위한 장치일는지도 모른다.

조는 여성의 경력단절을 견인하고, 부족한 여성 인력이 고위직으로 진출하기 어려우니 여성이 일하기 좋은 구조를 만드는 일에도 소극적일 수밖에 없다. 이렇게 악순환의 고리가 이어진다. 그러다 보니 생산 가능 인구인 15~64세 여성 인구 가운데 고용률은 56.2퍼센트(2016년 기준)에 불과하며, 이는 비교 가능한 OECD 소속 국가 35개국 가운데 29위인 수준이다.

무엇이 여성을 일자리에서 내모는가. 무엇이 여성을 가정 안에 가두는가. 무엇이 여성을 가사노동과 돌봄노동의 전담자로 지목하는가. 무엇이 여성에게 이중 노동의 짐을 지우는가.

이 모든 질문에 대한 해답은 이 사회의 성차별적인 환경에서 찾아야 한다. 사회 구조적 모순을 해결하는 것뿐만 아니라, 가정 내에서 성평등을 이루는 것 또한 중요하고 실질적인 문제다. 생활 속 진보는 사회 구조적 진보보다 더디게 이뤄져왔다. 오랫동안 관습적으로 쌓여온 가정 내 가부장적 문화를 깨부수지 않으면 삶의 변화는 찾아오지 않는다.

더 이상 여성을 가정의 울타리 안에 가둬선 안 된다. 가사노동과 돌봄노동을 여성의 전유물로 규정하는 것은 여성을 착취함으로써 유지되는 이 사회의 모순을 묵인하고 착취 행위에 가담하는 것과 같다. 정치하는엄마들이 '밥하는 아줌마' 발언에 그토록 분노했던 것은 바로 이런 이유다.

보육[3]

: 아이답게 자랄 수 있는 권리

글쓴이 | 조성실

엄마들, 반격을 시작하다

2017년 7월 25일, 정치하는엄마들과 아이들이 서울시 교육청에 급히 모였다. 정부의 국공립 유치원 확대 계획을 결사 반대하는 한유총의 현장 세미나 무산 시도 계획을 듣고서였다.[4] 해당 행사는 국공립 유치원 취원율을 2020년까지 40퍼센트 수준으로 끌어올리기 위한 방안을 논하는 자리였지만 한유총의 무력행사로 당일 무산됐다.[5] 엄마들은 세미나가 무산되는 과정을 똑똑히 목격하며 이루 말할 수 없는 참담함을 느꼈다. 향후 5년간의 대한민국 유아 교육을 논해야 할 자리는 아이들과 맞벌이 부모들을 볼모로 삼아 "집단 휴업도 불사하겠다"는 한유총 관계자들의 '사업자적 진면목'에 부딪혀 풍비박산 났다.

그날은 정치하는엄마들 창립 후 한 달여가 지난 시점이었다. 믿을 수 없는 장면을 목도한 엄마들은 현장 한가운데서 곧장 성명서를 써 내려갔다. "'한유총'의 무력행사를 지켜본 엄마들이 문재인 정부에 요구한다"로 시작되는 현장 성명서. 그 자리에서 완성된 성명서 초안은 실시간으로 정치하는엄마들에 공유됐고 다음 날 공식 보도자료로 언론에 배포됐다. 그날 밤엔 너 나 할 것 없이 모두가 한마음으로 쉬이 잠들지 못했다. 공공성이 담보되지 않는 대한민국 유아 교육·보육의 착잡한 현실을 바꿔가기 위해 우리가 할 수 있는 일, 그리고 반드시 해야만 하는 일이 무엇인지에 대한 고민이 꼬리를 물고 이어지는 밤이었기 때문이다.

유례없는 무상 보육으로 엄청난 보육 예산이 지출되고 있다지만 엄마들은 아직도 '내 아이 믿고 맡길 어린이집'을 찾아 헤맨다. 연이어 터져 나오는 아동 학대, 유치원·어린이집 비리 소식에도 불구하고 당사자인 양육자들이 할 수 있는 일이란 거의 없었다. 조직화되지 못한 부모들은 무력했다. 사건이 발생하면 아이를 키우는 부모의 한 사람으로서 같은 마음으로 울고 분노하게 된다. 그러면서도 마음 한편으로는 내 아이가 다니는 곳은 괜찮은 건지 불안함을 느낄 수밖에 없는 게 우리의 현실.

그러다 일순간 '그래도 우리 어린이집(또는 유치원)이 아니라 다행'이란 생각이 스쳐 지나갈 때의 그 비참한 기분이란.

충격적인 사건·사고 소식에 이어 새로운 정책이 도입된 적도 있었지만 대체로 피상적인 수준에 머무른 경우가 많았다. 사람들의 충격은 보육 현장에 대한 구조적인 진단으로 이어지지 못했고 이내 사람들의 관심마저 사라지곤 했다. 그렇게 부모는 여전히 공공성과 품질이 담보되지 않는 부실한 보육 체계 하에서 교사나 운영자 개인의 양심에 아이들의 안위를 위탁해야만 하는 실정에 놓여 있다.

선거 때마다 빠지지 않고 등장하는 공약이 있다. 부모, 그중에서도 엄마들을 공략한 보육 관련 공약이다. 하지만 매번 그때뿐, 말뿐이다. 유권자 수를 의식해 제시됐던 관련 공약들은 당선 직후 나중으로 밀리거나 아예 잊히기 일쑤였다. 그들의 눈에 보이는 당사자 조직도, 끈질기게 공약 이행을 촉구하는 단체도 없었으니 정치 생리상 어쩌면 당연한 결과였는지도 모르겠다. 반면 전국·지역 단위의 어린이집·유치원 연합회들은 관련 정책마다 조직적으로 대응했다. 교사와 운영자들 중에는 양심과 사명감에 따라 아이들을 돌보고 가르치는 이들도 없지 않지만, 공공성을 구현해내기엔 역부족이었다. 지금 대한민국은 건강한 보육 생태계, 공공성이 담보된 보육 체계 마련이 시급하다.

지난 대선 당시 이슈가 되었던 모 후보의 '단설 유치원 신설 자제' 발언 및 지지율 하락 현상은 불균형한 유아 교육·보육 지형과 엄마 정치의 가능성을 함께 보여준 상징적인 사건이었다.[6] 당시 캠프 관계자들 역시 해당 발언이 불러일으킬 파장을 미처 예견하지 못했던 것으로 보인다. 그도 그럴 것이 이제껏 대한민국 정치 무대에서 '엄마'란 수동적인 존재일 뿐이었기 때문이다. 반면 전국적으로, 또 촘촘히 조직화된 운영자 단체는 매 선거마다 무시할 수 없는 영향력을 행사해왔다. 유력 대선 후보가 한유총 행사에 방문해 대한민국 엄마들이 가장 선호한다는 단설 유치원 신설을 자제하겠다고 공언할 수 있었던 바탕에는 바로 이러한 '운영자와 부모 조직 간 힘의 불균형'이 존재했다.

정치하는엄마들은 첫 만남 당시 이러한 현실을 바꾸기 위해선 엄마들의 정치 세력화(조직화)가 필요하다는 데 한마음으로 뜻을 모았다. '우리가 모이면 변화를 일으킬 수 있다'는 기대와 그동안 쌓인 공분이 각자의 생애사와 함께 거침없이 쏟아져 나왔다. 단체 창립 이후에도 보육 대란은 어김없이 반복됐다. 상황은 이전과 달라졌다. 정치하는엄마들 역시 긴급 성명서를 발표해 집단 휴업 예고에 발 빠르게 대응했다. 아이를 안고 업고 청와대 앞에 모여 유아 교육의 공공성을 훼손하는 집단 휴업을 규탄하는 등 기자회견으로 맞대응했다. 언론은 정치하는엄마들의 활동을 주목해 보도했다. 많은 엄마들이 정치하는엄마들의 소식을 전해 듣고 찾아와 또 한 명의 정치하는 엄마가 되었다. 이후에도 정치하는엄마들은 '국공립 유치원·어린이집 취원율 40퍼센트까지 확대' 등 대통령 공약의 흔들림 없는 이행을 촉구하며, 국공립 확대·사립 공공성 강화·당사자 참여 보장을 포함한 보육 관련 3대 요구안을 제시했다.

창립총회 당시 "보육 관련 정책 테이블에 당사자인 엄마들이 직접 참여하겠다"라고 선언했던 정치하는엄마들은, 이외의 활동을 통해서도 정부의 유아 교육 및 보육 관련 공약 이행을 촉구하며 보육 체계 개편을 요구해왔다.[7] 서울시 '저출산 종합 대책 TF' 자녀양육 분과위원회 소그룹에 자문위원 격으로 참여했고, 보건복지부의 '어린이집 이용 보장과 이용료 현실화를 위한 보육 체계 개편 TF'의 위원으로 활동하기도 했다. 한유총의 집단 휴업 예고에 사립 유치원 집단 휴업 규탄 긴급 논평을 내는가 하면, 정부와 한유총의 졸속 합의를 우려하며 청와대 앞에서 「대통령님, 우리도 떼쓰면 되는 겁니까?」 기자회견도 이어갔다. 아동수당·비리 유치원을 감싸는 정부를 규탄하면서는 서울 정부종합청사 앞 기자회견을 통해 "국공립 40퍼센트 대신 아동수당? 스튜핏! 비리 유치원 감싸기, 베리베리 스튜핏!"을 외쳤다.

또한 「서울시 국공립 어린이집 및 열린 어린이집 정책 평

© 강미정

아동 학대든, 급식 비리든, 재무 회계 부정이든, 내 아이가 다니는 어린이집에서
어떤 일이 발생해도 제대로 된 정보조차 알기 어려운 현실. 이제는 달라져야 한다.

가 「영유아 인권법 제정」 「국가수준 유아 교육·보육 과정 및 평가 인증」 「누리과정 운영의 자율성 강화를 위한 개선 방안」 「2018년도 서울시 보육 예산 평가」 등 관련 토론회에 참석해 엄마 당사자 입장에 기반한 문제의식들을 적극 공유하고 대책 마련을 요구하는 등 다각도로 노력해왔다. 그뿐만 아니라 2018년 3월에는 공공운수노조 보육협의회·한국여성민우회·국제아동인권센터·민주사회를위한변호사모임 아동인권위원회·참여연대·공동육아와공동체교육 등을 포함한 24개 시민단체와 연대해 '보육 더하기 인권 함께하기'를 공식 출범해 지방선거 후보자들에게 보육 정책을 요구하며 공동으로 대응해나갈 것이라 밝혔다.

정치하는엄마들은 엄마들의 정치야말로 내 아이의 어린이집과 유치원을 바꾸고, 나아가 내 아이의 미래를 바꿔줄 가장 강력한 투자라고 믿는다. 보육 시장은 기울어진 운동장과 같다. 운영자 조직과 달리, 교사와 부모들의 목소리는 뿔뿔이 흩어져 있었다. 게다가 부모들에게는 24시간 손길을 필요로 하는 아이들이 있다. 부족한 시간에 기동성도 떨어지고, 조직력도 없는 데다, 3~4년의 짧은 보육 기간이 지나면 관련 이슈에 관심도 줄어들기 마련이다. 그러니 가장 주요한 당사자였음에도 당사자로서의 목소리를 내기가 힘들었다. 믿을 만한 어린이집이 어디인지조차 알기 어려운 상황에서 아이를 믿을 만한 어린이집에 보내기는 더더욱 어려운 현실. 아동 학대든, 급식 비리든, 재무 회계 부정이든, 내 아이가 다니는 어린이집에서 어떤 일이 발생해도 제대로 된 정보조차 알기 어려운 현실이라니. 놀랍지 않은가? 이제는 달라져야 한다. 우리 사회가 더 나은 공동체가 될 수 있다고 믿는 이들의 목소리에 정부는 귀를 기울여야 할 것이다. 정치하는엄마들의 보육 정책 요구는 이러한 고민 위에서 터져 나오는 비명이기 때문이다.

대한민국 어린이집·유치원의 현주소

매해 초겨울, 국공립 유치원 추첨 기간이 되면 신문에는 '유치원 로또' 관련 기사가 단골로 등장한다. 엄마, 아빠, 할아버지, 할머니에 이르기까지 온 가족이 흩어져 탁구공을 뽑는 사진 역시 익숙하긴 마찬가지다. 국공립 유치원 합격 여부에 따라 가족들의 희비가 엇갈린다. 유치원 입학 지원 시스템인 '처음학교로' 도입 이전인 2015년 기준, 서울 지역 국공립 유치원의 평균 경쟁률은 10대 1 수준이었고, 4·5세 반의 신규 입학 경쟁률은 26대 1까지 치솟았다. 2017년 11월 '처음학교로'가 전국적으로 확대돼 유치원 온라인 추첨이 도입됐다지만, 사립 유치원의 대다수가 불참해 학부모들의 입학 전쟁은 여전하다.

국공립 유치원은 등·하원 차량을 지원하지 않고, 사립 유치원에 비해 하원 시간이 이르며, 방학도 긴 편이다. 그럼에도 불구하고 엄마들은 단연 국공립 유치원을 선호한다. 왜일까? 바로 낮은 비용 부담과 기관의 공신력 때문이다.

학부모 자부담이 거의 없는 국공립과 달리, 사립 유치원 학부모들은 특성화비, 교재·교구비, 차량 운행비, 행사비 등의 명목으로 월평균 최소 20만 원에서 100만 원 이상에 이르는 돈을 부담해야 한다.

수년에 걸쳐 반복돼온 보육 대란 역시 국공립 유치원 쏠림 현상을 야기한 주요 원인 중 하나다. 유치원과 어린이집 어디서든 동일한 수준의 유아 교육 과정을 받을 수 있게 함으로써 유보통합에 한 발짝 다가서겠다던 누리과정[8]의 취지는 예산 공방으로 퇴색되고, 보육 및 유아 교육의 '국가 완전 책임제'를 실현하겠다던 박근혜 전 대통령의 대선 공약은 연이은 보육 대란으로 이어졌다. 누리과정 예산 책임을 둘러싼 중앙정부와 시·도 교육청의 공방 속에서 학부모는 매번 급히 아이 맡길 곳을 찾아 헤매며 보육 정책 실패에 대한 염증과 좌절감에 시달려왔다. 그렇다고 원하는 대로 국공립 유치원에 보내지도 못하는 현실. 공립 대 사립 비율이 7대 3 수준인 OECD 회원국들과 달리, 대한민국 유아 4명 중 1명만이 국공립 유치원에 입학할 수 있는 행운을 얻는다.[9]

누군가는 묻는다. 유치원 하나가 별거냐고. 그렇다. 유치원, 어린이집 하나가 그렇게 별거다. 뜨거운 무더위 속의 험악한 세미나 파행 현장에까지 아이들을 안고 나가는 건 엄마들의 절박함과 사안의 중요성 때문이다. 우리 아이들의 보다 나은 미래를 위한 간절함과 공공성이 담보되지 못한 유아 교육·보육 시장에 대한 공분이 엄마들을 기자회견장으로, 토론회장으로 이끈다.

정치하는엄마들의 출현은 반복되는 보육 대란에도 그림자처럼 존재할 수밖에 없던 엄마들이 누구보다 강력한 유권자이며 정책 당사자임을 시사하고, 민간 중심으로 기울어진 유아 교육·보육 시장의 무게중심이 어디로 어떻게 움직여야 하는지를 보여주는 상징적인 사건이었다. 정치하는엄마들의 보육 관련 행보는 엄마들의 보육 정책 요구가 공적 의제임을 보여주었고, 기존 정치인들의 인식이 여성과 아동의 문제에 얼마나 무능하고 무심했는지를 나타내는 증거이기도 했다.

앞서 언급한 바와 같이 그간 보육 관련 공약이 없었던 게 아니다. 선거 때마다 부모들의 표를 의식한 선심성 보육 공약이 남발됐고 그중에는 실효성과 공공성이 담보된 공약도 적지 않았다. 문제는 선거가 끝남과 동시에 정책 우선순위에서 밀리고 잊혔다는 데 있다. 해당 이슈를 해결할 정책적 능력을 가진 정치인이 없었던 것도 문제고, 정치인을 움직이게 할 조직화된 단체가 부재했다는 것도 문제다. 정치는 결국 유권자의 표심을 따라 움직인다. 그러니 정치하는엄마들이 필요하다. 의지를 촉구하고, 방향을 묻고, 정책 집행을 집요하게 요구하는 당사자. 절박한 우리가, 누구보다 현장을 잘 아는 우리가 움직일 때 정치가 움직이고 보육 현장이 변한다. 정치하는 엄마들이 많아져야 하는 이유다.

보육 패러다임의 전환이 필요하다

부모는 일하고, 아이는 맡겨지고, 기관은 아이를 떠안는 방식. 그야말로 '탁아' 패러다임 하에서 진행돼온 그간의 보육 정책은 긴 시간 아이를 돌봄으로써 부모들이 가능한 한 오래 일할 수 있도록 돕는 방향으로 설계돼왔다. 부모가 법정 근로시간인 8시간을 준수하는 모범 기업에 다닌다고 하더라도 출퇴근시간을 포함하면 10시간 정도가 필요하다. 더구나 최장 노동시간으로 유명한 대한민국이 아닌가.[10] 이러한 현실에서 거의 모든 엄마들은 자신의 사회적 자아와 아이 사이에서 끊임없이 저울질을 하게 된다. 엄마가 되는 것과 동시에 단 두 가지의 선택지만이 주어지는 것이다. 일·가정 양립을 (누더기 상태로나마 근근이) 유지하거나 사회 복귀가 요원한 상태로 전업모가 되는 일. 온종일 기관이나 남의 손에 아이를 맡겨야 하는 취업모는 '영유아기의 중요성' '애착 이론' '아동권'과 같은 말들 앞에서 매정하거나 이기적인 엄마로 전락하고, 전업모는 회사에서 잘리고 (또는 별 볼 일 없는 직장이기에 그만두고) 애나 보는 무능하고 시대에 뒤떨어진 엄마 취급을 받는다.

일·가정 양립을 지원하기 위한 정부의 다양한 노력에도 불구하고 상황은 악화일로였다. 출산율은 급속도로 떨어졌으며, 여성의 일·가정 양립은 여전히 불가능에 가깝다. 아이들에 대한 우려도 크다. 아동 전문가들은 현재의 보육 정책이 성인 중심의 관점에서 이뤄지고 있어 아동권을 침해하고 있다고 공공연하게 비판한다. 전문가들은 제1 양육자와의 일대일 애착 및 상호작용이 중요한 영유아들이 질 높은 보육을 담보하기 힘든 보육 기관에 긴 시간 위탁되고, 젖먹이를 포함한 영아의 시설 이용률이 급증한 현실에 대해서도 깊은 우려를 표한다. 결국 엄마도 아이도 지키지 못하는 정책이란 이야기다.

이처럼 종일반 가족을 위한 탁아 패러다임의 보육 정책은 실패했다. 아이들은 부모와 사회의 돌봄 아래 자라야 하는데, 우리 사회는 여전히 모든 책임과 의무를 엄마에게만 묻고 있다. 육아에 참여하는 아빠들이 늘고 있다지만 여전히 소수다. 대다수의 엄마들이 겪는 현실보다 몇몇 아빠들의 참여가 주목을 받는 건 그만큼 아빠의 육아 참여가 이례적인 경우라는 방증이기도 하다.

그동안의 보육 정책들 역시 모든 기준을 엄마에게 뒀다. 강한 반대에 부딪혔던 '맞춤형 보육' 도입 논란의 핵심에도 엄마들만이 있었다. 정부는 2016년, '무상 보육 도입과 함께 모든 아이에게 주어졌던 기존의 12시간 보육 체제를 취업모(12시간)와 전업모(6시간) 체제로 바꾸겠다'며 '맞춤형 보육'을 발표했다. 이에 취업모와 전업모 간 차별 논쟁이 들끓었다. 그러나 이 같은 강제 구분 방식의 보육 정책 설계 기준 자체가 왜 엄마들의 노동 형태에 있는가 하는 질문, 아빠들에 대해서는 왜 묻지 않느냐는 본질적인 질문은 주목받지 못했다.

엄마의 권리와 아이의 권리는 왜 늘 제로섬의 고착 상태인 걸까? 정치하는엄마들은 이러한 전제 자체에 반기를 든다. 아빠에게도 아이가 필요하고, 아이에게는 부모가 필요하다. 정치하는엄마들이 '저출산 문제의 해결은 노동시간 단축과 성평등한 사회 건설에서 시작된다'고 주장하는 이유다. 그러기 위해서는 보육 정책 설계야말로 반드시 노동 정책 개편과 맞물려 이루어져야 한다. 게다가 우리나라의 성평등지수 및 성별 임금 격차, 성별 고용 안정 차이를 고려할 때, 아빠들의 육아기 부모 지원 정책 사용률은 낮을 수밖에 없다. 육아 부담은 자연스럽게 엄마에게 몰리고, 엄마들이 민폐 인력이 되고, 엄마들이 경단녀로 전락하고, 엄마들이 독박육아를 떠안게 된다. 단지 엄마가 되었을 뿐인데 너무나 많은 것이 달라진다. 균등한 교육 기회 속에서 '열심히 노력하면 원하는 대로 살 수 있다'고 배우며 자라온 세대가 아니었던가. 그런 이들에게 '이제 엄마가 되었으니 어쩔 수 없다'며 차별에 대한 수용을 종용하는 사회를 향해 엄마들이 보내는 일침. '일을 하면서도 아이와 눈 마주칠 수 있는 시간을 확보하는 것, 그 정도의 권리를 바란다'는 엄마들의 주장이 욕심인 걸까?

보육 정책의 영향력은 한 개인의 인생에 그치지 않고 우리 사회 전체를 보다 살기 좋은 곳으로 바꾸는 데 기여한다. 보육 정책의 나비 효과다. 영유아기에 사회와 부모로부터 적정한 돌봄(나아가 좋은 돌봄)을 받은 개인은 그가 속한 사회를 보다 안전하고 신뢰할 만한 곳으로 바꿔갈 힘을 기른다. 그만큼 보육 정책이 중요하다. 그런데 우리 사회는 어떤가?

우리는 보육 기간을 보조적이고 과도기적인 시기 정도로 치부한다. 교육 공화국인 한국 사회에서 보육은 본격적인 교육이 시작되기 전에 잠깐 지나가는 짧은 시기의 과제처럼 여겨진다. 취학 이후의 교육보다 하위의 문제로, 중요도나 우선순위에서도 밀리기 일쑤다. 남북통일보다 어렵다는 유보통합의 바탕에는 교육을 보육보다 고차원적이고 우위에 있는 개념으로 생각하는 사회적 편견이 자리한다. 보육교사들의 열악한 노동 환경 역시 보육을 누구나 할 수 있는 비숙련 기술로 대하는 돌

2부 정치하는엄마들이 세상에 던지는 질문들

봄 천시 문화에 바탕을 두고 있다. '애나 보는'이란 표현 역시 마찬가지다. 노동 현장에서 출산과 육아는 지극히 사적이고 비생산적인 과정으로 치부되곤 한다. 어서 해치우고, 버티고, 견디고, 가능한 값싸게 대체하는 게 상책인 일. 그나마 저출산이 위기로 대두되면서 임신·출산·육아를 장려하는 목소리가 높아졌지만, 이 역시 생산 가능 인구 감소라는 지극히 경제적인 관점에서만 부각되고 있다. 우리의 선배들 역시 그런 문화 속에서 살아남기 위해 헌신적인 어머니가 되거나, 슈퍼우먼이 되었다.

정치하는엄마들은 우리의 시대가 달라야 한다고 믿는다. 남성중심적인 질서 속에서 살아남기 위해 끊임없이 자신의 남성성을 증명하고자 애써야 했던 시대. 누구누구 선배는 아이 낳고 며칠도 안 돼 복귀했다는 이야기가 전설처럼 내려왔던 시대. "금방 지나가. 애들은 곧 클 거니까 어떻게든 이 악물고 버텨"라는 말이 격려가 되던 시대. 집에서도 일터에서도 '반푼이' 취급을 받으니 더더욱 슈퍼우먼이 되어 두 배의 역량을 발휘해야만 했던 시대. 엄마처럼 살지 않기 위해 독해졌고, 엄마처럼 살지 않으려면 더 열심히 공부해야 한다고 가르쳤던 시대. 그마저도 어려워 패잔병처럼 집으로 돌아와야 했던 이들의 상처 가득한 훈장을 더 이상 부러워하지 않는 엄마들이 등장했다.

저는 제 아이가 부모의 등을 보고 자라지 않았으면 좋겠어요.
아이는 부모의 얼굴을 마주하고 자라야 하는 것 아닐까요.

— 30대 초반, 조성실

행복하게 키울 권리, 행복하게 자랄 권리
: 보육의 공공성, 어떻게 담보할까

누군가는 말한다. 너희가 낳은 아이를 국가가 도대체 어디까지 책임져주길 바라느냐고. 무상 보육에, 출산 축하금에, 아동수당까지 주는 나라에서 도대체 뭘 더 원하느냐고 말이다. 우리 사회에서 아이를 맡기는 일은 복불복이다. 공공성이 담보되지 못한 채 민간에 위탁해 확장돼온 보육 시장의 특성 때문이다. 무상 보육이란 미명 아래 정부가 엄청난 보조금까지 지급하고 있지만 이에 대한 사람들의 불신은 여전하다. 공공서비스(유아 교육·보육 기관의 서비스)의 품질을 신뢰할 수 없다는 데서 오는 좌절과 불안은 관련 기관에 대한 공신력 있는 관리·감독에 대한 요구로 이어진다. 그럼에도 불구하고 보육서비스의 품질을 실효성 있게 담보할 수 있는 방안은 미비한 상황이다.

좋은 교사와 운영자가 없는 것은 아니지만, 그들을 만나기 위해선 그야말로 온갖 운을 다 끌어와야 하니 부모들은 끊임없이 아이의 안위를 걱정할 수밖에 없다. 현재의 보육 시장이 갖고 있는 구조적 한계다. 무상 보육 지원에 관한 지난한 다툼 역시 보육 당사자들의 피로도를 높인다. 정치권과 정책 당국의 철학 없는 보육 정책 과정이 보육을 돈의 문제로 한정했다. 그 과정에서 보육의 공공성은 사라지고 수익성에 관한 쟁점들만이 주목받았다.

대체 우리의 보육은 어떻게 바뀌어야 하고, 어떻게 바뀔 수 있을까? 우리는 보다 나은 보육을 어디까지 꿈꿀 수 있는 걸까? 핵심은 예산이다. 얼마만큼의 예산을, 어떻게 쓸 것인지가 중요하다.

지난 10여 년간 저출산 위기 해소를 위해 100조 원이 넘는 예산이 투입된 것으로 추산된다. 무상 보육 지출 비중이 OECD 국가 대비 높다는 지적들도 이어진다. 이에 따라 보육 지원을 줄여야 한다고 주장하는 이들도 있다. 이 두 가지만 놓고 본다면 한국 사회의 상황을 오독하고 중요한 의제들을 간과할 확률이 높아진다. 따라서 관련 현황에 대해 구체적으로 서술해보려 한다.

한 국가가 출산 지원을 위해 각 가정에 투입하는 예산 총액을 '가족 지출'이라고 한다. 가정양육수당, 어린이집 지원비, 출산휴가·육아휴직급여 등을 모두 합한 금액이다. 우리나라의

GDP 대비 가족 지출은 2013년 기준 1.13퍼센트로 3.80퍼센트 수준인 영국, 3.64퍼센트인 스웨덴의 3분의 1 수준에 불과하다.[11] 스웨덴이 GDP 대비 0.74퍼센트의 예산을 출산휴가·육아휴직 지원에 쓸 때, 우리는 단 0.06퍼센트만 지출한다(12분의 1도 안 되는 수준이다). 그나마 0.06퍼센트의 지원을 받을 수 있는 사람도 정부 기관이나 극소수 기업에 다니는 사람들이다.

육아휴직급여도 다른 선진국에 비하면 현저히 낮은 수준이다. 육아휴직을 쓰려면 내가 하던 일을 대신할 대체 인력이 필요한데, 이에 대한 재정적 지원이 없다면 제도는 유명무실할 수밖에 없다. 앞서 언급한 것처럼 보육 정책이야말로 성평등, 노동 정책 등 다른 정책들과 화음을 맞춰야만 완성되는 종합 예술이다. 다른 정책들과의 정합성을 높이려면 연관 정책을 위한 재정 지원 역시 늘어나야 한다. 노동시간을 단축하고, 출산휴가·육아휴직 사용률을 높이고, 기업과 사회의 성불평등을 해소하고, 보육의 품질이 제고되는 방향으로 기관을 관리하고 감독하는 데 적극적으로 돈을 써야 한다. 다른 나라의 3분의 1 수준에 불과한 예산을 가지고, 그마저도 시장에 모든 걸 위탁하는 방식으로 운용하면서 보육의 공공성을 담보하겠다는 건 별을 따겠다면서 땅만 보고 걷는 것과 같다. 다시 말해, 보육 정책 성공의 핵심은 GDP 대비 가족 지출 비중을 높이는 데 있다.

다음으로, 보육 현장의 노동 환경과 처우 개선 역시 시급하다. 그중에서도 보육교사의 열악한 처우는 보육서비스 품질 저하의 가장 주요한 원인으로 꼽힌다. 보육은 여타의 돌봄서비스보다 까다롭다. 아동과 보육 주체 간의 신뢰가 선행돼야만 서비스 제공이 가능하고, 이를 위해서는 서로의 결을 맞추는 최소한의 시간이 필수적이기 때문이다. 아이에게 가장 좋은 양육자는 지속적이고 안정적으로 상호작용할 수 있는 사람이다. 그러나 우리의 보육 현실은 빈번한 교사 교체를 야기하고, 아동 학대 위험을 높인다.

보육교사의 60.7퍼센트는 점심시간도 휴게시간도 없이 139만 원(1호봉)~156만 원(5호봉) 수준의 임금을 받고 일한다(민간 어린이집은 이보다 낮다).[12] 보육의 특성상 서비스의 질은 현장 교사의 노동 처우와 직결된다. 현재의 보육 현장은 구조적으로 최소한의 품질을 보증할 수 없을 정도로 열악하고 보육교사의 근무 환경 개선 역시 요원해 보인다. 지난 박근혜 정부는 초과보육을 허용해 교사 1인당 아동 비율은 더 악화됐다.[13] 돌도 되지 않은 아이 셋을 하루 종일 돌본다거나 이제 막 걷기 시작한 아이들 5~6명을 데리고 외출하고, 씻기고, 먹이고, 기저귀를 갈고, 재우는 일, 또는 다섯 살 아이 23명을 온종일 돌보고 가르치는 일이 보육교사 1인이 감당해야 하는 몫인 것이다. 행정업무나 학부모를 대면하는 일 등을 모두 제외하고서 말이다. 이러한 구조가 바뀌지 않는 한 무상 보육 지원 수준을 아무리 높여도 보육서비스의 품질은 제고될 수 없다. 그러므로 정치하는엄마들은 '보육교사 1인당 아동 수 감소'와 '보육교사들의 처우 개선'을 강력하게 주장한다.

교사와 아이들의 인간적인 상호작용이 가능한 수준으로 교사 1인당 아동 수가 줄어들고, 부모들에게 어린이집·유치원 운영에 참여할 시간이 보장된다면 문제 발생 확률은 자연스럽게 줄어들 것이다. 국가의 관리·감독도 중요하지만 그보다 더 효과적인 건 문제의 소지를 사전에 파악하고 견제할 수 있는 많은 부모의 힘이다. 이를 위해서는 현재 형식적 설치에 불과한 학부모 참여 운영위원회[14]를 강화하고, 지역·전국 차원의 운영위 연대체 조직이 구성돼야 한다. 그래야만 외부의 강제력이 아닌 문제 발생 지점에서 도움을 받아 사고를 미연에 방지할 수 있고, 내 아이를 어린이집이나 유치원에 보내면서도 불안해하지 않고 운영위원으로서 해야 할 역할을 할 수 있다. 교사들의 노동 환경이 개선되고 현장의 맥락을 정확히 파악할 수 있는 수준의 정보가 부모들에게 주어질 때 신뢰가 형성되고 이를 기반으로 기관의 자율성과 다양성이 보장될 수 있을 것이다.

정치하는엄마들의 창립 소식을 듣고 정부, 지자체, 공공 기관, 학회 등 여러 단위에서 보육 정책 관련 요청이 이어졌다. "엄마들만 줄 수 있는 깨알 같은 아이디어"를 달라고 요청하는 경우도 있었다. 그 말은 곧 엄마들에게 정책 제안자로서의 역할이 아니라 민원 수준의 의견 정도만을 기대한다는 의미이기도 했다. 언젠가 한번은 같은 회의에 참석한 전문가 패널 중 한 사람이 옆에 앉은 조성실 언니에게 다음과 같은 말을 건넸다. "내용이 너무 어려우시죠?" 때때로 사람들은 "보통의 전업주부(전업모)는 아니시네요"라는 말을 칭찬이랍시고 건넨다. 이 모든 말들에 녹아 있는 엄마들에 대한 편견과 차별적 시선을 마주하는 일은 불쾌하고 슬프다. 주먹을 불끈 쥐게 만들기도 한다.

우리가 바꿔가야 할 것이 비단 보육 환경뿐만은 아니다. 본격적인 변화가 시작되고 그 변화를 보육 현장에서 체감하기까지, 엄마들에 대한 사회적 편견이 사라지고 '행복하게 키울 권리, 행복하게 자랄 권리'를 보장하는 사회에 다다르기까지 어쩌면 우리의 예상보다도 훨씬 더 긴 시간이 필요할지도 모른다. 따라서 정치하는 엄마는 더더욱 많아져야 한다. 우리의 등장은 시작에 불과하다.

누군가의 엄마로, 엄마가 되기 이전부터 존재했던 나 자신의 이름으로, 또 서로의 언니로 살아가기 위해서는 하루에도 수십 번씩 자신의 역할을 저글링해야 한다. 두 아이의 엄마였다가도 순식간에 86년생 조성실이 되고, 그러다 금세 또 정치하는 엄마가 되어야 하는 일상이 가끔은 벅차다. 하지만 괜찮다. 우리는 혼자가 아니니까. 지칠 때면 쉬어가라고, 자신이 이어 달리겠노라고 손 내미는 언니들이 있으니까.

포기 금지. 이 말이야말로 우리 각자에게 주어진 가장 확실한 목표일지도 모르겠다. 포기하지 않는 정치하는엄마들이 있어 우리의 보육 현장도, 우리의 사회도 시나브로 변화해갈 테니.

행복하게 키울 권리, 행복하게 자랄 권리를 향해 우리 모두 포기 금지!

페미니즘

: 성평등이 바꾸는 세상

글쓴이 | 이고은

엄마들은 어떻게 벌레가 되는가

"정치하는 맘충들인가?"

"아무것도 모르는 애들 데리고 시위 다니는 맘충이네."

　창립 초기 정치하는엄마들이 언론에 등장할 때마다 이런 댓글이 달렸다. 정치는 물론 사회운동 경험 역시 처음인 언니들이 대다수인 정치하는엄마들은 활동 초기만 해도 이런 반응에 큰 상처를 입었다. 고귀한 성역으로 여겨지던 '어머니'의 이름 뒤에 아무렇지도 않게 뒤따라온 말, 벌레. 모성을 전면에 내걸고 활동을 선언한 엄마들에게 '엄마 벌레'라니, 이토록 치명

적이고 아픈 공격이 또 있을까.

'맘충'이란 용어는 애초에 공공장소에서 제 아이의 민폐 행동을 제지하지 않는 무례한 엄마, 혹은 상업 공간에서 아이를 이유로 무리한 혜택을 요구하는 '진상' 고객 때문에 생겨난 말이다. 상식 이하의 행동을 하는 사람들을 욕하는 것이야 상식선의 일이겠지만, 문제는 그러한 사람들의 행동을 엄마라는 대분류의 행동으로 묶고 정의하는 데서 발생한다. 모든 엄마를 하나로 묶어 '맘충'으로 부르는 이유는 무엇일까.

우리 사회에는 '된장녀', '김치녀' 등 수많은 '○○녀'가 있다. 여성은 남성중심적이고 가부장적인 이 사회에서 대상화되기 쉬운, 대상화해도 되는 존재로 인식된다. 이러한 멸칭들은 여차하면 '너도 ○○녀?'라는 프레임 속에 여성을 가두어 여성이라는 집단 전체를 옴짝달싹 못 하게 만든다. 여성들은 '○○녀'가 되지 않기 위해 자신이 '개념 있는' 여성임을 끊임없이 증명해야 한다. 이 혐오 행위의 주체는 여성을 '○○녀'라고 명명하는 남성이고, 여성들은 남성들로부터 인정받아야만 하는 성불평등의 헤게모니 속에 갇힌다.

'맘충' 역시 이 같은 흐름에서 등장한 것으로 보인다. '맘충'이란 이 땅의 모든 엄마들에게 '여차하면 당신도 맘충이 될 수 있으니 조심하라'는 겁박의 용어다. 모든 엄마들은 이 프레임에 걸려 낙인찍히지 않기 위해 사회의 시선으로부터 움츠러

든다. 하지만 움츠러드는 엄마들을 향해 세상은 말한다. 당신이 '개념맘'이라면 괜찮습니다.

하지만 정말 '개념맘'과 '맘충'이 따로 있는 것일까. 엄마들의 대답은 단언컨대 '아니오'다. 민폐를 끼치는 행위의 기준을 성인으로 둔다면, 아이들은 애초부터 민폐를 주지 않는 존재가 될 수 없다. 끊임없이 강력한 통제를 반복하더라도 아이들이 식사한 자리는 엉망일 수밖에 없고 아이들이 머무는 자리는 소란스럽기 마련이다. 공공장소에서 지켜야 할 상식을 오로지 성인의 기준에서만 규정한다면 아이를 동반하는 엄마는 언제든 누구든 '맘충'이 될 수밖에 없다. '맘충'이 되지 않으려면 아이를 훈육하고 통제해야 하는 것이 아니라, 아예 집 밖에 나가지 않아야 한다. 결국 엄마들은 '맘충이 되겠다'고 자포자기한 채 외출을 하든지 스스로를 집 안에 가두든지 양자택일을 해야 한다.

엄마들을 집 안에 가두는 것이 단순히 혐오의 시선만은 아니다. 엄마들은 실제로 갈 곳이 없기도 하다. 아이를 데리고 나가면 수유를 하거나 기저귀를 가는 일조차 엄청난 과제가 된다. 아이를 맡기고 나가면 되지 않느냐고? 아이를 믿고 맡길 수 있는 시간제 보육 시스템이 제대로 마련되어 있다면 가능한 일이겠지만, 그랬다면 애초부터 이 사회에 '맘충'이라는 말이 생기지도 않았을 것이다.

결국 집 안에 갇힌 신세가 되는 엄마들은 아이와 함께 갈

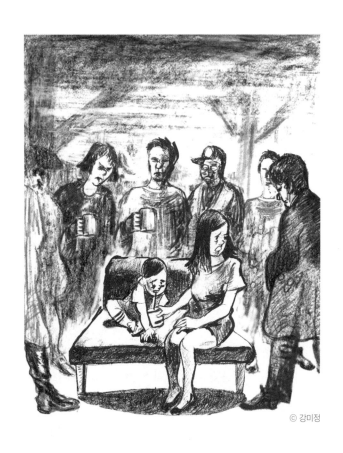

© 강미정

'맘충'이란 이 땅의 모든 엄마들에게 '여차하면 당신도
맘충이 될 수 있으니 조심하라'는 겁박의 용어다.

수 있는 소비 공간만을 전전한다. 대형 복합 쇼핑몰, 마트, 백화점 등은 그래도 엄마들을 사람으로 대접해준다. 엄밀히 말하면 '지갑 대접'이긴 하지만, 그래도 엄마들은 그 공간에서 조금이라도 숨통을 틔운다. 좀비처럼 쇼핑몰을 전전하는 '몰링Malling족' 대부분이 아기 엄마인 이유는 바로 이런 사정에서다.

정치하는엄마들은 우선 '맘충'이라는 표현의 바탕이 되는 여성혐오적 시각을 바로잡는 것이 중요한 과제라고 본다. 하나의 새로운 언어가 사회에 미치는 파급 효과는 상상 이상일 수도 있다. '맘충'은 점차 한국 사회의 모든 엄마들을 공격하기 위한 무차별적인 폭력의 언어로 변모했다. 이러한 혐오 표현을 멈추지 않으면 사회가 엄마들을 바라보는 왜곡된 시선은 물론 엄마들의 삶 역시 변화될 수 없다.

여성혐오는 비단 한국에서만의 현상이 아니다. 전 세계적으로 페미니즘이 주목받고 있는 가운데, 여성혐오의 정서 역시 증폭되고 있다. 유럽에서도 여성을 열등한 해양 생물이나 벌레에 비유하는 단어가 등장하면서 사회적으로 문제가 되고 있다. 한국의 '맘충'과 같은 맥락에서다.

이런 가운데 유럽의 벨기에는 2015년부터 세계 최초로 젠더폭력을 처벌하는 법을 시행했다. 성별에 근거한 경멸, 열등감 조장, 능력에 제한을 두고 무시하는 발언으로 인해 1인 이상이 모멸감을 느끼고 공적 장소에서 명예훼손을 입었다고 느낄 경우, 관련 법을 위반한 것으로 보아 최대 징역 1년, 1천 유로의 벌금에 처할 수 있다. 2017년 한국을 찾은 리스벳 스티븐스 벨기에 연방 양성평등연구소 부대표는 "한국의 '맘충'이라는 표현 역시 충분히 규제 대상이 될 수 있다"고 지적한 바 있다.

그러나 벨기에가 이 같은 법안을 도입한 이유는 성차별 및 혐오 표현을 처벌하는 그 자체에 있다기보다, 사회적으로 충분한 성평등 교육이 이뤄져야 한다는 사실을 강조하고 설득하는 데 있을 것이다. EU의 한 기관은 젠더폭력으로 인한 피해를 비용으로 계산하면 한화로 약 300조 원에 달한다는 연구 결과를 발표하기도 했다. 성차별과 혐오가 미치는 악영향은 사회·경제적으로 심각한 수준이다. 우리는 해법을 모색해야 한다.

벨기에 사례와 유사한 맥락에서, 정치하는엄마들은 한국에서도 성차별 및 혐오 표현을 처벌할 수 있는 근거를 두는 '혐오표현금지법'과 같은 법령 제정이 필요하다고 보고 있다. 지금으로서는 성차별 및 혐오 표현에 대한 공적 영역의 제재 및 처벌 방안이 전혀 없을 뿐만 아니라 예방법 역시 개인의 도덕관념에 기댈 수밖에 없다. 젠더에 대한 사회적 인식이 성숙하지 못하기 때문이다.

더군다나 성별에 대한 혐오 표현은 심각하게 확산되고 있다. '맘충'뿐만 아니라 '한남충(한국 남성을 벌레에 비유해 비하하는 말)'이라는 표현이 등장하고, 남녀가 서로를 '미러링(상대의 문제점을 고발하기 위해 의도적으로 모방하는 행위)'하며 성 대결 양상으로 악화일로를 걷고 있다.

만약 혐오표현금지법이 마련된다고 해도 법과 제도만으로 여성혐오를 해결할 수는 없을 것이다. 그러나 법을 통해 기대할 수 있는 가장 중요한 효과는 혐오 표현이 상대에게 얼마나 큰 상처와 심각한 피해를 입힐 수 있는지에 대한 사회적 이해와 교육 효과를 높이는 데 있을 것이다. 법은 사회의 도덕률을 정하는 최소한의 기준이지만, 궁극적으로 사회를 바꾸는 것은 전반적인 문화이기 때문이다.

노키즈존, 아무도 풀지 못하는 갈등

맘충 이슈와 항상 함께 따라오는 이슈는 '노키즈존'이다. 정치하는엄마들 내에서도 노키즈존에 대한 많은 논의가 오갔다. 언니들은 노키즈존에 대해 "사회적 약자에게 전가되는 폭력이다" "흑인을 분리하던 인종차별 정책과 비슷하다" "아이들보다 더 진상짓을 일삼는 '아재'들을 막는 '노아재존'은 왜 없느냐" 등의 의견을 내놓았다.

노키즈존에 대한 논쟁은 사회적으로도 이미 충분히 과열된 상태다. 반대론자들은 노키즈존이 여성과 아동에 대한 차별을 공식화하고 인권을 침해한다고 지적한다. 찬성론자들은 노키즈존을 선언한 자영업자들의 영업권과 아동을 동반하지 않은 성인의 행복권이 보장되어야 한다고 주장한다. 양쪽 주장들은 저마다 각각의 지지 세력(?)을 집결한 상태로 설득력을 얻고 있다. 그만큼 긴장감도 팽팽하다.

더 이상 새로운 내용이 없을 정도로 노키즈존 논쟁이 사회적 이슈로 떠오른 지 오래지만, 상반된 두 입장의 접점은 잘 보이지 않는다. 누군가 이 문제를 풀기 위해 앞장서지도 않는다. 특히 이 논란에 대한 정부나 정치권의 관심은 찾아볼 수가 없다. 정치하는엄마들은 아직 이 문제에 대한 정치권의 의미 있는 움직임을 발견할 수 없었다. 시민과 사회는 갈등과 고통을 겪는데, 공적 해법은 제시되지 않는 상황이다. 왜 아무도 나서지 않을까.

생각해보면 여성가족부, 국가인권위원회, 산업통상자원부 등 관련 부처가 없는 것도 아니다. 민의의 전당인 국회 역시 국론이 분열되는 이 이슈로부터 자유로운 입장은 아닐 것이다. 그런데도 누구도 이 문제를 끄집어내지 않는다. '맘충' 소리나 듣는 한심한 엄마들의 문제라서? 거창하고 그럴듯한 사회·정치적 담론과는 거리가 멀어 보여서?

만약 그런 이유에서라면 한국 사회의 정치는 스스로의 한계를 인정하는 꼴이다. 맘충과 노키즈존은 현재 생생하게 살아

숨 쉬는 이슈이자 갈수록 심화되고 있는 현재진행형 문제다. 성별과 세대, 계층을 가르는 문제이며 우리 사회를 혐오와 분열의 장으로 몰고 가는 심각한 화두다. 이런 문제에 정치가 나서지 않는다면, 도대체 우리 사회에 정치가 왜 필요한 것인지 묻고 싶다.

정치하는엄마들은 당사자인 우리 스스로가 이 문제를 풀어가야 한다는 데 공감대를 이루고 있다. 노키즈존 갈등의 당사자인 엄마들이 또 다른 당사자인 자영업자들과 터놓고 이야기를 나눠보자는 아이디어, 기혼 세대를 기득권층으로 인식하고 엄마를 혐오의 대상으로 바라보는 청년 세대와의 논의가 필요하다는 아이디어 등 우리의 고민은 깊다. 정치인들이 나서지 않으면 우리가 나서야 한다. 그 문제에 가장 절실한 당사자들이 나서지 않으면 누구도 대신 나서주지 않는다는 것을, 정치하는엄마들은 잘 알고 있다. 엄마로 살아왔다는 말은 그 서글픈 사실을 뼛속 깊이 경험해왔다는 말과도 같기 때문이다.

일상 속 성평등을 향하여

2017년 페미니즘 열풍에 힘입어 더욱 화제가 되었던 웹툰 〈며느라기〉는 성불평등이 만연한 가부장제에서의 우리의 일상이 잘 담겨 있다. 작가는 대학 동기 무구영과 갓 결혼한 여자 주인공 민사린의 이야기를 통해 가부장제가 우리의 일상에서 어떤 모습으로 작동하며 개인을 잠식하는지를 그려낸다. 사랑하는 남녀가 결혼을 했지만 여성에게는 남자 집안의 '며느리'라는 역할의 무게가 뒤따른다. 시부모가 애정을 담아 며느리를 부르는 '며늘아기'를 소리 나는 대로 적은 '며느라기'라는 제목에는 어쩐지 며느리라는 역할을 향한 삐딱한 시선이 느껴진다. 이 만화에는 극적인 갈등이 없지만, 불편하고 부당한 현실에 대한 문제의식이 분명히 담겨 있다.

2017년 9월 7일, 청와대 홈페이지 '국민청원 및 제안' 게시판에는 "여성이 결혼 후 불러야 하는 호칭 개선을 청원합니다"라는 글이 올라왔다. 이 청원에 3만 3천 923명의 국민들이 찬성해 화제가 되었다. 한국에서 결혼 이후 새로운 가족관계를 맺으면서 생기는 호칭들은 부계를 우위에 두고 모계를 하대하는 남성중심주의의 가부장적 문화를 반영한다. 아내는 남편의 형제자매에게 '도련님' '서방님' '아가씨'와 같이 높여 부르는 호칭을 사용하지만, 남편은 아내의 형제자매를 '처제' '처남'

등 다소 낮춰 부르는 호칭을 사용한다.

정치하는엄마들에게도 〈며느라기〉와 호칭 개선 청원이 이 슈가 되었다. 창립 후 맞이한 추석에 우리는 저마다 집에서 '전 부치는' 풍경을 서로 공유하면서, 일상 속에서 벌어지는 성불 평등한 상황과 가부장제에서 여성이 갖는 위치에 격한 분노를 토해냈다. 우리는 서로를 '언니'라고 부름으로써 권위나 특권 이 사라지고 오로지 관계의 본질만 남게 되는 경험을 해본 터 였기 때문에 일상의 호칭 문제가 무척 중요하다는 의견을 나누 기도 했다. 호칭 개선 청원에 대해 이야기를 나누던 중 한 언니 는 남편의 남동생을 '도련님' 대신 '○○ 언니'라고 부르겠다는 선언을 하기도 했다.

가정 내에서뿐만 아니라 '워킹맘' '전업맘' '경단녀' 등 우 리 사회에서 일반화되어 있는 다양한 용어들 역시 성불평등을 내포하고 있다. '워킹맘'과 '전업맘'을 구분하는 개념은 엄마 (여성)를 일하는 존재와 일하지 않는 존재로 구분하고, 가사노 동과 돌봄노동을 여성의 역할로 규정하는 전제를 바탕으로 형 성되어 있다. '경단녀' 또한 '된장녀'와 '김치녀'의 연장선에서, 구조적 피해자인 여성을 그저 대상화하며 남성의 시각으로 평 가하고 분류하려는 인식의 결과물이다. 이런 용어들은 구조적 문제의 반영이면서도 그 문제의 본질을 정당화하고 은폐하는 역할을 한다.

이런 문제의식에서, 정치하는엄마들은 성불평등한 단어나 혐오를 조장하는 단어들을 교체하기 위한 프로젝트를 진행하겠다는 취지로 이름 바꾸기 프로젝트팀(이하 이바프팀)을 꾸렸다. 이바프팀은 한국 사회에서 여성으로 살아오면서, 그리고 엄마가 되면서부터 겪어온 각종 차별과 혐오의 용어를 타파하기 위한 목적으로 일상 속 성불평등 용어 바꾸기 운동을 진행하고자 한다.

2017년 12월 27일, 이바프팀의 백운희 언니는 한겨레말글연구소에서 주최하는 「한국 사회의 호칭 문제」 세미나에서 '여성주의 관점에서 본 호칭 문제'를 주제로 발표하기도 했다. 이 발표에서는 정치하는엄마들에서 남녀노소를 불문하고 서로를 언니라고 부르는 호칭 혁신이 화두가 되기도 했다. "그동안 자기 언어를 갖지 못하고 타자화되고 차별적인 대상으로 분류됐던 여성들 입장에서 눈여겨볼 만한 지점"이라는 평가였다.

혐오 표현에 대한 문제의식, 명칭과 호칭에 따른 성불평등성의 고발. 이는 오랫동안 가부장제의 그늘 아래 공고해진 성차별적 문화 속에서 엄마가 되어 겪는 수많은 모순과 불합리를 바꾸기 위한 근본적 처방이기도 하다. 지난한 길이 예상되지만 정치하는엄마들은 이 문제를 끊임없이 제기하며 목소리를 높여야 한다고 생각한다. 남녀노소의 수많은 언니들이 만들어가는 성평등한 세상, 우리가 꿈꾸는 미래이기 때문이다.

엄마들은 왜 페미니스트 교사를 지지하는가

엄마들끼리 육아 이야기를 나누다 보면 경악할 만한 경험 담을 많이 듣게 된다. 그중에서 아직 유아동기 아이들을 자녀로 둔 엄마들을 가장 놀라게 하는 것은 학령기 자녀를 둔 엄마들의 '학교 경험담'이다. 학교에 여성혐오가 놀라울 정도로 만연해 있고 혐오 문화가 아예 또래 문화로 자리 잡혀 있다는 사실을 보여주는 각종 사례들은 엄마들에게 공포와 좌절을 안겨 준다.

'앙 기모띠'와 같이 일본 포르노에서 유래한 표현과 '너네 엄마'를 뜻하는 사투리의 줄임말로 엄마를 비하하는 '느금마' 같이 여성을 멸시와 조롱의 대상으로 삼는 일이 만연해진 학교. 엄마들은 당최 학교라는 공간과 공교육의 시스템을 신뢰할 수 없는 지경에 이르렀다.

정치하는엄마들 텔방에서는 학교 내의 성차별 및 혐오 문화를 다룬 한 언론 기사가 화제가 된 적이 있다. 아이들이 상대를 억압하고 자신의 우위를 증명하기 위해 혐오와 모욕의 표현을 사용하다가 이제는 엄마를 그 소재로 삼는 문화가 만연해 있다는 기사의 내용이 큰 충격을 주었다. 엄마를 조롱하고 모욕하는 것이 '쿨한 것'으로 받아들여지고, 엄마가 좋은 사람이라면 이상하다고 여기는 문화. 이 기사에서는 돌봄노동을 여성이 주로 담당하면서 아이들에게 엄마는 훈육과 억압을 하는 존재로 각인되고, 엄마를 모욕하는 것이 멋진 일로 둔갑한다는 해석도 있었다.

교실 내 성희롱 문제도 심각하다. 남자아이들은 여성 교사를 상대로 성희롱 및 여성혐오 표현을 심심찮게 하고 있다. 교실 내에서 여성 교사는 더 이상 학생보다 높은 권력의 주체가 아니며 남성, 그것도 어린 남자 학생들에 의해서조차 대상화된다. 아이들은 학교에서부터 남성은 권력을 지닌 성별이고, 여성은 그 권력으로 복종시키거나 보호해야 하는 대상이며 피해자인 구조를 학습하고 있다.

2017년 여름, 서울 위례별 초등학교 최현희 교사가 페미니즘 교육의 필요성을 이야기한 짧은 인터뷰 영상으로 큰 파장이 일었다. 다양한 분야에서 가시화되던 페미니즘 이슈가 학교와 공교육의 영역으로도 확장된 것이다. 트위터, 페이스북 등의 SNS에서는 '#우리에겐_페미니스트_선생님이_필요합니다' 해시태그 운동이 펼쳐졌고, 한편에서는 특정 이념을 위한 교육이라는 반대의 목소리가 높아졌다. 특히 보수 기독교 단체의 반동성애 세력이 이 흐름에 강력히 가세했다. 이들은 페미니즘 교육이 동성애를 조장(?)한다고 주장하며 정부 부처에 폭탄을 던지듯 민원을 제기했다. 온라인에서 해당 교사 및 페미니즘 교육을 지지하는 교사들에 대한 인신공격도 확산됐다.

상황이 심각해지자 전국교직원노동조합, 초등성평등연구회, 평등교육실현을 위한 전국학부모회 등 총 23개 시민·사회단체가 '페미니즘 교육 실현을 위한 네트워크'를 결성했다. 정치하는엄마들도 이 연대에 참여하면서 페미니즘 교육과 관련 교사들을 향한 무분별한 비방과 인신공격에 대응하기로 했다. 또한 성평등 사회를 위한 변화의 시작은 학교 내의 성평등 교육이며, 우리 사회 전반에서 포괄적인 인권 교육이 확대되어야 한다는 주장을 펴고 있다.

엄마들이 페미니스트 교사를 지지하게 된 이유는 특별하지 않다. 엄마 스스로가 학교 내의 혐오와 모욕의 대상으로서 피해자가 되었기 때문도 아니다. 성차별적이고 남성중심적인 사회, 성불평등한 질서와 구조가 결과적으로 우리의 삶을 얼마나 고통으로 몰아넣는지를 경험했기 때문이다. 그런 삶을 우리 아이들에게 그대로 물려줄 수 없으며, 더 나은 미래를 위해서는 아이들이 사회를 간접 경험하는 학교라는 울타리 안에서부터 변화가 일어나야 한다는 사실을 알기 때문이다.

정치하는엄마들은 페미니즘 교육은 물론 부모 교육, 아동 인권 교육 등 다양한 교육이 우리 사회 전반에서 이뤄져야 한다고 생각한다. 이 이슈를 다루는 함께교육팀은 부모, 조부모, 한부모, 이주민, 장애인, 성소수자 등 우리 사회를 이루는 모든 양육자가 교육의 주체이자 수혜자이기 위해 모두의 힘과 움직임이 필요하다는 데 뜻을 모으고 있다. 또한 이와 같은 가치를 공교육 내에서 의무적으로 교육하는 수준으로 우리 사회가 발전해야 한다고 보고 있다.

사회의 다양한 구성원들은 서로를 통해 사회를 배운다. 모두가 모두로부터 배우는 사회. 나와 다른 남을 배척하고 공격하는 혐오 사회에서 벗어나, 서로가 서로에게 무엇이든 배울 수 있다는 열린 마음을 키우는 사회. 그런 사회라면 분명, 우리 아이들은 좀 더 살 만해지지 않을까. 그런 세상이 바로 정치하는엄마들이 그리는 세상이다.

우리에게는 페미니즘 교육이 필요합니다
: 최현희 교사 인터뷰

사회에서는 '맘충'으로, 학교에서는 '느금마'로 불리는 엄마들의 현실. 정치하는엄마들은 아이들이 학교 안에서부터 여성혐오를 학습하고 있다는 사실에 분노와 슬픔을 느낀다. 사랑하는 엄마와 아이 사이에 어쩌다 이런 불행한 단어가 끼어들게 된 것일까.

페미니즘 교육의 필요성을 역설해온 서울 송파구 위례별초등학교의 최현희 교사를 정치하는엄마들이 만났다. 여성 및 소수자에 대한 혐오와 왜곡된 성인식이 만연한 학교 현실에 대해 듣고, 양육 당사자가 모인 단체 입장에서 무엇을 할 수 있을지에 대해 고민하기 위해서였다. 2018년 1월 23일 서울 광화문의 한 카페에서 이뤄진 인터뷰를 여기에 소개한다. 이 인터뷰는 이고은, 김정덕 언니가 함께했다.

김정덕 엄마들은 아이를 낳고 키우면서 작고 약한 존재인 아이를 바라보는 시선, 또 그 아이를 돌보는 일에 대한 사회의 시선이 고압적이라는 것을 느끼게 돼요. 정치하는엄마들은 그러한 문제의 해결이 부모에 대한 교육으로도 일정 부분 이뤄질 수 있다고 보고, 그 근간에 성평등에 대한 이해가 있어야 한다고 생각합니다. 그래서 함께교육팀을 만들어 초등성평등연구회와 문제의식을 공유하고 논의하던 가운데 최 선생님의 사건(?)이 발생했습니다. 그 과정을 지켜보면서 이 문제가 구조적 문제라는 생각을 다시 한번 하게 됐어요.

이고은 마찬가지입니다. 엄마가 되고서부터 사회 구조적 모순의 직접적인 피해자가 되는 경험을 했어요. 그런데 그 구조가 학교에서부터 학습되고 확대되고 있다니 충격적입니다. 선생님께서는 현장에 계시니 누구보다 페미니즘 교육의 필요성을 절감하셨을 것 같은데요. 페미니즘 교육이 필요하다고 느낀 결정적 계기가 있을 것 같습니다.

최현희 여성이라면 누구나 '여성'이라는 정체성을 직면하기 전
과 후의 삶이 갈릴 것이라고 봅니다. 저 역시 기혼 여성이고
아이가 있는데요. 결혼하면서 그전에는 생각하지 못했던 질
문들이 서서히 던져졌습니다. 많은 기혼 여성의 경우 분명
결혼을 기점으로, 사회에 존재하지만 잘 몰랐던 차별과 혐오
를 직시하게 되는 것 같아요. 결혼 후 첫 번째로 저를 괴롭히
고 혼란스럽게 했던 질문은 남편이나 시가족이 전혀 나쁜 사
람들이 아닌데, 모두 자기 자리에서 최선을 다하고 있는 건데
제가 왜 이렇게 힘들어야 하는지에 대한 것이었어요. 결혼
후 3년쯤 지나니 개인의 문제가 아니라 구조의 문제라는 걸
인식하게 되고 페미니스트로서의 정체성을 확립하게 됐어
요. 페미니즘을 알게 되니 지적 희열과 해방감을 느끼게 되
는 것은 물론, 세계가 전복되는 경험을 했죠. 그러다가 어느
순간 학교가 눈에 들어왔어요. 그리고 여러 가지 학교 안의
문제점들을 이야기하고 교실 안에서 실천할 것들을 찾아 노
력하기 시작했는데, 개인적 삶에서 페미니즘 운동을 하는 것
보다 훨씬 더 힘들고 어려운 길이더라고요. 학교 시스템 자
체가 권위적이고 보수적이다 보니 페미니즘이 끼어들 여지가
없기 때문이죠. 이런 문제를 같이 고민할 동료 교사도 없었

고요. 교사 초년생은 관성대로, 교육대학에서 배운 대로, 여기저기에서 주워들은 대로 허덕이며 따라가다가 어느 순간에 관료화된 시스템에 익숙해지고 동화되기 쉬운 것 같아요.

이고은 학교가 경직되어 있고 획일적이라는 건 엄마가 된 우리가 학교를 다닐 때와 크게 달라지지 않았네요.

최현희 맞아요. 아이들과의 만남이나 교육에 대해 진지하게 성찰하고 동료와 협력하는 분위기가 아니라 학교 운영의 결정권을 교장이 독점하고 교사들은 과도한 업무에 치여서 하루하루 너무 바쁘죠. 교사를 사유하지 못하게 만들어요. 관료사회의 전형적인 통제·관리 방식을 그대로 따라요. 몇 월이면 무슨 달이니 어떤 행사를 해야 한다, 그런 식의 정해진 매뉴얼대로 쳇바퀴를 돌죠. 과학의 달이면 과학 독후감을 쓰고 과학 상상화를 그리는 식인데, 그런 것만으로 과학적 상상력과 호기심이 길러질 리 만무하죠. 교사가 어떻게 하면 아이들을 더 많이 만나고 더 잘할 수 있을까, 고민할 수 없게 만들어요. 이런 현실이 이상하다고 생각하고 제대로 된 교육을할 수 없다고 문제를 제기하는 교사는 그 세계에서 적응하기어려워요. 교장이나 교감에게 '대들다가' 업무상 불이익을 받기도 하고, 심지어 동료들 사이에서도 '너무 민감하고' 분위기를 깨는' 사람으로 여겨지기도 하죠.

김정덕 정말 암울한 현실인 것 같아요. 그래도 선생님이 계신 학교는 혁신학교잖아요. 다른 점이 있지 않나요?

최현희 일반적인 학교에서는 교사들의 의견이 수렴되는 민주적인 의사 결정 기구가 없어요. 교직원 회의라는 게 있긴 해도 회의라고 할 수 없는 수준이죠. 과거의 종례라는 형식이 그대로 남아 있어요. 각 부서의 부장 교사들이 전달 사항을 일방적으로 전달하고, 마지막에 교감, 교장의 훈화를 듣는 식이죠. 그래서 혁신학교에서 가장 중요하게 실천하려는 의제가 바로 학교 민주화예요. 공식적인 민주적 의사 결정 과정을 통해 학교 운영과 교육 활동에 대한 교직원의 참여를 보장하죠. 우리 사회에서 학부모회의는 법제화되어 있지만, 교직원 회의는 법제화되어 있지 않거든요. 혁신학교로 옮겼더니 일반학교의 폐쇄성에 염증을 느낀 진보적인 교사들이 많고, 여러 교육관이 공존할 수 있어서 저도 페미니즘 이야기를 꺼낼 수 있었어요. 페미니즘뿐만 아니라 생태 교육이나 발도르프 교육, 비고츠키 교육 등 각자의 교육관을 펼칠 수 있는 기회가 있는 거죠. 제가 학교에서 페미니즘을 이야기하니까 문화가 바뀌어가는 걸 느꼈어요. '임계질량'이라는 말을 좋아하는

데요. 소수의 의견이 한 집단에서 받아들여지기 위해 필요한 최소한의 인원을 말하는 거예요. 저희 학교 같은 경우는 그 임계질량을 가뿐히 넘었다고 생각해요. 페미니즘과 같은 진보적인 의제를 이야기하는 데 저항이나 장벽이 상대적으로 낮았어요. 자꾸 이야기하는 사람이 많아지면 다른 사람들도 그 이야기에 더 귀 기울이게 되죠.

이고은 학교 현장은 어떻습니까? '느금마', '앙 기모띠'… 이런 단어들이 교실에서 많이 쓰인다는 게 기사로도 알려졌는데요. 상상만 해도 눈앞이 캄캄해집니다. 선생님은 아이들에게서 어떤 미래를 보시는지요?

최현희 학생들 사이에서 여성혐오 표현이 일상화된 지 오래고, 특히 중고등학교에서는 여성 교사들이 교사이기 이전에 여성으로 치환되어 남학생들의 성별 권력이 교사 권력에 앞서는 현상이 만연해 있습니다. 특히 젊은 여성 교사들이 많이 힘들 수밖에 없는 구조죠. 그런데 저는 초등학교에 있어서 그런지 학생들과 대화를 통해 변화를 만들어갈 여지를 많이 느껴요. 중등교사와는 분명히 다른 여건에서 교육을 하고 있는 거죠. 중등교사와 초등교사는 같은 교사이지만 교육 활동에 대한 전혀 다른 접근과 관점이 필요하다고 생각해요. 우선 제가 경험한 초등학교 현장 위주로 말씀드릴 수밖에 없는데요, 대부분의 학생들이 언론이나 학교 밖의 많은 사람들이 우려하는 것처럼 행동하진 않아요. 언론에서는 학교나 사회 전반의 시스템이나 문화를 함께 짚기보다 교실의 자극적인 장면들을 지나치게 부각하는 것 같기도 해요. 물론 엄연한 현실이기도 하죠. 하지만 혐오를 학생들이 만들어내는 것은 아니거든요. 공기처럼 만연한 차별적 문화를 자연스럽게 체득하는 것뿐이죠. 초등학교에서는 1년 동안 교사가 학생들과 한 공간에서 생활하기 때문에 꾸준히 대화하면서 학급의 문화를 만들어갈 수 있어요. 학년이 올라갈 수록 또래관계가 매우 중요해지지만 그래도 초등학생 시기는 교사의 인정과 같은, 교사와의 관계도 중요하거든요. 차별이나 약자에 대한 감수성도 예민하고 정서적으로 유연한 때이기도 하고요. 그러나 지역이나 계층에 따라서는 보호자의 돌봄이 전혀 없이 방치되는 아이들이 있고, 그런 지역은 초등학생이라고 해도 유튜브 등에서의 혐오적 콘텐츠에 무방비로 노출되는 경우가 많아요. 소위 '학원 뺑뺑이'를 돌리며 학업적인 학대를 하는 것도 문제지만, 역설적이게도 그런 빡빡한 스케줄이 일종의 보호 장치가 되기도 하는 것 같아요. 보호자가 생계를 위해 장시간 노동을 해야 해서 방치되는 아이들의 경우에는 미디어나 게임의 여성혐오를 훨씬 빠르게 흡수하고, 콘텐츠를 비판적으로 수용할 만한 기회는 거의 주어지지 않죠. 그런데 그것도 한 해 한 해 달라지는 것 같아요.

김정덕 무엇이 달라지고 있는지요?

최현희 미디어 환경도 많이 변했고, 인터넷에 접속해 있는 시간이 절대적으로 많죠. 스마트폰이 널리 상용되기 전인 2008년에 환경이 열악한 학교에서 6학년 담임을 했어요. 그때만 해도 교사가 인터넷에서 흥미로운 정보를 선별해서 제공하는 역할을 많이 했던 것 같아요. 교사가 제안하는 다양한 활동이나 정보에 흥미를 느끼고 집중하는 아이들이 많았죠. 그런데 최근에 만나는 6학년 학생들은 확실히 달라요. 인터넷에 접속하고 그 공간의 문화를 익히는 속도에서 교사를 확실히 따돌리죠. 물론 이러한 변화를 그 자체로 부정적이다, 긍정적이다 논할 수는 없다고 생각해요. 세대에 따라 환경이 달라지는 것은 당연한 변화니까요. 다만, 인터넷이나 미디어를 통해 아동이 접하는 콘텐츠에 대한 사회적 가이드라인이 전무하고, 아이들이 노출되는 수많은 혐오 콘텐츠에 비해 교육이 전혀 이루어지지 않는 것은 문제라고 생각합니다. 이건 이전 세대에서는 겪어본 일이 아니기 때문에 시대의 변화에 따라 유연하게 바라보고 이전과 다른 방식으로 새롭게 대응해야 할 문제라고 생각해요.

이고은 아이들이 쉽게 접하는 온라인 미디어 문화가 정말 문제인 것 같습니다. 이런 상황에서 학교에서 미디어 리터러시 교육(좋은 미디어 콘텐츠를 선택적·비판적으로 소비하도록 하는 교육)이라든가 하는 어떤 대응책이 없습니까.

최현희 그런 교육이 전혀 없습니다. 학교가 현실을 못 따라가지요. 어떤 좋은 취지의 교육적 가치도 학교에 일방적인 지침으로 하달되는 순간 문서 작업으로 전락합니다. 더구나 학습량이 과다해 교육 과정이 완전히 꽉 차 있어요. 수업일수는 주 5일로 줄었는데 시수는 그대로예요. 학습량이 줄어들지 않았으니 (선생님이나 학생이나) 짧은 시간에 허덕이죠. 2014년 세월호 사건 이후 안전 교육을 의무화한다고 하는데, 시수는 이미 넘쳐서 끼워 넣을 시간이 없는 거예요. 그래서 초등학교 1학년생이 오후 두 시 반까지 학교에 남아야 하는 상황이 생깁니다. 그건 아동 학대에 가깝거든요. 그런 상황에서 페미니즘 교육을 의무화하고 일방적으로 성과를 요구하는 식으로 기존의 방식을 답습한다면 오히려 페미니즘과 가장 거리가 먼 페미니즘 교육이 되지 않을까 우려됩니다. 물론 그것만으로도 지금의 현실에서는 큰 성과일 수 있겠지만요. 학교의 관료적이고 비민주적인 시스템이나 모순과 억압이 페미니즘적인 성찰로 해체될 수 있어야 진짜로 페미니즘이 학교에서 제 역할을 하는 거라고 생각합니다. 학생들이 단순히 말과 글로 페미니즘을 배우는 게 아니라 학교의 문화와 교실의 공기 속에서 체득할 수 있어야 하죠. 우리가 민주주의를 글로 많이 배웠다고 해서 모두 민주 시민이 되는 게 아니잖아요.

이고은 아이들과 대화할 시간이나 여유가 너무 없겠습니다. 무너진 교권 운운하는 것도 결국 교육 현장의 시스템이 붕괴된 것 때문 아닌가 싶어요.

최현희 특히 중학교 선생님들이 힘들어하는 이야기를 많이 듣습니다. 이건 실제로 알고 지내는 중등교사가 들려주신 경험인데요. 복도 한편에서 남자아이들이 담배를 피우면서 여성교사들이 지나가도 전혀 위축되거나 신경 쓰지 않는다는 거예요. 용기를 내서 "학교에서 담배를 피우면 어떻게 하느냐"하고 말하니 선생님의 팔뚝을 휘어잡고 힘으로 제압한다는 거죠. 그 광경을 주변의 다른 학생들이 다 보고요. 그 와중에 남교사가 훈계하면 학생들도 조금은 조심하거든요. 벌써 성별 권력이라는 게 아이들 머릿속에 자리 잡고 있는 겁니다.

중학교에서 젊은 여성 교사는 또래에서 영향력 있는 남학생 밑에 있다고 봐도 돼요. 어느 집단에서나 약자들은 조직 내 권력 서열을 본능적으로 헤아려요. 사회심리학 용어로 '간파'라고도 하는데요. 학교에서 젊은 여성 교사의 위치는 아주 아래에 있는 거죠. 그리고 학생들과의 관계에서는, 이러한 위계를 남녀의 문제만으로 선명하게 나눌 수 없는 게, 남학생들이 여학생보다 성별 권력을 가지고 있는 구조는 분명하지만 그렇다고 모든 남학생들이 여학생보다 우위에 있는 것은 아니에요. 외모 자본이 있고 또래와 잘 어울리는 여학생들은 어떤 남학생들의 위에 있기도 하고요. 이러한 위계 속에서 소위 '남성성'에서 탈락한 남학생들이 '일베'가 될 가능성이 높죠. 다 그런 건 아니지만. 어떤 면에서 보면 학교가 사회의 혐오와 폭력을 방치하는 것뿐만 아니라 계속해서 재생산하고 있지 않은가 하는 생각이 듭니다.

김정덕 학교는 정말 사회를 반영하는 것 같습니다. 엄마를 '느금마'라 부르는 것 역시 사회가 '맘충'이라 부르는 것과 연결되는 것 같아요.

최현희 엄마를 '맘충'이라고 부르는 사회 속에서 아이들이 살아가잖아요. 엄마를 함부로 대하는 사회적 분위기를 (아이들이) 모를 리가 없습니다. '맘충'을 모른다고 해도 사회가 기혼 유자녀 여성을 어떻게 대하는지를 공기처럼 느끼고 있을 거예요. 아이들에게 엄마는 만만하고 쉬운 대상이라는 인식이 있고요. 엄마가 거의 육아를 전담하기 때문에 싫은 소리 하고 잔소리하는 존재가 대부분 엄마이기 때문인 것도 있죠. 아이가 힘이 없을 때 유일하게 힘을 행사하는 사람이 엄마라는 이름의 여성입니다. 초등학교에 가면 여성 교사가 대부분이니 아이들은 유년기에 거의 (권력을 가진) 여성에게 둘러싸여 있어요. 또한 어린 시절부터 아동혐오, 청소년혐오 등 어리고 약한 존재를 존중하지 않는 사회적 경험을 하기 때문에 혐오를 학습합니다.

김정덕 아이들이 경험하는 엄마의 상황도 최악인 것 같아요. 가사와 양육이 모두 엄마에게 전가되는 상황에서 사회적으로도 멸시의 대상이 되고요.

최현희 엄마들이 워낙 내몰리는 현실입니다. 아이를 인간답게 기를 여건은 만들어주지 않으면서 엄마를 찾고 모성을 강요하니 스트레스만 쌓입니다. 아이는 아이대로 압박을 받고요. 여성 보호자는 주어진 여건 안에서 최선을 다하면서도 늘 자책감에 시달려요. 체력적으로나 정서적으로나 평등하고 민주적으로 여유롭게 아이들을 대하기가 어렵다고 봐요. 결국 힘없는 아이를 다그치게 됩니다. 아이는 감정의 하수구라는 말이 있잖아요. 아이들은 표면적, 1차적으로는 사회적 약자인 엄마로부터 억압을 당하는데, 사실 사회가 여성과 아동을 존중하지 않기 때문에 사회적 억압이 아이에게로 전가되는 것이죠. 제 아이가 여섯 살인데, 아이와 함께 공공장소에 가면 눈치를 많이 보게 됩니다. 아이 울음소리를 견딜 줄 아는 사회라면, 카페나 기차 같은 공간도 아이들이 공공질서를 배울 수 있는 시민 교육의 공간이 될 수 있습니다. 그러나 아이의 작은 소음에도 여성 보호자가 스스로를 검열하고 아이를 단속하게 만드는 사회라면 엄마와 아이의 관계가 민주적이고 평화적이기 어렵죠.

김정덕 사회가 아이들을 학대하고 있다는 게 참 와닿습니다. 혐오가 만연한 사회에서도 학교가 다닐 만한 곳이라면 폭력이 재생산되지 않을 것 같은데 말이죠.

최현희 도심 지역은 학급당 학생 수가 40명 이상인 곳이 아직도 많아요. 학급 인원의 적정화는 학교 교육에서 정말 중요한 이슈인데 사회적으로 의제화되지도 못해요. 저출생 현상에 기대어 과밀학급은 방치되고 있는 거죠. 학급당 학생 수가 6~7명인 교실과 40명인 교실을 합쳐서 평균을 내고는 OECD 평균 학생 수를 살짝 웃도는 정도라고 여론을 만들어내요. 도심 지역의 반인권적인 과밀학급은 출생률로 학생 수가 자연 감소할 때까지 기다려야 하나요. 사실 그것도 자연스럽게 되지 않을 거예요. 출생률 급감이라는 여론을 바탕으로 교원 채용 인원을 감축하고 있거든요. 학급당 학생 수가 많으면 교사가 아이들 한 명 한 명과 인격적으로 만나기가 어렵고, 민주적이고 수평적인 교류를 하기도 어렵습니다. (그러다 보면) 아이들끼리 정글을 형성해서 약자가 생기고 혐오가 생깁니다. 학교 분위기 역시 아직 너무 군대식이에요. 공간도 너무 폭력적이고 규범적으로 설계되어 있지요. 시민의식을 기를 수 없는 공간이에요. 그런데 사회에서는 중요한 문제가 생기면 학교에서 풀어가고 해법을 제시하기를 바랍니다. 학교 역시 교사라는 노동자가 일하는 일터인데 그런 열악한 환경에서 교사의 노동 환경이나 교육 환경을 함께 논의하지 않고 학교에 사회적 이슈만 들이밀면 결국 관료화된 학교에서 문서 작업만 늘어나는 셈이지요.

이고은 결국 학교의 문제 역시 구조적인 문제를 풀지 않으면 답이 없을 것 같습니다. 학교, 어떤 시스템으로 만들어가야 할까요.

최현희 학부모들이 시야를 넓히면 좋겠습니다. 학교에서 학생들을 억압하고 폭력적으로 대하는 얼굴을 대부분 교사가 하고 있죠. 그래서 쉽게 교사를 비판하고 교사만 잘하면 그런 문제들이 해결될 거라 믿는 분들도 많이 계신 것 같습니다. 하지만 학교의 폭력적인 문화나 관습, 시스템 속에서 교사 개개인의 노력만으로는, 쉽게 말해 당장 내 아이의 교사가 좋은 사람이기를 기대하고 요구하는 것만으로는 학교가 변할 수 없습니다. 학교라는 관료화된 조직 안에서 열정을 가지고 아이들을 만나고자 했던 교사들 대부분이 몇 년 안에 초심을 잃고 무기력해지거나 폭력적이고 비민주적인 체제에 동화되고 매너리즘에 빠지기 쉬운 구조라는 걸 많이 느낍니다. 저 같은 교사는 매일매일을 투쟁하는 마음으로 출근해야 하고요. 그런 학교에서 좋은 교사를 만날 수도 있지만 못 만날 수도 있어요. 우리 교육 시스템에서 학생이 선생님을 잘못 만나는 일이 생기는 건 어쩌면 당연한 일이에요. 그리고 미미하겠지만 우리 아이가 안 좋은 선생님을 만나는 것은 결국 나 자신의 책임도 있어요. 나쁜 구조 속에서 교사들이 복무하고 있기 때문에 생기는 문제입니다. 그 구조를 바꾸는 것은 누구보다 교사의 몫이겠지만 사회의 구성원들이 모두 함께 관심을 갖고 노력할 일이라고 생각해요. 학부모들이 시야를 넓혀서 우리 아이 반에 학생 수가 30명 이상이면 당장 교육부나 교육청에 민원을 넣어야 할 문제라고 봐요. 교사의 자질을 떠나서, 교사 한 명이 학생 30명을 데리고 다양하고 인권적인 교육 활동을 하기는 어렵습니다. 교사들에게도 아이들과 소통하는 기쁨, 사회나 학부모로부터 받는 존중이 중요합니다. 지금은 그저 자가 동력으로 격려를 하는데, 그래서 얼마나 버티겠어요. 매너리즘에 빠지지 않고 열정을 발휘하기가 쉽지 않은 구조입니다.

김정덕 침묵하는 사회가 침묵하는 교육을 만드는 것 같다는 생각이 듭니다.

이고은 혐오 표현을 하거나 차별 행위를 하는 아이들에게 교사로서 어떻게 다가가는지 궁금합니다. 만약 내 아이가, 또는 주변의 아이가 그런 행동을 보이면 어떻게 대응해야 할까요.

최현희 아직 제 아이가 여섯 살이어서 부모로서 어떤 조언이나 제안을 드리는 게 조심스럽지만 교사로서는 말씀드릴 수 있을 것 같아요. 무엇보다 중요한 것은 아이와 친밀한 관계를 쌓아가는 겁니다. 아이를 인격적 존재로 존중하고, 따뜻하게 대하고요. 규범적인 가르침도 중요하지만, 진짜 중요한 걸 가르치기 위해서는 포기해야 할 것도 있는 것 같습니다. 지각

안 하고 숙제 잘하고 글쓰기도 성실하게 하면 좋겠지만, 그렇게 아이를 지치게 해놓고 인권, 혐오, 페미니즘 이야기를 할 수 없습니다. 이미 잔소리를 많이 해놔서 아이와의 관계가 친밀하기 힘들거든요. 아이가 바른 가치를 내면화하고 실천할 수 있도록 토양을 다지는 것이 교육에서 가장 중요해요. 그런데 그게 제일 어렵습니다. 아이들은 보호자나 교사를 선택한 게 아니고 이미 처음부터 그렇게 만나게 된 거예요. 그러면 아이들이 나를 믿을 만한 좋은 어른이라고 여기도록 행동해야 할 책임이 있죠. 부모나 교사라는 위치 자체가 저절로 존경심과 믿음을 주진 않을 테니까요. 보호자든 교사든 '아, 저 사람의 말을 듣고 싶다' '열심히 멋지게 사는 사람 같다' '매력이 있다' 하고 생각되는 사람이 "그런데 그 말(혐오 표현)에 대해 한번 생각해보자"라고 제안할 때 아이가 생각해볼 만한 문제라고 여기죠. 보호자는 교사보다 더 복잡할 것 같아요. 모든 생활을 같이하니 남에게 보이지 않는 서툴고 흉한 모습도 보이게 되고, 원치 않는 잔소리를 하게 되는 순간도 많을 거고요.

김정덕 페미니즘 교육이란 게 가정 안에서도 이뤄져야 하는 것 같습니다. 부모가 성평등 의식을 가지려면 어떤 노력을 해야 할까요.

최현희 너무 기본적인 말이지만 모든 인간이 다양한 차이에도 불구하고 동등하다는 인식이요. 그게 페미니즘이잖아요. 일체의 대상화나 타자화를 경계하고 일상의 작은 권력을 성찰하려는 노력이 중요하죠. 모두가 인간이 동등해야 한다는 건 알고 있어요. 하지만 일상에서 '여성' '청소년' '장애인' '동성애자' 등의 낙인을 쉽게 휘두르죠. 당사자인 여성도 자기혐오를 하고요. 내가 아는 것과 삶이 얼마나 연결되어 있는지, 내가 아는 것이 정말 나의 생각인지, 아니면 차별적이 관습 안에서 질문 없이 스며든 것인지, 그런 것들을 성찰하는 태도 자체가 아이들에게 큰 교육이 되겠죠. 학교에서 가정 교육의 중요성을 역설하는 교사들이 많이 있는데, 사실 저는 그 말에 전적으로 동의하지 않아요. 맞는 말이라서 더 위험해요. 상투적 진실이죠. 학교와 사회가 더 노력해야 합니다. 모든 아이들이 '정상가족'을 갖고 있지 않아요. 사회 경제적으로 양극화된 현실 속에서 모두가 이상적인 부모를 가질 수 없는 현실을 인정해야 합니다. 학교가 공공성을 갖고 (학생들이) 따뜻한 공동체와 문화를 경험할 수 있도록 해야지, 가족 이데올로기에 기대면 새로운 상상이나 앞으로 나아가는 길을 가로막게 될 것이라 봐요. 전업주부 엄마가 맛있는 간식 해주고 헌신적으로 아이를 돌볼 것을 당연하게 기대하는 정상가족 이데올로기 안에서는 아이의 모든 문제가 결국 엄마의 문제로 지목됩니다. 가정이 문제라는 말은 결국 엄마를 비난하는 말이 돼요. 이상적인 가정의 모습은 집에 있는 엄마를 그리는 건데, 우리는 이제 그런 시대로 못 돌아가요. 엄마도 일을 하는 시대인데 학교에서 더 이상 가정을 찾지 않았으면 해요.

이고은 정치하는엄마들은 페미니즘 교육을 응원합니다. 엄마들이 어떻게 행동에 나서면 좋겠습니까.

최현희 요즘은 맘카페 등 인터넷 커뮤니티가 활성화되어 있잖아요. 다들 불안하니까요. 다른 도시로 이사하면 인터넷 카페부터 찾는데, 이게 사실 여성의 유대감과 단결력이라는 생각이 듭니다. 재빠르게 네트워크를 구성하고 나눔을 한다든지, 서로 도울 수 있도록 연대하지요. 전 이게 정말 멋진 힘이라 생각합니다. 그런데 사회에서는 엄마들의 모임을 폄훼하지요. 남자들이 모임을 만들면 사회를 바꾸는 '개혁 연대'가 되지만, 여자들이 모이면 그냥 '맘카페'가 되는 거예요. 여성으로서 개인적으로 여러 문제를 겪고 역할을 요구받지만, 그런 문제들이 구조적으로 이해되지 않고 시댁의 문제, 남편의 문제로 개인화됩니다. 그래서인지 사회를 구조적으로 보지 못하게 하는 것들을 걷어내지 못하고 개인의 고통을 어떻게 표현해야 할지 언어로 찾지 못한 여성들도 많습니다. 저는 정치하는엄마들이 그런 여성들과도 연대하려는 마음으로 나섰으면 좋겠습니다. 힘들고 답답할 수도 있겠지만, 네트워크를 더 넓히고 더 많은 엄마들과 힘을 모았으면 합니다. 엄마들의 문제, 여성혐오의 문제를 해결하려면 아직도 더 많은 임계질량이 필요합니다.

교육

: 상생하는 미래를 위한 투자

글쓴이 | 임아영

내 아이는 세 살이지만 특권학교에 반대합니다

정치하는엄마들 회원들은 영유아를 둔 부모들이 많다. '82년생 김지영' 세대들이다. 그런데 왜 영유아를 둔 엄마들이 자사고·외고·국제고 등의 특권학교 폐지를 주장하는 특권학교 폐지 운동에 연대했을까.

82년생 김지영 세대도 좋은 대학에 가는 것을 목표로 십대를 지나왔다. 한국은 그런 나라니까. 그래도 1990년대 후반~2000년대 초반에는 고등학교 때만 열심히 해도 역전의 기회가 있었다. 그때라도 마음잡고 열심히 공부하면 좋은 대학에 가는 게 가능하던 때였다.

2007년 12월, 이명박 전 대통령은 자립형 사립 고등학교 (자사고)를 만들겠다는 공약을 내걸고 당선됐다. 민주 정권 10년 동안 기회의 평등을 얘기했던 평준화된 교육은 실패했으니 이제 다양화를 통해 교육의 질을 높여야 한다는 논리였다.

많은 사람들이 걱정했다. '교육의 수월성'이라는 기조, 다양화라는 미명 아래 이뤄지는 교육이 아이들을 성적순으로 가르는 도구가 될 것이라는 의심 때문이었다. 그래도 학교를 다양화하는 순기능도 있지 않을까 믿고 싶었으나 헛된 믿음이었다. 10년이 조금 안 되는 시간 동안 초중고등학교의 교육은 재구조화됐다. 2008년부터 도입된 자율형 사립고 정책[15]은 '명문고'를 탄생시켰다. 자율형 사립고 정책에는 2001년 도입된 자립형 사립고의 설립과 운영의 자율성을 더욱 강화한다는 의미가 담겼고, 이명박 전 대통령은 임기 동안 이를 전국에 100개까지 만들겠다고 밝혔다. 명문고가 많아지면서 초등학교 때부터 명문고를 향해, 대학 입시를 위해 달려야 하는 사회가 된 것이다.

그 이후 엄마가 된 정치하는엄마들은 내 아이의 미래를 걱정하게 됐다. 박근혜 전 대통령이 취임했으나 교육 정책의 기조는 달라지지 않았다. 언론에서는 10대 명문고의 순위를 매기는 기사가 보도됐다. 명문고를 가기 위해 초등학교부터, 아니 유치원·어린이집을 다닐 때부터 영어를 공부해야 하고, 사교육 없이는 명문고에 갈 수 없다는 기사를 보며 불안해했다. 이것밖에 답이 없으니 아이에게 경쟁의 구조에서 다른 사람을 누르고 이겨야 한다고 말하게 되면 어떡하나. 이곳에서 아이를 기를 수 있을까. 한국에 산다는 것은 교육에 대한, 교육에 의한 '불안'과 싸우는 일이다. 아이가 좋아하고 관심을 보이는 방면으로 도움을 주는 부모가 되고 싶다 말하지만 그 평범한 말을 실천하기가 쉽지 않은 사회. 좋은 일자리가 적고 임금 격차가 많이 나는 사회에서 교육은 곧 '생존'의 수단이 된다. 좋은 대학을 나와 대기업 또는 공사에 들어가거나 교사나 공무원이 되어 안정적인 연금을 획득하는 것 이외의 방법을 찾기 힘든 사회에서 우리는 아이를 어떻게 가르쳐야 하는 것일까.

2017년 4월 22일 이후 정치하는엄마들이라는 이름으로 부모들이 만나 가장 좋았던 것이 무엇이냐 묻는다면 주저하지 않고 답할 수 있다. '나와 비슷한 생각을 하는 사람이 이렇게나 많았구나. 다행이다'라고 생각할 수 있었던 것이라고. 텔방에서 이어지는 수많은 얘기 중에서도 교육에 대한 얘기는 늘 핵심이었다. 부모들의 불안을 먹고 덩치가 커지는 교육의 폐해가 사라지지 않으면 아이를 잘 키우기 어렵다는 사실을 다들 알고 있었다. 그러니 특권학교 폐지 운동에 연대 활동을 하게 된 것은 당연한 귀결이었다. 고등학교 진학을 10년, 15년 앞둔 영

© 강미정

초등학교 때부터 준비하지 않으면 좋은 고등학교에 가지 못하고,
좋은 고등학교에 가지 못하면 좋은 대학교에 갈 수 없는 구조. 모두가 그렇게 하니까
초등학생 때부터 공부와 학원에 시달려야 하는 뫼비우스의 띠.

유아를 둔 회원들이 많았지만 내 아이가 자라는 구조를 바꾸지 않는다면 이 아이들이 행복하게 클 수 없는 사회라는 것을 다들 공감했기 때문이다.

첫째가 다섯 살이 되어 유치원에 입학하자 몇몇 엄마들이 물었다. "영어는 언제부터 시킬 거예요?" 초등학교 전에는 영어 교육을 시킬 생각이 없던 나는 머뭇거렸다. 다들 어릴 때부터 영어를 배우는 문화를 익히 알고 있으니까. 아이의 친구 중 한 명은 주 5일 영어 학원을 다닌다고 했다. 이제 겨우 다섯 살인 아이가 매일매일 영어 학원에 가는 게 괜찮은 걸까. 그러면서 바로 불안이 따라왔다. '우리 아이만 이렇게 무방비 상태여도 괜찮을까. 소외되거나 뒤떨어지지 않을까.' 그러다 이내 화가 났다. 어째서 아이들에게 뭐라도 주입하지 않으면 불안해하는 사회가 되고 말았는가.

"내 아이는 세 살이지만 특권학교에 반대합니다." 2017년 7월, 우리는 특권학교 폐지 운동의 연대 활동을 시작했다. 촛불 시위, 1인 시위가 이어졌다. 조성실 공동대표는 집회에 나가 다음과 같이 발언했다.

'0세 사교육'이란 말, 언론을 통해 한 번쯤은 접해보셨으리라 생각합니다. 다들 그렇게까지 심각한 수준의 사교육을 시키진 않더라도, 출산도 하기 전인 임신 기간부터 상당수의 엄마들이

극심한 경쟁 상황에 노출됩니다. 좋은 엄마가 되고 싶은
열망은 이를 위한 교육과 정보를 이미 대체해버린, 끊임없이
소비와 경쟁을 부추기는 마케팅에 의해 변질됩니다. 사회가
규정하는 좋은 엄마란, 아이를 잘 먹이고 입히고 가르쳐 좋은
대학에 보내고 좋은 직장을 갖게 하고, 또 좋은 배우자를 만나
좋은 가정을 이루게 하는 역할 정도이기 때문입니다.
문제는 여기서 말하는 '좋은'이란 수식어의 진짜 의미가
무엇인지에 있습니다. 우리는 좋은 엄마라는 이름 뒤에,
지옥 같은 경쟁에서 아이가 살아남도록 스케줄을 관리하고
유능한 학원을 알아내는 매니저와 같은 엄마의 역할을
숨겨두고 있습니다. 누구나 알지만 누구도 입 밖으로 꺼내지
않습니다. 좋은 학교 역시 마찬가지입니다. 이웃의 손을 잡고
아픔에 공감하고 공동체의 성숙과 미래를 배우는 참교육의
장이 아닌, 그야말로 좋은 입시 결과를 내놓고, 배경과 경제적
지위 등을 기반으로 잘 걸러진 아이들이 모여 있는 새로운
카르텔을 가리켜 흔히들 '좋은 학교'에 들어갔다고 이야기
합니다.

(…)

과연 이러한 삶이 정상일까요? 교육의 계층 간 이동 사다리
효과는 미비하다는 연구 결과들이 나오고 있는데, 사교육
시장의 연쇄 사다리 효과는 이렇게 더 공고해지고 있습니다.

이웃 아이들을 보면 서너 살 때부터 영어, 한글, 수학, 가베[16] 등등의 사교육이 시작됩니다. 심지어 0세 아이들이 다니는 문화센터에서조차 돌봄과 놀이 그 자체에 의미를 두지 못하고 수많은 사교육 강좌들이 쏟아집니다. 이제라도 진정한 의미의 비정상의 정상화가 필요하다고 생각합니다. 이를 위해 젖먹이 아이들을 업고 안고 엄마들이 오늘 이 자리에 나왔습니다. 우리 아이들이 살아갈 세상은 우리가 상상하지도 못한 4차 산업혁명의 시대가 될 것입니다. 그런 세상에서의 생존력은 끊임없는 경쟁과 상대평가로 꽃피울 수 없습니다. (…) 욕망처럼 보이는 그 이면에 강력한 불안이 도사리고 있습니다. 1퍼센트가 되지 못하면 절벽으로 떨어질 거란 위기감이 우리 아이들과 학부모를 살인적이고 비상식적인 경쟁 속으로 몰아넣고 있습니다. 영유아 부모들도 예외가 아닙니다. 그런 의미에서 이것은 선배들의 일이 아니라 나의 일입니다.

한국에서 사교육을 하지 않을 용기를 낸다는 것

특권학교 폐지 운동 연대 활동에 적극 나섰던 또 다른 회원은 조은아 언니였다. 고1, 고3 두 딸의 엄마인 은아 언니는 연대체 회의에 참석할 회원을 찾는다는 말에 제일 먼저 손을 들었다. 그는 이명박·박근혜 정부의 교육 정책하에서 아이들을 키웠다.

이명박 정부 때 우리 아이가 고등학교를 입학해야 했다면
엄청 고민했을 것 같아요. 과학고와 외고만 있었던 시절과
달라져서 상위 20퍼센트 정도는 자사고에 갈 수 있었으니
초등학교, 중학교 때부터 일반고에 지원하겠다고 목표를
세울 수 없는 구조예요. 잘하는 아이들이 자사고에 목매면서
일반고는 슬럼화됐죠. 다행히 저희 아이가 고등학교에 갈 때는
그 분위기가 좀 누그러졌어요.

그러나 연대체 회의에 참석하려는 이유가 자신의 아이들
때문만은 아니었다. 회사를 그만두고 초등학생들에게 그룹 과
외로 영어를 가르칠 때였다.

우리 동네가 동작구 신대방동이에요. 전 암기식이 아니라
활동하면서 재밌게 배우는 방식으로 영어를 가르칠 거니까
그 방침에 동의하는 분들만 아이를 보내달라고 했어요.
그런데도 학생들이 최소한의 숙제도 내줄 수 없을 만큼 바쁘게
살더라고요. 밤 열 시, 열한 시까지 학원에 있는 아이들도 있고,
여덟 시 전에 학원을 마친다 하더라도 수학·영어·논술

숙제를 하면 밤 열두 시가 되는 거예요. 그게 극소수가 아니라 대다수였어요. 학대 수준의 삶을 사는 거예요. 그런데 현재 한국 사회에서는 일단 부모가 되면 그걸 학대로 인식하기 어려워져요. 모두가 그렇게 사니까.

한국 아이들은 쉴 시간이 없다. 고등학교 때만 대학 입시를 준비해도 되던 시대는 초등학교 때부터 시작해 좋은 고등학교에 가야 좋은 대학을 갈 수 있는 시대로 나빠졌다. 그 중심에 자사고 정책이 있었다. 초등학교 때부터 준비하지 않으면 좋은 고등학교에 가지 못하고, 좋은 고등학교에 가지 못하면 좋은 대학교에 갈 수 없는 구조. 모두가 그렇게 하니까 초등학생 때부터 공부와 학원에 시달려야 하는 뫼비우스의 띠.

2017년 5월, 대통령이 바뀌고 교육청의 자사고 지원 시스템도 바뀌었다. 자사고와 일반고를 동시에 선발하기로 한 것이다. 이전에는 과학고에 지원한 뒤 자사고에 지원하고, 그 뒤에 일반고에 지원할 수 있었다. 자사고에 지원했다가 떨어지면 일반고에 지원할 수 있었으므로 많은 학생들이 자사고 시험을 준비했다. 그러나 바뀐 시스템에서는 자사고와 일반고 학생을 동시에 선발하기 때문에 자사고에 떨어질 경우 일반고 내에서 선택의 여지가 없다. 남는 자리 중 어딘가를 배정받아야 하는 것이다.

그런 리스크를 안고 자사고에 지원할 학생이 많을까요?
자사고 학생 선발을 일반고와 동시에 하겠다는 것은 사실상의
자사고 폐지죠.

은아 언니는 두 딸에게 사교육을 시키지 않았다. 많은 부모가 아이들이 원하지 않는 사교육을 억지로 시키고 싶지 않아 하지만 왜 영어 학원을 안 보내느냐는 주변 사람들의 말에도 귀가 팔랑거리는 게 사실이다. 은아 언니는 이런 불안을 어떻게 이겨냈을까.

직접 전화해서 다짜고짜 학원에 안 보내는 이유가 뭐냐고 묻는
엄마들도 있었어요. 믿는 구석이 많은 것 아니냐, 청담동
며느리여서 빌딩이 몇 채 있는 것 아니냐는 말도 들어봤어요.

은아 언니는 아이들이 대학에 진학하지 않아도 된다고 생각해서 사교육을 하지 않은 것은 아니었다. 어릴 때는 공부가 전부인 것 같지만 살다 보면 스스로 노력해서 성취해본 경험이 자신을 움직인다는 것을 알게 되지 않는가. 그 경험이 호기심을 만들고 자신감도 만들어준다. 은아 언니는 아이가 그런 성취의 경험을 해보기를 바랐다. 계획을 짜보기도 하고 계획대로 잘되지 않으면 방법을 바꾸기도 하면서 스스로 성취해보는

'꿀맛'을 엄마가 빼앗아서는 안 된다고 생각했다. 공부조차 스스로 성취하지 못하면, 인생의 수많은 선택의 순간들에 자신이 선택한 게 없다면 그다음 단계의 욕망을 어떻게 만들어낼 수 있을까.

제가 아이를 키울 때는 초등학교 4학년 성적이 아이의 인생을 좌우한다고 했어요. 저도 혼란스러울 때가 많았죠. 저보다 열 살 많은 막내 이모의 조언이 많은 도움이 됐어요. 저희 아이들보다 다섯 살 많은 아이를 키우셨는데, "고3이 되면 어릴 때 애 성적 가지고 난리 친 건 상관없다"라고 하시더라고요. 공부를 잘하는 건 어릴 때 사교육이 좌우하지 않는다는 거예요. 그래, 내 생각이 맞구나. 그렇게 귀 닫고 눈 감고 산 거나 마찬가지예요.

물론 처음부터 그랬던 것은 아니다. 첫째가 초등학교 3학년이었을 때 간 학교 상담에서 선생님은 '아이가 먼 산을 볼 때가 많다'는 얘기를 했다. 당시 피아노, 태권도, 영어 학원을 다닌 아이는 오후 여섯 시가 되어서야 하루 스케줄이 끝났다. "아이는 별로 궁금하지 않은데 학원을 다니고 있는 건 아닌가요." 선생님의 말에 망치로 얻어맞은 것 같은 기분이 들었다고 한다. 분명 다 아이가 하고 싶다고 해서 시켜준 건데. 아니었다.

아이가 간절히 원한 것은 아니었다. 엄마가 먼저 "이거 해볼래?" 하면 "응, 해볼래" 하는 수준이었는데 학원을 세 군데나 다닌 거였다.

상담에서 돌아와 아이들에게 선포했다. "너희들이 '하고 싶어 죽겠다' 정도가 아니면 다 그만둬도 돼." 첫째는 피아노 학원은 계속 다니고 태권도는 1단까지만 따고 그만두겠다고 했다. 영어 학원은 바로 그만뒀다. 그때부터 일체 간섭하지 않았다. 그리고 깨달았다. '아이들은 멍 때리는 시간이 필요하구나. 그 생각을 못했구나.' 그때부터였다. 퇴근하고 돌아오면 아이가 털실, 이쑤시개로 패턴을 만들고 택배 상자로 퍼즐 모양을 만들어놓기 시작했다. 놀라웠다. 아이들에게도 시간이 필요했던 거였구나. 확신할 수 있었다.

> 피아노든 태권도든 처음에는 재밌다고 시작하지만 나중에는 엄마 입장에서 시간 때우기가 좋으니까 하게 돼요. 만성적으로 보내게 되는 거죠. 중간중간 점검이 필요해요. 엄마가 '내 아이가 피아노를 잘 쳤으면 좋겠다'는 식으로 아이를 떠미는 것은 아닌지, 아이의 상태를 점검하고 또 엄마 마음의 상태도 점검하는 거죠.

혼자가 아니란 게 좋았어요

아이가 학원에 가지 않으니 다른 문제가 생겼다. 친구를 만날 시간이 없는 것이다. 모든 아이들이 학원에 있기 때문이다. 대책은 친구들 스케줄을 꿰는 것. 한 친구가 오후 네 시에 영어 학원에 갔다가 돌아온 뒤 삼십 분 뒤에 수학 학원 차를 탄다면 그 삼십 분 동안 놀이터에 나가서 노는 식이었다. 아이가 하기 싫다고 말할 때 바로 '알았다. 그만두자'고 말하는 게 과연 좋은 교육인지도 고민이 됐다. 공부든 뭐든 포기하고 싶은 순간이 왔을 때 그걸 뛰어넘고 좋은 결과를 얻어내는 것도 중요한 문제였다. 그 과정에서 스스로 만들어내는 성취감과 끈기가 인생의 공부가 된다는 걸 알고 있으니까. 순간순간 열심히 고민하는 수밖에 없었다.

조은아 언니는 특권학교 폐지 운동 회의에 꾸준히 나갔고 1인 시위의 차례가 올 때마다 나가서 피켓을 들었다. 청와대 앞에서 시위를 할 때 한 가족이 지나가면서 이런 말을 했다. "맞아, 특권학교 당장 없어져야 돼." 은아 언니는 시위를 나가면서 깨달았다. '나와 비슷한 생각을 하는 사람들이 많구나.' 동네에서는 사교육을 하지 않는 부모가 자신뿐이었다. '별난 사람'이라는 시선은 개의치 않았지만 외로웠는지도 모르겠다. 특권학교 폐지 운동을 하면서 자신이 혼자 별난 생각을 갖고 있는 게 아니라 이게 옳은 방향이라는 확신을 갖게 됐다. "그래, 이게 맞잖아. 제가 생각해온 방향이 맞는 거라는 확신, 그리고 작은 거라도 일조할 수 있다는 게 좋았어요."

또한 서울시 교육청에서 단체의 의견을 반영하는 것을 보면서 감동도 받았다.

> 자사고 문제 하나로 교육이 쉽게 바뀌지 않는다는 것은 알아요. 교육 문제가 아니라 산업 문제죠. 대기업을 못 가면 수입이 절반밖에 안 되니까요. 입시 제도로 모든 걸 바꿀 수 없지만 '입시 제도 바꾼다고 달라지는 거 없으니까 안 돼' 하는 게 아니라 '하나씩 바뀌가면 나아질 텐데'로 생각이 전환됐고, 여기에 하나 더 보태자면 운동을 통해 정말 뭔가가 바뀔 수 있다는 걸 알게 됐어요. 변화를 목격하니까 희망이 생겼고 이렇게 조금씩 바뀌가면 10~20년 안에 한국 사회가 우리가 원하는 수준까지 바뀔 수도 있겠다, 그런 생각을 했어요.

사교육을 확신으로 하는 사람이 얼마나 될까. 아마도 남들이 하니까 따라 하거나 우리 아이만 뒤처질 수 없다는 생각으로 하는 사람이 대부분일 것이다. '이건 아니지 않나' 하는 생각이 들어도 '아무것도 안 하면 어떡해'라는 불안으로 대세를 따르는 사람들. 우리가 조금씩 변화를 만들어내면 새로운 방향으로 흘러갈 수 있지 않을까.

당신의 아이가 곧 나의 아이입니다

그런데 말이다. 왜 사교육에 몰입하는 가정의 문제는 '엄마의' 문제로만 치환될까. 강남 엄마, 목동 엄마, 그리고 돼지 엄마[17]까지. 아이를 학원에 보내고, 아이가 공부할 교재를 선택하고, 적성을 묻고, 미래를 걱정하는 것이 모두 '엄마만의' 일인가. 아빠들의 목소리는 어디로 사라졌을까. 정치하는엄마들은 이 문제에 대해서도 근본적인 질문을 던진다.

우리는 가부장제가 해체되어야 모두가 행복해진다고 믿는다. 아이들의 행복도 거기서부터 다시 정의되기를 바란다. '82년생 김지영 세대'로 지칭되는 여성들은 어릴 때부터 남성과 똑같이 일할 수 있는 시대가 됐다고 배웠다. 그러나 30여 년이 지난 지금도 사회는 변하지 않았다. 생산 노동과 육아를 겸하다 소진 상태인 '워킹맘'이 되거나 육아 때문에 노동 시장에서 탈락해 집으로 돌아간 '경단녀'가 되거나. 어떤 엄마들도 행복하지 않다. 그러나 엄마들만의 문제는 아니다. 육아에서 소거된 아빠들의 이야기이기도 하다. 급속한 경제 성장 시대, 야근이 당연했던 시대, 가정 경제를 혼자 짊어져야 했던 아빠들의 이야기이기도 하다.

이제 재생산 영역, 돌봄 영역에 대한 이야기를 공적인 영역으로 끌어내야 한다. 엄마들이 언제까지 아이들의 성적에서 자기 정체성을 찾아야 하는가. 사회는 언제까지 아이의 성적을 엄마의 성적으로 치환할 것인가. 교육 문제는 이 매듭을 풀어야 풀릴 수 있다. 그러니 엄마들의 삶에 질문을 던지는 게 시작이다.

정치하는엄마들은 '좋은 엄마'의 모습을 삶과 운동으로 보여주려 한다. 좋은 엄마는 어떤 존재일까? 2017년 5월, 정치하는엄마들의 구호를 정할 때 '아빠를 집으로 돌려달라'는 말을 내놓았다가 부끄러워진 적이 있다. 어떤 언니가 "저는 싱글맘"이라고 자신을 소개했기 때문이다. 무의식적으로 정의하고 있던 '정상가족'의 전제가 드러났을 때 내가 얼마나 사회를 좁게 보고 있는지를 깨닫고 창피했다. 그러나 언니들이 있어서, 혼자가 아니니까, 좀 더 나은 존재가 되고 있다고 믿게 됐다. 우리는 매일 텔방에서 이야기하며 좀 더 좋은 사회를 꿈꾼다. '모두가 엄마다'라는 우리의 구호는 '당신의 아이가 곧 나의 아이다'라는 문장으로 연결된다.

진짜 무릎을 꿇어야 할 사람들

2017년 9월, 강서구 특수학교 문제에서 장애아 부모들이 비장애아 부모들 앞에서 무릎을 꿇고 학교 설립을 원한다고 울부짖었을 때 정치하는엄마들의 회원들은 텔방에서 목소리를 높이고 있었다. 진짜 무릎을 꿇어야 할 사람들은 누구일까. 언니들은 분노했다.

> 강서구 특수학교 설립, 연대 서명 합시다

> 해요 우리

> 해요 우리2

> 해요 우리3

우리 역시도 장애에 대한 사회적 교육을 받지 못했음을 고백하며 어떻게 연대하면 좋을지에 대해 의견을 모았다. 분리교육 반대, 전담 교사 확충, 통합 교실 등 다양한 의견이 나왔고 결국 통합교육팀이 꾸려졌다. 어릴 때부터 장애인과 비장애인이 함께 어울릴 수 있는 사회. 내 아이는 그런 학교, 그런 사회에서 자라나길 바라는 마음이 연대의 시작 아닐까.

아이를 낳고 보니 아이를 낳아야 어른이 된다는 말은 사실 틀린 거였다. 성장하기 위해 노력하는 것은 아이가 있든 없든

다르지 않다. 오히려 아이를 낳았기 때문에 자연스레 나아질 수 있다는 말을 경계해야 한다. 아이를 낳고 나니 다만 아이의 세상이 보인다. 그 시절의 작은 아이가 되어보는 경험. 그 작은 아이들이 장애가 있다는 이유로 학교가 만들어져서는 안 된다는 어른들과 싸우고 있다면, 그게 내 아이의 일이라면, 엄마들은 같이 싸우지 않을 수 없다. 정치하는엄마들은 '모두가 엄마', '당신의 아이가 내 아이'라는 생각으로 만났으니까.

세상은 한꺼번에 나아지지 않는다. 그래도 나아지게 만드는 사람 옆에 있고 싶다. 혼자서는 어렵고 두렵지만, 함께라면 꾸준히 목소리를 낼 수 있지 않을까. 오늘도 '육출(육아 출근)'로 정신없지만 우리는 대화를 나누고 행동한다. 우리의 아이는 우리가 사는 사회보다 조금 더 나은 사회에서 살기를 바라기 때문이다. 그러니 오늘도 힘을 낸다. 집단모성이 세상을 바꿀 거니까.

공동체

: 연대의 힘

글쓴이 | 조성실

아무도 가르쳐주지 않은 '엄마의 길'

엄마로서의 삶이 이렇게 힘들 줄 몰랐어요. 왜 아무도 가르쳐
주지 않았을까요? 아이를 낳고 친정 엄마를 원망했어요. 왜
진작 가르쳐주지 않았냐고요.

누군가 던진 이야기에 또 다른 누군가가 답했다.

미리 알려주면 아무도 안 낳는다고 할까 봐 그런 거 아닐까요?

육아는 그야말로 신세계다. 몹시 고단하면서도 몹시 행복할 수 있고, 나의 이름 석 자를 잃은 것 같아 우울하다가도 엄마라는 이름이 없이는 더 이상 나를 설명할 수 없는 상태가 된다. 엄마가 되어 겪은 사회적 부조리에 분노하다가도 엄마이기에 향유할 수 있는 희열에 전율하는 자리. 이 모든 모순이 엄마의 자리에서 일어난다. 그리고 이러한 모순 위에서 많은 이야기가 오독된다. 엄마의 문제를 이야기하면서 정치·사회적 해결을 도모해야 한다고 주장하면 엄마로서만 느낄 수 있는 행복을 아직 몰라서 그런 건 아니냐고 되묻고, 아이를 낳고 키우는 일이 이렇게나 어렵고 힘든지 몰랐다고 이야기하면 아이들이 얼마나 소중한 존재인데 그 정도 희생도 감수하지 못하느냐는 답이 돌아온다. 공교육에서 생애 주기에 대한 실질적인 교육을 받지 못했다고, 알려주면 다들 출산 파업을 강행할까 봐 그랬나 보다, 하고 뼈아픈 농담을 던지면 대체 사회가 언제 너희를 속였느냐고, 엄마의 인생을 봤으면서도 여태 그걸 몰랐느냐는 지탄이 돌아오기도 한다.

정치하는엄마들의 바탕엔 아이와 함께 겪은 사회적 약자의 경험에서 비롯된 설움도 있지만 아이가 선사해준 생명력의 경이로움에 대한 열망도 있다. 함께 아이를 낳았으니 함께 돌보자고, 이 아이들 각자가 한 사람의 오롯한 인간으로 존중받아야 한다고, 동시에 엄마가 된 "나도 똑같이 중요"[18]한 사람이라는 엄마들의 주장은 생명의 경이로움을 함께 누리자는 요청이며 함께 돌보면 우리 사회가 바뀔 수 있다는 초대의 말이기도 하다.

엄마로서 겪었던 어려움을 이야기할 때마다 빠지지 않고 등장하는 이야기는 '아무도 가르쳐주지 않았다'는 것이었다. 많은 엄마들이 엄마가 된다는 것의 진짜 의미를, 엄마가 해야 하는 구체적인 역할을 누구에게도 제대로 배운 적이 없다고들 했다. 엄마가 된 이후의 삶이 어떻게 변할지에 대해 예측하지 못했기에 막상 엄마가 되고 나서 모든 것이 낯설고 당황스러웠다는 이야기에 너도나도 공감했다.

누군가에게는 납득하기 어려운 얘기일지도 모른다. 아니, 수십 년 동안 가장 가까이에서 엄마의 삶을 보고 자랐으면서 출산 이후에 일어날 변화를 예측하지 못했다고? 의아할 수도 있겠다. '여풍', '알파걸'과 같은 신조어가 언론에 오르내리고, 여성의 대학 진학률이 남성을 앞서는 시대를 살아온 이들에게 엄마가 될 '나'와 '나의 엄마'는 전적으로 다른 존재였다. 교육 기회에서 소외됐던 엄마 세대의 연장선에 교육에서 물러날 이유가 없었던 자신의 삶을 나란히 놓고 엄마인 '나'를 예측한 사람은 거의 없을 것이다. 또한 입시 위주의 교육으로 생애 주기에 관해 현실적으로 배울 기회를 갖지 못했으며 돌봄에 대한 실질적인 이해도 없었다는 반성과 아쉬움이 이어졌다. 대가족 시대와는 다르게 돌봄을 간접적으로 경험하고 배울 기회도 없을뿐더러 대학 입시와 취업 공부만 했지 부모가 될 공부는 전혀 해본 적 없는 상태.

출산 축하금과, 양육수당, 출산 축하 선물을 받지만 정작 부모로서 어떤 역할을 하는지에 대해서는 공식적인 도움을 받을 수 없는 현실에 대해 당혹감을 털어놓는 이들도 있었다. 생물학적인 지식으로만 '임신-출산-1차 성징-2차 성징'을 배울 것이 아니라, 외국의 수업처럼 수시로 우는 아기 인형을 데리고 다니며 육아를 간접적으로라도 경험해봤더라면 달랐을 거라고도 했다.

이러한 얘기들은 자연스럽게 정책에 대한 아이디어로 이어졌다. 고운맘카드(국민행복카드)[19]를 지급할 때 부모 교육을 선행하도록 의무화하면 어떨까, 사업장 법정 의무 교육의 일환인 성폭력예방 교육을 성 교육, 부모 교육, 돌봄 전반에 관한 교육을 포함한 성평등 교육으로 대체하면 어떨까. 공공 기관이 부모 교육을 제공하고, 이를 이수하기 위해 휴가를 낼 경우 공가로 처리할 수 있도록 법안을 마련하면 어떨까에 이르기까지. 이왕이면 교육 시기는 아이가 태어나기 전이 좋겠다는 이야기도 나왔다. 태어나는 순간부터 끊임없이 도움을 필요로 하는 아기를 누군가에게 맡기고 교육을 받으러 간다는 게 얼마나 어려운 일인지 다들 알고 있었기에 여기저기서 고개를 끄덕였다.

정부가 발간한 「제1차 아동 정책 기본 계획」에 따르면, 미국의 경우 모성 및 영유아 가정방문서비스를 통해 5세 미만의 아동이나 임신부를 대상으로 가정방문서비스를 진행한다. 호주의 경우 부모 역할 웹 센터Rasing Children Network: the Australian Parenting Website를 통해 자녀 연령별 부모 역할에 대한 안내[20]와 부부의 부모 역할 지원 정책에서 고려해야 할 사안들[21]에 대해 제공한다. 대만은 2003년 제정된 가정교육법을 통해 고등학교 이하의 학교에서 매 학년 정식 교과 과정 외에 4시간 이상의 가정 교육 과정과 활동(행사)을 실시하여, 학생들이 부모 교육·자녀 교육·성별 교육·혼인 교육·한부모 교육·윤리 교육·가정 자원과 관리 교육 등을 받을 수 있도록 하고 있다. 한국 역시 이러한 흐름에 맞춰 가정방문서비스, 원스톱 양육 정보 제공 등 부모 교육을 강화하겠다고 밝혔지만 정책 수요자의 체감도는 매우 낮은 수준이다.

정치하는엄마들의 함께교육팀은 이에 대한 아이디어를 보다 구체화하고 있다. 주요 키워드는 성평등 교육이다. 공교육에 성평등 교육을 포함시켜, 노동 집약적일 수밖에 없는 돌봄 노동의 특성과 가치를 교육하고, 간접 경험의 기회를 제공함으로써 출산과 육아가 엄마만의 일이 아니라 부모와 사회가 함께 해나가야 하는 일이란 걸 자연스럽게 배울 수 있도록 해야 한다는 것이 골자였다.

공교육 내 성평등 교육의 도입은 출산과 육아 문제뿐만 아니라 여성혐오 문제의 대안으로도 연결되고, 그러한 교육 과정에 포함될 돌봄에 대한 이해는 영유아뿐 아니라 노인 문제와도 연결된다. 또한 성평등 교육은 입시 위주의 경쟁에 치우친 교육 현장에서 돌봄과 생애 주기, 인권을 아우르는 인간 본연의 가치에 대해 질문하고 재고할 계기가 될 수 있다고도 보았다.

OECD 사무총장인 앙헬 구리아는 "한국과 일본 모두 부모 휴가나 보육 정책이 개선돼왔지만 직장 문화는 여전히 긴 노동시간, 유급과 무급 노동에서의 성불평등이 지속되고 있다"라며 "이런 성불평등에 맞서 가족 친화적 정책과 직장 문화를 만드는 게 개인과 가족의 웰빙 및 경제 성장, 지속 가능한 사회 발전에 중요하다"라고 말했다.[22] 통계 석학 한스 로슬링 카롤린스카 역시 저출산 문제의 핵심을 '남성중심의 가부장적 사고'에서 찾았다. 실제로 이행의 계곡 이론The valley of transition[23]은 저출산 현상을 설명하기 위해 자주 활용된다. 스웨덴, 프랑스, 네덜란드, 핀란드, 노르웨이 등 성평등주의 정책을 편 국가들의 경우 저출산의 늪을 탈출한 반면, 그렇지 않은 한국, 일본 등의 경우 더욱 빠른 속도로 초저출산 국가를 향해가고 있다.

함께교육팀은 오프라인 소모임 및 시민단체들과의 연대 활동을 통해 구체적인 입법 활동 및 교육 체계 개편을 이어갈 예정이다.

'아이 키우는 데 온 마을이 필요하다'는 말의 공허함

'아이 키우는 데 온 마을이 필요하다'는 아프리카의 속담이 있다. 육아에 가장 필요한 건 무엇일까? 정치하는엄마들은 답한다. 그건 바로 시간과 공동체라고. 그러나 오늘의 육아는 돈으로 시작해 돈으로 끝난다. 정부의 지원 역시 좋은 공동체를 만들고 양육자들의 시간을 확보해주는 방향으로 예산을 쓰기보다는 같은 예산을 단순히 돈으로 지급하는 데 치우쳐 있다. 앞서의 보육 부분에서 언급한 것처럼 보육 생태계를 구축하고, 육아 공동체를 만들고, 아이와 부모가 함께할 시간을 보장해주기 위해서 결국은 돈이 필요한 게 사실이다. 그러나 그 돈을 어떻게 쓰느냐에 따라서 효과는 완전히 달라진다. 어떤 정책은 '육아=돈'이란 등식을 강화시키지만 좋은 정책은 육아하기 좋은 공동체를 만들고, 육아할 수 있는 시간을 선물한다.

현재 우리 사회의 임신-출신-육아는 개인적이고 상업적인 방식으로 굴러간다고 해도 과언이 아니다. 엄마들은 산후조리와 모유 수유에서부터 시작해 자녀 양육 전반에 대한 정보를 사설 기관을 통해 얻고, 문화센터·마트·백화점·키즈카페 등에서 사람을 만난다. 부족한 육아 기술과 정보는 시장에서 비용을 지불하고 이용해야 한다. 여러 형태의 정부 지원이 있지만 시장의 속도를 따라가지 못한다. 관련 시장은 커져만 가고,

더 많은 돈을 쓰는데도 사람들은 아이를 키우는 데 돈이 부족하다고들 한다.

한편 엄마들의 독박육아를 이야기하면 "지금이 어느 땐데" 하는 타박도 들려온다.

> 지금 우리가 공직 사회, 특히 일반 공무원 임용 시험이나 이런 과정에서 저는 여성이 차별받고 있는지에 대해서 일단 확인이 좀 필요하다고 보고요. 저는 차별받고 있지 않다고 생각이 드는데, 이것은 정확하게 실력으로 뽑는 것 아니겠습니까? 저는 지금 그렇게 이해를 하고, 그래서 특정 전문 분야 같으면 오히려 여성들이 훨씬 더 두각을 많이 나타내는 그런 것이 사법 고시나 또 국립외교원이나 이런 부분에 있어서 여성 우위 현상이 뚜렷하게 나타나고 있는 것으로 이렇게 제가 알고 있고요.
>
> — 제352회 국회(임시회) 제5차 헌법개정특별위원회
> 제1소위원회 회의록 중 개헌특위 소속
> 국민의당 이태규 의원의 발언

개헌특위 위원들이 국민 의견 수렴용 설문 12번에 해당하는 성평등에 관해 나눈 토의 내용 중 일부다. 정말일까? 개헌특위 의원들이 여성 우위 현상에 대해 논하는 순간에도 대

한민국은 OECD 회원국 중 성별 임금 격차가 가장 뚜렷한 나라다.[24] 한국이 37퍼센트 수준의 성별 임금 격차를 보일 때 OECD 회원국 평균은 16퍼센트, 룩셈부르크는 4퍼센트 수준에 불과했다. 임신·출산·육아로 인한 여성의 경력단절 현상 역시 사회의 주요한 문제 중 하나다. 현실에선 엄마 2명 중 1명이 첫 아이 출산과 함께 일터에서 잘리고, 2017년 한 해 동안 직장에 다니는 여성들 중 1만 5천여 명이 '마의 기간'이라 불리는 자녀의 초등학교 입학기를 전후해 회사를 그만두었다.

이런 격차는 왜 발생할까? 대학 입학률·고시 합격률 등 여성의 사회 진입률은 공적 데이터로 추산되지만, 출산·양육으로 인한 여성의 사회 이탈은 여전히 개인의 문제로 치부되고 있기 때문이다. 차별적 노동 환경을 포함해 산적한 과제들은 여성의 사회 진입률과 같은 공적 데이터에 가려져 착시 효과를 일으킨다. 대한민국에서 임신·출산·육아란 이렇게도 여전히 사적인 일로 남겨져 있다.

아이를 키우는 데 온 마을이 필요하다지만, 이러한 사회에서 엄마들은 저마다의 각개전투에 힘써야 할 뿐이다. 역사상 유례없는 저출산 현상이 국가 소멸의 위기를 초래할 거라며 100조 단위의 예산을 저출산에 쏟아붓고 있는 오늘날에도 말이다. 우리에게 더 나은 대안은 없는 걸까?

공간, 어울림, 공동체

　정치하는엄마들은 엄마들의 '노인정'이 필요하다고 말한다. 주택 건설 기준 등에 관한 규정에 따르면 150세대 이상의 주택 단지 건설 시 의무적으로 경로당을 설치하도록 되어 있다. 반면, 영유아 인구를 위한 공용 공간은 절대적으로 부족한 상황이다. 상황이 이렇다 보니 백화점·문화센터와 같은 사설 기관이 공용 공간의 역할을 대신한다. 한국보육지원학회가 전국의 문화센터(백화점·대형마트) 300곳을 분석한 결과, 총 2만 7천 596개의 영유아 프로그램이 개설되어 있으며 그중 44.5퍼센트(1만 2천 286개)가 만 24개월 이하의 영아들을 위해 개설된 수업이었다.

　엄마들은 왜 마트와 문화센터를 선호할까? 이유는 간단하다. 가고 싶어도 갈 곳이 없기 때문이다. 백화점 중에는 수유 시설뿐 아니라 아이 전용 수면실까지 갖춰진 곳도 있고, 유아 동반 고객을 위해 넓은 공간의 주차 시설(일반 칸에 주차할 경우, 옆 차와의 좁은 간격으로 인해 차문을 열고 아이를 하차시키기가 어렵다. 양쪽에 아이가 타고 있을 경우 더욱 그러하다.)을 확보한 곳도 적지 않다. 그에 반해 공공 기관은 이동 약자를 위한 형식적인 시설만 갖춘 곳이 많으며 영유아를 위한 공공 시설도 대체로 접근성이 낮고, 시설 수 자체도 적다. 영유아를 동반하면 이동 약자가 되기 때문에 도보 가능 반경을 중심으로 이동하기 마련인데, 정부 및 지자체에서 제공하는 영유아 시설은 그 수가 적어 집에서 멀리 떨어져 있는 경우가 많다. 이처럼 부실한 공적 지원 체계는 우리 아이들을 영유아 시절부터 민주시민이 아닌 소비자로 조기 교육하는 결과를 초래한다.

그런 점에서 정치하는엄마들은 아이들과 가도 눈치 보지 않고 머물 수 있는 공간, 동네 이웃을 만날 수 있는 공용 공간의 필요성에 절대적으로 공감했다. 그 공간을 통해 얻고 싶은 건 다름 아닌 육아 동지다. 육아의 과정에서 같은 고민을 나누고 서로 격려하고 상황에 따라 품앗이로 육아의 짐을 나눠 질 친구를 만나는 과정이 매우 중요하기 때문이다.

"우리는 직접적인 정치 참여를 통해 이러한 목표들을 실현하고자 모인 구성원들의 뜻을 모아 '정치하는엄마들'을 창립한다." 정치하는엄마들 정관 중 일부다. 엄마들의 직접적인 정치 참여란 무엇을 의미할까? 거기에는 엄마들의 정치 참여가 활발해지고, 조직화된 엄마들이 정치를 견인하는 전 과정이 포함된다. 정치하는 엄마들이 많아지고 연대할 조직과 정치인이 많아져야만 정치·사회·문화적 모순을 해결해나갈 수 있기 때문이다.

그렇다면 육아 동지가 필요한 엄마들에게 정치가 무엇을 줄 수 있을까? 정치가 우리에게 친구를 줄 순 없지만, 친구를 만나는 공간을 줄 수는 있다. 공간이 생기면 뜻이 맞는 사람들이 자연스럽게 모임을 이룰 수 있고, 자치 모임이 생기기도 쉬워진다. 최근 시행된 마을 공동체 지원 사업들[25]의 의미와 성과가 분명하다. 한 가지 아쉬운 점은 공동체를 지향하지만 아직 함께할 사람을 만나지 못한 사람들보다 이미 네트워크를 가진 사람들의 접근이 좀 더 수월했다는 것이다. 이미 지역 공동체 활동을 해왔던 이들을 위한 제도적 지원과 함께, 이웃을 만나고 싶지만 어떻게 해야 친구를 만날 수 있을지 고민하는 사람들이 쉽게 접근할 수 있는 마을 지원 사업이 더욱 활발해져야 한다. 정치하는엄마들이 그리는 '마을별 육아방(엄마들의 노인정)'은 그런 의미에서 제 역할을 충분히 할 수 있을 것이다.

육아 당사자들의 경우 공동체에 대한 욕구가 그 어떤 그룹보다도 높은 편이다. 영유아 부모의 경우 더욱 그렇다. 그 많은 엄마들이 말도 못하고 걷지도 못하는 아이들을 안고 업고 문화센터에 가는 이유 중 상당수가 이 때문이다. 온라인 맘카페의 존재는 네트워크 거점을 온라인에 두는 것으로 변화된 사회를 반영함과 동시에, 공동체를 향한 엄마들의 욕구가 반영된 지표이기도 하다. 엄마들에게는 시간과 공동체성(연대감과 상호 조력)을 주고받을 수 있는 네트워크가 절실하다.

또한 아이뿐 아니라 양육자들에게도 돌봄과 성장이 필요

하다. 현재는 이를 지원할 공적 체계가 부재한 상황이다. 공공 기관을 중심으로 제공되는 부모 교육은 접근성이 낮고, 양육자의 성장과 돌봄보다는 아이를 양육하는 데 필요한 기술 및 자질을 교육하는 데 주안점을 두고 있다. 따라서 마을별 육아방의 경우 서로의 아이뿐 아니라 서로를 돌볼 수 있는 공간으로 설계되어야 하고, 양육자로서의 개인이 아닌 인간 ○○○으로서의 성장을 지원하는 방식으로 마련되어야 한다. 이용 대상자들의 특성을 고려해 접근성과 이용률을 담보할 수 있어야 함은 물론이다.

앞선 이유들을 차치하고서라도, 이런 공간이 반드시 마련돼야 하는 이유가 또 있다. 아이들의 놀이 환경 불평등을 완화하는 측면에서다. 「어린이놀이시설 안전관리법」이 시행된 직후 전국 6만 5천 955개의 놀이터 중 1천 581개의 놀이터가 한꺼번에 폐쇄되는 일이 있었다. 국민안전처가 제출한 「전국 설치 장소별 어린이 놀이 시설 이용 금지 현황」에 따르면 2015년 3월 말을 기준으로 이용 금지된 상태의 어린이 놀이 시설 1천 740개 중 1천 313곳이 주택 단지에 있었다. 이 중 대다수가 영세 주택 단지로 분류되는 것으로 파악됐다. 여기에 1~2년 사이 미세먼지 재앙까지 덮쳐 아이들은 나가 놀고 싶어도 갈 곳이 없다. 미세먼지를 피하고, 사라진 놀이터를 대신할 공간은 문화센터나 실내 놀이터와 같은 상업 시설들이다. 반면 신축 아파트들의 경우 다양한 형태의 실내외 놀이 시설을 갖추고 있다. 프리미엄 아파트 단지의 경우 아파트 입주민만 이용할 수 있는 실내 놀이터뿐 아니라 피트니스센터, 문화센터, 도서관 등을 포괄하는 별도의 커뮤니티 특화 센터가 있는 곳들도 적지 않다.

엄마들과 아이들은 친구를 만나고 싶어서, 또 민폐를 끼치는 존재가 되지 않기 위해 몰링을 하는 종족이 되어버렸다. 육아기를 지나는 엄마들에게 가장 중요한 판단 기준 중 하나는 이동 거리다. 아이와 함께 움직이기에 적당한 반경을 선호하기 마련이다. 놀이터에 가도 친구가 없고, 갈 만한 공용 공간도 마땅치 않고, 그렇다고 서로의 집을 자주 왕래하기도 부담스러운 현실을 고려한 정책 제안이 마을별 육아방이었다. 현재 육아종합지원센터나 공동육아방 같은 지원 시설이 없는 건 아니지만, 개체 수 자체가 적고 접근성도 떨어지는 실정이다. 간혹 지자체에서 구현한 공간들도 있지만 이용률이 낮은 경우가 많다. 실제 수요자들이 정책 설계 과정에 참여하지 않은, 공간을 채우고 운영해갈 당사자 없이 진행된 탁상행정의 결과다.

2017년 4월 출범한 민관 합동 '저출산 종합대책 수립 TF'에 참여한 정치하는엄마들은 '우리 동네 열린육아방 1개동 1개소 운영'을 포함해 여러 정책 아이디어를 공유했다. 시민 대토론회 최종 투표 결과 정치하는엄마들이 제안한 3개의 정책 과

제가 10대 과제에 포함됐다. 현재 서울시에서는 총 20개소의 공동육아 나눔터와 열린육아방을 운영 중인데, 이를 1개동 1개소 수준까지 확대해야 한다는 제안이었다. 공간 이용률을 높이고, 정말로 필요한 사람들이 쓸 수 있도록 하려면 공간 기획부터 운영 전반에 참여할 시민 조직을 구성하는 일이 우선돼야 한다. 수요층의 필요가 적절하게 반영된 공간이 탄생할 수 있도록 정부나 지자체가 나서서 자원자들을 모으고, 집단지성과 지역별 특색, 자원자 그룹에 대한 통합적 조정 역할을 해줄 때에야 비로소 공간의 취지가 제대로 구현될 수 있다. 개체 수를 늘리는 데 급급해 천편일률적으로 공간을 찍어낸다면 또 다른 골칫거리요, 예산 낭비로 전락할 수 있다.

엄마들의 노인정, 마더센터, 패밀리센터, 공동육아방 등 다양한 용어들이 혼용되는 가운데, 정치하는엄마들 텔방에서는 해당 공간과 정책의 개념을 어떻게 설명하면 좋을지에 대한 이야기를 나눈 적이 있다. 이미 있는 센터들의 명칭을 차용하면 기존의 고정관념에 갇힐 우려가 있기 때문이었다. 그러던 중 누군가 제안했다.

'서로돌봄센터'가 어떨까요?

서로가 서로를, 서로의 아이를 돌보는 공간. 정치하는엄마들은 서울시뿐 아니라 지역 곳곳에 엄마들의 공간이 더욱 많

아지고 활성화되기를 바란다. 우리는 이를 위한 목소리를 계속
이어나갈 것이다.

우리, 만납시다

한 언론사 인터뷰에서 이런 질문을 받았다.

"취업모와 전업모 사이에 갈등은 없나요?"

그간의 보육 정책은 사실상 취업모와 전업모를 정해진 예
산을 나눠 갖는 경쟁자로 설정해왔다. 이 과정에서 언론은 정
책 실패의 본질보다는 '전업모와 취업모 간 갈등'에 초점을 맞
춰 경쟁 구도를 도식화했다. 취업모와 전업모 사이의 차이 자
체가 미묘한 감정의 골을 만들어낸다고 말하는 사람들도 있었
다. 위의 질문은 이런 상황을 잘 알고 있는 어느 엄마 기자의
질문이었다. 이에 대해 조성실 공동대표가 답했다.

저는 우리 안에 갈등의 씨앗이 언제나 존재한다고 생각해요.
취업모와 전업모뿐 아니라, 각자의 배경, 계층, 학력, 가정
분위기, 부부관계 등 모든 게 다르다 보니 누군가의 이야기에
또 다른 누군가는 상처를 받거나 화가 날 수도 있죠. 실제로
그런 일들도 있고요. 다만 운동의 성패는 이러한 갈등의

요소들을 어떻게 풀어갈 것인가에 달려 있다고 봐요. 엄마란 정체성 자체가 그 문제를 풀 수 있는 성공의 열쇠이기도 하고요. 우리가 말하는 집단모성이요.

사람마다 개인차가 있지만, 그럼에도 불구하고 엄마들에게는 양육 경험을 통해 학습된 공감 능력이 바탕에 깔려 있어요. 서로의 이야기에 공감할 최소한의 힘을 갖고 있는 거죠. 아이를 기르는 과정, 무엇보다도 아이와 상호작용하는 과정에서 개발되기도 하고, 엄마란 자리에서 겪은 약자적 경험에서 기인하기도 하고요. 어쨌든 누군가가 엄마로서 겪은 자신의 어려움을 토로하면 다른 회원들은 우선 마음을 열고 듣게 됩니다. 눈시울을 붉히기도 해요. 그게 어떤 감정인지 알고, 자신도 한 번쯤 겪어봤던 경험이기도 하니까요. 수많은 사람들의 이야기가 이런 과정 속에서 오가다 보면 갈등의 씨앗이었던 우리의 차이가 종국엔 총체적인 정책 제안으로 이어지더라고요. 저만 하더라도, 전업주부가 된 이후에는 아무래도 만나게 된 사람의 상당수가 전업주부였어요. 공감대도 무시할 수 없고 시간을 활용하는 방식도 취업모와는 엄연히 다르니까요. 그런데 정치하는엄마들을 시작하고 입장이 다른 엄마들과 수시로 대화를 주고받다 보니 이전에는 알지 못했던 타인의 삶이 눈에 들어오더군요. 구체적으로 이해하게 되니까 상대방의 문제가 내 문제가 되고, 문제의식은

정치하는엄마들이 바라는 사회는 비단 내 아이 한 명을 잘 키울 수 있는 사회가 아니다.
우리가 바라는 사회는 이모와 삼촌, 할아버지와 할머니까지 모두가 더불어 잘 살 수 있는 사회를 의미한다.

있지만 어떻게 해결해야 할지 몰랐던 부분들에 대해 다른 누군가가 아이디어를 주고, 또 다른 사람이 토로하는 문제에 제가 정책적 제안을 내놓게 되기도 하고요. 나의 문제가 우리의 문제로 확장되는 과정에서 희망을 봤죠.

한 사회의 진보는, 차이를 인정하면서도 상대의 이야기에 공명하고 서로의 입장을 조율해가는 경험의 축적 속에서 이루어진다. 그러기 위해선 먼저 만나야 한다. 그런 의미에서 정치하는엄마들이 시작한 정치는, 새롭고 다양한 방식의 만남이 가능하며 이러한 만남을 통해 우리 사회가 변할 수 있다는 가능성 또한 보여줄 것이라고 생각한다. 그리고 이제 가능성을 현실로 만들어가야 할 책임감을 느낀다.

정치하는 엄마들이 점점 더 늘어나 마을 곳곳에서 엄마들의 자치 모임이 생겨나고, 엄마들이 적극적이고 진취적인 자세로 학교 운영위원회에 참여하고, 지자체의 보육 정책 심의위원이 되고, 지방자치 의회와 국회에 진입한다면 어떨까. 정치하는엄마들과 문제의식을 공유하고 연대할 수 있는 시민 조직과 정치인이 더더욱 많아진다면 말이다.

집단모성으로 세상을 바꿔가려 할 때 가장 큰 걸림돌은 무엇일까? 아마 우리 자신이 아닐까 싶다. 구조적 모순과 맞서 싸우기에 앞서 우리는, 우리의 내면에 구조화된 무력감에 먼저 맞서야 한다. 더 나은 삶이 가능하다는 믿음, 새로운 삶에 대한 상상력을 가로막는 무력감과 관성을 뛰어넘어 연대하고 동참하려는 의지에 불을 붙여야만 새로운 세계로 향하는 문이 열릴 것이다.

한 사회가 아이들을 다루는 방식보다
더 정확하게 그 사회의 영혼을 드러내는 것은 없다.
– 넬슨 만델라

정치하는엄마들이 바라는 사회는 비단 내 아이 한 명을 잘 키울 수 있는 사회가 아니다. 우리가 바라는 사회는 이모와 삼촌, 할아버지와 할머니까지 모두가 더불어 잘 살 수 있는 사회를 의미한다. 아이를 낳고 기르기 좋은 사회는 공동체 의식을 향한 공공성이 구현되어야만, 서로를 향한 차별과 혐오를 넘어서야만 가능하기 때문이다. 이것이 엄마 정치의 힘이다. 엄마들로 시작된 정치가 엄마만을 위한, 엄마만이 하는 정치가 아니라 우리 모두의 정치인 이유가 여기에 있다.

그래서 엄마는 오늘도 정치한다.

3부

그리고
못 다한 이야기들

정치하는엄마들 공동대표
3인 대담 : 이고은, 장하나, 조성실

* 공동대표 3인과의 대담에서는 앞에서 미처
다루지 못한 환경, 주거, 영어 조기 교육 등
의 문제들과 정치하는엄마들의 다양한 활동
사례, 활동 이후의 변화, 고민 등을 이야기
합니다. 대담은 2018년 3월 5일, 서울의 모
카페에서 담당 편집자의 진행으로 이뤄졌
습니다. 책의 편집 과정에서 대담 내용을 수
정·보완했습니다.

공동대표 세 분과 함께하려 하는데요. 먼저, 세 분께서 간단히 자기소개를 해주세요.

장하나 저는 장하나이고, 77년생 마흔두 살입니다. 36개월 된 딸 두리의 엄마이고 정치하는엄마들을 제안한 제안자입니다. 19대 국회의원 비례대표였고, 현재는 환경운동연합이라는 환경단체에서 활동가로 일하고 있습니다.

조성실 저는 여섯 살, 세 살 두 아이를 키우고 있는 86년생 조성실입니다. 정치하는엄마들 공동대표이고 품앗이 공동대표 운영위원이자 교사로 참여하고 있습니다. 일전에 '전업모이자 정기적인 대외 소득 활동을 하지 않는 전업주부'로서의 솔직한 속내를 적은 제 글을 보고선 어떤 회원분이 연락을 주셨더라고요. 앞으로는 스스로를 전업모라고 소개하지 말고, 전업 활동가라고 소개하라고요. 그 이후로는 보통 "안녕하세요. 전업 활동가 조성실입니다"라고 소개하곤 해요. 육아와 사회운동을 넘나들며 전업으로 운동한다는 의미로요. 정치하는엄마들에서는 대내외 협력 및 보육·저출생 관련 정책을 주로 맡아서, 관련 회의·기자회견·토론회에 가거나, 보건복지부 내 TF 위원, 국회 저출산 관련 포럼 자문위원 등의 역할을 해왔죠. 준비위원회 시절부터 제가 가장 신경 썼던 부분 중 하나가 서로의 이름을 하나하나 불러주는 작업이었어요. 엄마가 된 이후 자기 이름을 잃었던 경험을 공유한 사람들이 모인 만큼, 서로의 이름을 부르는 행위 자체가 큰 의미가 있다고 생각해서요. 초반엔 댓글이 안 달린 글을 찾아 일일이 댓글을 달거나 언니들과 개인적으로 대화하면서 각자의 특성을 기억해두곤 했는데, 함께하는 언니들이 점점 많아지면서 언제부턴가 그 기능은 다하질 못하겠더라고요. 그래도 틈틈이 회원간 네트워킹 역할과 팀별 코디네이팅 역할을 하려고 애쓰고 있습니다. 저는 결혼도 출산도 상대적으로 일찍 한 편이에요. 난임이란 걸 알고 치료받던 중에 아이를 갖게 됐고 유산 위험이 높아서 임신 중에 일을 그만뒀죠. 그래서인지 첫 아이를 낳고 뜻이 맞는 지인들과 공동체를 이뤄 아이를 키워온 4년여의 시간이 대체로 행복했어요. 그런데 둘째가 태어나니 많은 게 달라지더라고요. 우선 가족 모두가 훨씬 더 힘들어졌는데, 누구 하나 만족하지 못하는 상태였어요. 첫째와 둘째 둘 중 누구와도 제대로 상호작용하지 못하고 그렇다고 개인적으로 쉴 시간도 전혀 확보되지 않고, 집안일을 포함한 생활 전반이 제대로 돌아가지 않는 기분이었죠. 그 와중에 남편이 박사를 졸업하게 됐거든요. 가족 모두가 오래 기다려온 만큼 기쁘기도 했지만, 한편으론 슬프더라고요. 결국 남편과 제 처지가 다르다는 걸 실감했죠. 때마침 엄마 정치 첫 모임에 참석했고, 생판 모르는 이들만 가득한 그 자리에서 정말 많이 울었어요. 이어 모임 이름을 어떻게 할지에 관한 논의가 시작됐고, 제가 답했어요. '정치하는 엄마들'이라고 하면 어떻겠느냐고요. 몇 년 전부터 메모장에 적어둔 이름이었거든요. 그 순간 하나 언니가 절 보며 '마치 운명 같다'고 하더군요. 단체 영어 이름이 'political mamas'라고요. 보통 political을 한마디로 번역하면 '정치적인' 정도로 쓰잖아요. 정치적인 엄마는 아무래도 이상해서, '엄마 정치'란 타이틀로 첫 모임을 열었는데, 정치하는엄마들이라니, 그보다도 우리를 잘 표현해줄 이름은 없을 것 같다고들 했죠. 2017년 4월 22일 첫 모임부터 사무국장 역할을 맡아 준비위원회에 참여했고 이후 단체를 공식 출범하고부터는 공동대표이자 또 한 사람의 언니로 활동하고 있습니다.

이고은 저는 81년생, 서른여덟 살이고, 여섯 살, 네 살 된 남매를 키우고 있고요. 10년간 기자 생활을 했고, 기자 생활을 하는 동안 배운 기술이 글 쓰는 일입니다. 당시 언젠가는 회사를 그만둘 날이 올 거라는 직감으로 책으로 무언가를 남겨야겠다는 생각을 하던 차에, 엄마로서의 경험을 누구나 겪는 사적인 일로 치부하지만 결코 만만한 게 아니고, 또 현대 한국 사회에서 살아가는 엄마들의 모습을 있는 그대로 남기는 게 가치 있겠다고 생각해서 『요즘 엄마들』이라는 책을 썼습니다. 그런데 엄마로서 품게 되는 고민을 어떻게 풀 수 있을지에 대해서는 해답을 못 찾고 있다가, 하나 언니의 "우리 만납시다" 한마디에 꽂혀서 달려갔더니 이런 분들을 만나서 이러고 살고 있습니다. (웃음) 하던 일이 콘텐츠 관련 쪽이다 보니 정치하는엄마들 내부에서는 보도자료나 스토리펀딩 등 콘텐츠를 만드는 작업에 열의를 갖고 참여하고 있습니다.

세 분이서 공동대표를 맡게 된 사연이 있는지요.

장하나 제가 제안을 하고, 〈한겨레〉 지면을 통해서 오프라인 모임을 하겠다고 했는데, 사실 사전에 이런 뜻을 함께 도모했던 다른 엄마들이나 동료들이 있었던 게 전혀 아니에요. 어떤 분들을 만날지도 몰랐고, 만나서 어디로 흘러갈지도 몰랐죠. 가고 싶은 방향이나 그 방향에 대한 의지가 없지 않지만, 그대로 갈 수가 없을 거라고 생각했죠. 그래서 정말 신기해요. 어디로 갈지 전혀 예상을 못 한 채로 만난 거잖아요. 그러고 나서 우리도 공동대표나 사무국장같이 이 일을 좀 더 적극적으로 하실 분들이 필요하잖아요? 근데 서로 모르는 사람들이고. 그래서 제가 '공동대표 하실 분?' 하면서 손을 들자고 했고, 저도 그 과정에서 지원하고 또 추천을 받기도 해

서 하게 됐어요. '나는 할 건데 나랑 같이 공동대표 할 사람?'
이런 뉘앙스도 아니었고. 우리가 안정기에 접어들면 좀 더
민주적인 절차를 거쳐서 대표를 뽑겠지만 일단은 다 본인이
하겠다고 하신 분들이에요, 이 분들은. 저는 그냥 제안자로
서, 저도 해도 괜찮을지를 물어보고 했어요. (웃음)

이고은 불쏘시개처럼 자기를 쓰라고 하셨어요. 저를 이용하시
라고. (웃음)

장하나 그런 단어밖에 못 썼다는 게 참. (웃음)

**어떤 방향으로 갈지 전혀 예상할 수 없었다는 점에서 장하나 공동대표의
'우리 만납시다' 한마디가 일종의 모험심이었다고 볼 수도 있을 것 같아
요. 그 한마디에 엄마들이 이렇게 모일 거라는 확신이 있었던 건가요?**

장하나 생각보다 다수도 아니고, 생각보다 소수도 아니고, 정
말 생각한 정도의 인원인 것 같아요. 왜냐하면 우리가 지금
까지 적극적으로 주변에 알리고 회원을 모집하고, '조직강화
사업'이라고 하죠, 지난 1년 동안은 그걸 적극적으로 하지 않
았어요. 일단 우리끼리도 안 친하고 다 처음 보는 사람이니
까. (웃음) 1년을 그렇게 보냈는데 (이 단체 유지가) 될지 안
될지는 몰랐죠. 그냥 저는 그렇게 다 처음 보는 사람들이 모
여서, 공통의 목표를 지향하게 되는 게 신기하다고 생각하고

있어요. 이렇게 사람들이 나타날 줄은 알았지만, 서로가 거의 같은 지향을 가지고 뭉치게 될 줄은 몰랐으니 완전 모험이었고요. 처음에는 생각했던 것과 전혀 다른 방향으로, 그러니까 제가 가고자 하는 방향과 약간 각도가 다를 수는 있지만 아예 다른 방향으로 가게 되면 저는 당연히 하차하는 것도 생각을 했었는데, 오히려 제가 생각했던 것보다 더 좋은 방향으로, 더 좋은 에너지를 가지고 가고 있어서 그 점이 되게 좋아요.

그 화력이 어디서 기인했을까요? 엄마들에게 조직화에 대한 잠재된 열망이 있었으니 이렇게 활동들을 이어올 수 있었을 것 같은데요.

장하나 사실 전체 엄마들의 숫자에 비하면 우리는 되게 소수죠. 물론 여기 나오진 않더라도 우리와 뜻을 공유하는 사람이 대다수일지도 모르기는 하지만요. 아마 단체 이름부터 정치를 표방하고 있어서 소수일 확률이 높아요. 만약 '정치'라는 말을 빼고, 예를 들어 '아이와 엄마가 행복한 세상'이나 '아이 키우기 좋은 세상을 만드는 ○○' 이런 이름으로 시작했으면 지금보다 훨씬 확장성이 있었을 수도 있어요. 노골적으로 이름부터 정치하는엄마들로 하고 엄마들이 직접적인 정치 참여로 바꿔야 한다, 라고 했기 때문에 이 정도인 것 같은데.

이 정도를 화력이라고 볼 수도 있겠지만 실제 움직이는 인원은 오프라인 모임하면 30~40명, 기자회견 10여 명, 회비 내는 총 회원 수가 아직 107명이에요. 이런 정도지만 그 100명이 필요했던 것 같아요, 이 사회에. 어차피 천 명 만 명 한다고 바뀌는 것도 아니고, 또 모든 사람들이 다 정치 참여한다고 나서기 되게 힘들거든요. 특히 한국처럼 학교에서 정치에 참여하라고 가르쳐주지 않는 사회에 살면서 정치에 직접 참여하려는 사람이 이렇게 모이기가 쉽지 않아요. (사회 분위기는) 『82년생 김지영』이 베스트셀러라고 하고, 언론에서도 몇 년 전부터 외국에서는 어떻게 육아를 분담하고, 뭐 이런 것들을 말해왔잖아요. 그런 것들은 있는데 '그래서 실제로 어떻게 바꿔야 하지?' '내가 뭘 할 수 있지?' 하고 생각하는 사람들의 구심점 역할을 할 만한 곳이 없었죠. 지금까지 관련 문제들은 여기저기서 막 지적을 해왔는데, 그걸 어떻게 해결할 수 있는지에 대해서는 이야기가 없었다가, 제가 일단 만나서 얘기하고 싸우고 분노하고 행동하고 그러자고 하니까 딱 이 정도 인원이 모인 것 같아요. 문제에 대한 지적은 많지만 그래서 내가 뭘 할 수 있나, 우리가 어떻게 바꿔야 하나에 대해서는 아무도 던지지 않았는데, 제가 맞는지 모르겠지만 어쨌든 처음으로 그런 이야기를 던져서 그게 약간 다르게 받아들여졌다고 할까요? 그동안처럼 문제 제기만 하는 건 아닌 거잖아요. 제 또래의 엄마들 중에서 정치를 해봤거나 사회운동을 해온 사람들이 다수도 아니고요. 저도 아기 안 낳았으면 이거 안 했겠죠. 그러고 보니까 아기를 잘 낳았네. (웃음)

이고은 저는 우선은 아까 두 번째 질문으로 돌아가서 공동대표를 맡게 된 그날의 장면을 떠올려보면 성실 언니가 저를 추천해줬어요. 근데 제가 그때 아무 말을 못했어요. '추천해주셔서 감사합니다' '열심히 하겠습니다' 이런 말을 한마디도 못하고 되게 망설였는데, 어떤 운동의 대표를 맡고 이런 정치 활동이라는 것들이 '어, 나같이 평범한 사람이 할 수 있을까' 하는 두려움이 있었어요.

장하나 한국에서는 시민운동이 너무 운동권 위주야.

조성실 그렇죠, 맞아요.

이고은 제가 할 수 있는 만큼 제 역량을 여기서 발휘해보겠다는 생각은 있었지만 대표라는 게 약간 두렵기도 하고 걱정도 되고 그렇더라고요. 근데 이제 저처럼 운동에 대해서 경험도 없고 평범한, 취재는 해봐서 알지만 제가 직접 선수가 돼서 뛴다, 이건 되게 상상하기 힘든 일이거든요. 근데 정치하는 엄마들 회원들이 저 같은 엄마들이 대부분인 것 같아요. 자

3부 그리고 못 다한 이야기들

신이 엄마가 되어서 마주한 사회의 구조적인 모순에 대해서
고민은 많았지만 그 모순을 어떻게 해결할 수 있는지에 대해
서 구체적으로 잘 모르던 사람들이 하나 언니의 '우리 만납
시다' 한마디에 꽂혀서 (모인 게 아닐까). 저는 그 문장을 봤
을 때 정말 딱, 저한테 '너'라고 지적하는 것 같은 그런 느낌
을 받았어요.

장하나 그런 마음을 주려고 그 글을 썼어요. (웃음)

이고은 그래서 생각은 많은데 어떻게 해야 할지 방법을 잘 모르
던 엄마들을 불러들인, 마음을 움직이는 한 문장이었다는 생
각이 들고요. 처음 만나서 보니까 하나 언니처럼 국회의원
하는 사람들만 와서 하는 게 아니라 저랑 비슷하게 회사 생
활 하던 사람들, 여기저기 각자의 삶이 있는 평범한 엄마들
이 한자리에 모여서 자기 얘기를 하는 걸 지켜보면서 '아, 나
도 여기서 같이 뭔가를 할 수 있다'는 자신감을 얻었어요. 아
마 그게 정치하는엄마들의 화력인 것 같아요.

조성실 저는 세 문장 정도로 정리할 수 있을 것 같아요. 첫 모임
에서 느낀 건데요. 혼자가 아니었다, 당연한 게 아니었다, 나
도 할 수 있다. 이런 느낌을 그 자리에 모인 사람들이 다 비
슷하게 받았던 것 같아요. 그랬기 때문에 이후에 온라인으로
이어지는 텔레그램방으로도 들어올 수 있었던 거죠.

장하나 한국은 운동도 엘리트 운동이에요. 한국은 시민운동도, 그러니까 노동조합이 있지만 노동조합도 엘리트주의에 어느 정도 젖어 있어요. 저는 시민운동도, 또 정치도 당사자들이 하면 될 것 같아요. 대학들을 너무 많이 가서 탈이잖아요. 엘리트 아닌 사람이 없어요, 지금. 엘리트를 좀 없애야 돼요, 한국 사회는. (웃음) 문제들은 더 이상 누가 분석해주고 지적하지 않아도 충분할 정도로 엄마들이 직관적으로 느끼고 있어요. 이걸 어떻게 바꿔야 하나, 라고 했을 때 엄마들이 구체적으로 방법을 잘 모를 수 있고요. 다만, 정치 활동이나 참여를 되게 특수한 일로, 또 되게 이데올로기적인 무언가로 접근해서 가치 지향이 확실한 사람, 뚜렷한 사람, 그런 신앙적인 무언가로 생각하지 않으면 돼요. 운동은 신앙적일 필요 없거든요. 우리에게 필요해서, 필요에 의해서 가치가 역으로 나올 수 있어요. 또 나 혼자 욱해서 만났지만, 우리가 사는 동네부터 경제적 수준, 취업 여부까지 다 다르고 그런 온갖 입장의 엄마들이 같이 얘기하다 보면 서로가 자기 주장만 하지 않아요. 결국 정치하는엄마들의 지향은 우리들의 어떤 공통분모로 이뤄져서 운동을 하지 않겠어요? 누구나, 나도 할 수 있다, 이렇게 벽 없이 모이는 게 되게 중요한 것 같아요. 근데 한국 사회에서 그러기 정말 힘들어요. 한국에서 시민운동을

3부 그리고 못 다한 이야기들

한다고 하면 운동권 출신 같은 특수한 사람들이 한다는 생각을 하거나 아니면 한유총 같은 이익집단을 떠올리는 것 같아요. 근데 또 엄마들이 이해관계로 모인 집단은 아니잖아요. 우리는 사회 문제를 해결하기 위해서 공공의 일을 하는데, 그렇다고 우리가 막 다 옛날에 운동권에 있었고, 집회 나가고 그랬던 사람들이 아니거든요. 그냥 엄마이고, 엄마로서 겪는 문제들, 그 두 개를 잇는 걸 개인적으로는 정말 중요하게 여겨요. 저는 그런 운동을 하는 걸 지금까지 한국에서 본 적이 없어요. 근데 저는 그게 정말 필요하다는 걸 느낄 뿐이죠. 정치를 하고 또 지금 환경운동도 하지만, 어쨌든 시민운동을 하는 사람으로서 되게 필요한 부분인데, 벤치마킹이랄까, 정치하는엄마들이 따라할 만한 전범이 한국에 거의 없어요. 그래서 저희는 저희가 그런 면에서 성공했으면 좋겠어요.

전범이 없다는 건 장단점이 명확할 것 같습니다. 새로 길을 터나가는 과정이 많이 힘드셨을 것 같은데요, 어떤 어려움들이 있었나요?

조성실 온라인 커뮤니케이션이 주는 장점이 분명 있었지만 온라인 커뮤니케이션이 중심이어서 힘들기도 했어요. 만약 저희에게 시간적 자유가 좀 더 있었다면, 이동 제약이 덜했다면 하는 아쉬움이 늘 있죠. 어차피 바꿀 수 없는 현실이고,

그걸 뛰어넘기 위해 새로운 운동방식들을 찾아왔지만요. 얼굴 보고 하면 더 쉽게 나눌 수 있는 대화들이 문자로만 전달이 되니까, 그게 가장 어렵더라고요. 마주 보면 금방 끝날 갑론을박인데 어떤 맥락과 감정을 담아 하는 이야기인지 온라인상으로는 다 전달하기 쉽지 않아서 조심스럽기도 하고요. 그래서 저는 중간중간 전화도 많이 이용했어요. 가까운 사람하고는 만나서 허심탄회하게 얘기하기도 하고요. 또 실시간으로 대화가 안 되니까 진행되는 논의에 비해서 너무 시간이 많이 투입되는 거예요. 거의 24시간 쉬지 않고 논의가 진행되다 보니까 단체 활동과 제 일상, 가정 생활 사이의 시·공간 구분이 어려워지더라고요. 물론 앞서 언급했듯이 그 자체가 장점이 되기도 했어요. 우리가 서로 명확한 가치 지향이나 이데올로기적 목표를 가지고 있는 모임이 아니었고, 또 현실적 제약이 크기도 했기 때문에 결과적으로는 창의적인 방법으로 운동을 할 수 있었던 것 같아요. 그럼에도 불구하고 텔레그램방이 24시간 돌아가는 것 자체가 사실 힘들어요. 온라인 채팅으로 잘 모르는 사람에게 내 생각을 여과 없이 드러내는 데 익숙하지도 않고, 상대가 어떤 정치적 지향이 있고 사회적 계층이 어떤지도 전혀 모르고 그냥 '○○ 언니'라는 이름 하나로 서로가 갖고 있는 문제의식이나 개인적인 경험담이 오가는 데 적응이 잘 안 돼서 처음에는 대화에 참여하기보다 주로 들었어요. 관찰을 계속하면서. 내 의견이 수용될 수 있을까, 예를 들면 저의 개인 정보 같은 게 커밍아웃되는데 그게 잘 받아들여질 수 있을까, 하는 두려움도 있었고 제가 갖고 있는 문제의식이 너무 얕거나 모순적이어서, 여기서 여과 없이 드러냈을 때 이 사람들은 나보다 더 많이 고민한 사람들인 것 같은데 비판받지 않을까? 하는 그런 두려움들도 있었고요. 근데 생각보다 많은 분들이 대화에 굉장히 적극적으로 참여하시고, 개인적인 경험담도 다 털어놓으시고, 육아에서의 고충도 그렇고 그냥 한 사람의 개인이나 또는 여성으로서 겪어온 어려움에 대해서 정말 마음 깊이 진실하게 위로하고 대안을 제시하고 그런 과정들을 목도하는 게 힘들면서도 신뢰가 쌓이는 과정이었던 것 같아요. 굳이 꼽자면 그런 부분들이 어려웠다고 답은 하지만, 또 진짜로 어렵기도 했지만 사실 어려움보다 설렘이나 흥분이 더 커서 운동해올 수 있었던 거죠. 어떤 진부한 방식대로 진행돼왔으면 육아와 병행하면서 이렇게 살인적인 스케줄을 절대 소화할 수 없었을 텐데, 새로운 길이라는 자부심과 또 설렘 같은 게 있었던 것 같아요.

이고은 어려움 대신에 벅차고 설레는 감정이 더 다가오는데, 다들 각자의 경험치대로 공유를 하잖아요. 제 개인적인 성격도 있겠지만 저는 있는 그대로의 생각과 주장들을 좀 편하게 표현한 편이었던 것 같아요. 그런 과정에서 스스로가 깨지는 경험도 하고. 내가 틀렸구나, 내가 생각하지 못한 이런 게 있었구나, 저 사람은 저 입장에서 저런 얘기를 할 수 있구나, 이런 아주 인간의 기초적이고 기본적인 성장의 과정을 이 엄마 정치를 통해서 겪을 수 있었던 것 같아요. 그래서 기뻤고요. 그리고 여러 가지 포인트들이 있는데, 집단모성이라는 개념이 생겨나는 과정에서도 저를 비롯한 많은 엄마들이 정상가족 이데올로기에서 벗어나서 시야를 넓힌다든지 하는 논의 주제들이 곳곳에 있었어요. 그런 포인트마다 각자의 시야도 넓어지고, 그럼으로써 모든 구성원들의 수용력이 넓어진다는 느낌이 들어서 저는 어려움의 고비가 있을 때마다 낙관적으로 생각했던 것 같아요.

장하나 제 생각에 우리는 오히려 난관이 적은 거죠. 다른 단체 또는 조직에서 이렇게 새로운 단체를 만들려고 할 때, 정관이든 뭐든 모두가 합의하는 지향점 도출을 정말 못해요. 너무 힘들고, 다들 너무 강해서. (웃음) 지향이 뚜렷하고 확실하면 더 힘든 면이 있는데, 그렇다고 우리가 허투루 토론하지도 않았거든요. 그런데도 우리가 훨씬 수월하고 빠르게 갈 수 있었던 거는 있어요.

유연했다고 봐야겠네요.

장하나 유연하기도 하고.

이고은 애초에 지향이 비슷한 게 어느 정도는 있는 것 같아요.

장하나 (각자가 추구하는) 가치를 중심으로 모인 게 아니라 엄
마라는 공통점으로 모여서 그런 걸 수도 있겠고. 저도 제안
자이긴 하지만 제 딸을 돌볼 때는 두리 위주로 사고하고 두
리가 잘되길 바라고, 당연히 내 애 키우기에 매몰돼 있어요.
하지만 제가 저 혼자 잘 키우는 게 (아이가) 제 품 안에 있
을 때까지만 가능한 일인데 그 기간이 되게 짧잖아요. 두리
가 오늘 어린이집에 갔거든요? 동네 어린이집만 가도 그 기
반이 어떤 곳인가, 어떤 돈으로 어떤 사람들에 의해 어떻게
운영되는 곳인가에 대해서 제가 거기 직원이 돼서 붙어 있
을 수 없잖아요. 이제 두리는 정말 사회에 나간 거예요. 이제
부터 두리는 점점 제가 영향을 미칠 수 있는 건 지극히 적고
나머지는 이제 다 사회에서 두리가 자라나고 성장하는 거죠.
엄마들이 정치한다는 건 정말 필요한 거예요. 내 아이를 잘
키우기 위해서도 그렇고요. 정치하는엄마들도 처음에는 다
자기와 자기 아이의 문제 때문에 왔는데 우리의 결론은 모든

아이들이, 부모가 없더라도 안전하게 건강하게 행복하게 잘 살 수 있는 사회를 만드는 게 목표가 된 거죠. 처음엔 내 아이와 나, 이런 좁은 관점으로 모였지만 지금 우리 단체는 집단모성이란 개념처럼 모두가 엄마다, 라고 하는 거죠. 아이들을 우리 사회 구성원 모두가 함께 키운다는 개념으로 관심의 중심이 이동하게 됐어요. 내 아이만 잘 살 수 있는 방법은 있죠. 돈 있고 대안학교 보내고 뭐라도 못하겠어요? 하지만 그게 아니잖아요.

이고은 서로의 차이점을 느끼는 순간들도 있었는데, 처음에 모였을 때는 다들 마음이 앞서고 급해서 그런 차이점도 다 극복할 수 있을 것 같았어요. 서로의 차이점보다 더 큰 문제들이 있다는 걸 다들 공감하고 있기 때문에 서로가 그런 것들도 끌어안아야 한다고 생각하기도 하면서. 대한민국에서 엄마로 살아가는 일이 가지는 여러 가지 더 큰 덩어리의 어떤 모순들 때문에 서로의 공통점이 더 컸던 것 같아요.

장하나 각자 사는 방식도 다르고 모든 게 다 다를 거예요, 아마. 정말 다 다를 수밖에 없지 않아요? 근데 저만 그런 게 아니라 다른 많은 언니들도 저에게, 또는 서로에게 그런 차이에 대해서 편협하지 않게 존중하는 것 같아요. 1년 동안 만들어온 우리 문화가, 근데 또 이 문화는 우리가 당사자라서도 아니고, 여성이라서, 또 엄마라서, 이렇게 쉽게 무엇 때문이라고 단정 짓기가 싫은데, 아무튼 여기는 문화 자체가 그런 차이에 주목하면서 서로 배척하지 않아요. 아마 다들 다시 혼자로 돌아가면 세상을 바꿀 수 있는 게 하나도 없다는 걸 아니까 이 조직이 각자에게 무척 중요한 것 같아요. 이거 없어도 돼, 여기 아니어도 돼, 이런 게 아니라 서로가 되게 소중하다는 의식이 있는 거죠. 저는 그런 데서 또 감명적인 게 있어요. 내가 세상을 바꾸고 싶은 게 100개가 있다고 치면 혼자 하면 아무것도 못 바꾸는데 이 사람들하고 함께하면 10개를 바꿀 수 있어요. 운동이 그래요. 아니면 제가 그냥 혼자 잘나서 혼자 대통령 돼서 혼자 하고 싶은 100을 다 하는 방법도 있지만 대통령 되겠어요, 어디? (웃음) 그래서 이 조직이 필요하고, 같이 모여서 사회운동을 하는 거예요. 저 혼자 해서 될 거 같으면 시민운동 안 해도 되죠. 그러나 제가 이러다가 이민 가거나 갑자기 죽어도 제가 지향했던 목적은 지속 가능하게 이 정치하는엄마들을 통해서 이어질 수 있어요. 시민운동의 가치라든가 방법이라든가 하는 것들이 잘 알려져 있지 않고 폄하되어 있는 한국 사회에서 우리끼리 다시금 그 의미를 되새기는 것 같아서 좋아요. 운동을 오래 했던 분들은 조금 다르면 '너 없어도 돼' 하는 그런 게 있어요. 이미 거기는 저희보다 천 명 만 명 훨씬 더 큰 조직이라 그럴 수도 있지만, 저는 우리 정치하는엄마들의 조직 문화에 대해서 자부심을 많이 갖고 있어요.

조성실 제가 개인적으로 갖고 있었던 가장 큰 고민은 누군가 저에게 모성을 강요하는 건 반대하고 또 잘못된 거라고 생각하지만, 아이가 자라면서 함께하는 시간을 통해서 자라나는 그런 모성을 느낀다는 거였어요. 그런데 저는 또 페미니스트로서 갖고 있는 정체성이 분명히 있거든요. 제 개인적으로는 이렇게 제가 가지고 있는 두 정체성의 교집합을 얘기할 수 있는 집단이 부재했어요. 하나 언니가 그런 얘기를 한 적이 있어요. 아이를 낳기 전에도 생명에 대한 신비나 경탄이 내면에 깊이 자리하고 있어서 여성주의와 결정적으로 내면에서 좀 부딪히는 부분이 있었다고요. 자기 결정권과 생명의 숭고함, 이 두 가지 가치가 부딪혀서 여성주의에 한목소리로 동질감을 느끼기 어려운 지점이 있었다는 얘기였는데, 저도 사실 정확하게 같은 입장이었거든요. 이런 것처럼 우리 각자가 느끼는 어떤 외로움이 있는데, 정치하는엄마들에서 그런게 저 혼자만 갖고 있는 게 아니라는 걸 알게 되면서 해소됐기 때문에 서로 존중하고 배척하지 않는 이 문화를 쉽게 깰 수 없는 것 같아요. 돌아가면 더 아무것도 없다는 걸 아니까,

여기보다 더 나은 데가 있을 수 없다는 걸 아니까요. 그런 게 우리를 유지해온 힘이었던 것 같아요. 기술적으로 과정을 얘기하자면 저희가 창립 초반에 한 달여 정도 실무진 회의를 매주 했고, 실무진 텔레그램방을 만들어서 필요한 일들을 진행하면서 전체 텔레그램방을 계속 돌렸어요. 지금하고는 비교할 수 없을 정도로, 그때는 정말 24시간 동안 채팅방이 계속 돌아갔어요. 육퇴 시간부터 새벽 3~4시까지, 자고 일어나면 메시지가 몇 백 개씩 쌓여 있고. 그런 한두 달간의 논의의 과정을 쭉 읽고 본인의 논의도 진행을 하면서 고은 언니가 정관 초안을 한번 짜보겠다고 했어요. 그 초안을 바탕으로 다른 사람이 보고 있었던 사회의 빈 공간들을 여러 사람이 덧붙이고 또 누가 바통을 받아서 다시 덧붙이고 이어가는 과정이 저는 되게 인상적이었어요.

집단모성이란 개념이 생물학적 여성과 정상가족 이데올로기를 뛰어넘는 모성을 이야기한다는 점에서 무척 인상적입니다.

조성실 싱글맘도 아이를 편하게 키울 수 있는 세상, 아이 키우는 행복을 알 수 있는 사회가 우리 엄마 정치가 표방해야 되는 길이 아니냐, 이렇게 얘기하니까 그럼 조손가정이나 싱글대디는 어떡하냐 이런 질문들이 나오는 거죠. 사실 그런 다양한 양육자들의 입장을 우리가 관념적으로 아우를 수 있는 단어가 없는데 이걸 어떻게 설명할지를 계속 논의하던 중에 집단지성을 넘어선 집단모성이란 말이 도출된 거예요. 우리는 양육자로서 경험하게 되는 어떤 문제의식, 그리고 그런 문제들의 정치적 해법에 대해서 얘기하는 걸 바탕에 두고, 우리가 사회를 바꿀 수 있는 동력으로 삼는 방향으로 집단모성이란 개념을 도출하게 됐죠.

장하나 여성주의 공부를 하는 지인에게 우리가 도출한 집단모성에 대해서 얘기를 했더니, 신기하다면서 한국의 여성주의 쪽에서 쓰는 용어 중에 '마더링Mothering'이라는 게 있다고 하더라고요. 꼭 아이를 낳은 엄마뿐만이 아니라 아빠든 할머니든, 혹은 유전적으로는 남이라도 아이를 키우면서 엄마가 되는 과정을 '마더링'이라고 한대요. 저희가 말하는 집단모성이 그것과 비슷한 것 같아요. 사람들은 우리가 정치하는엄마들이라고 하니까 '아 애기 낳은 여자들' '아줌마들' 이렇게 생각하는데….

조성실 어떤 기자님은 정치하는아줌마들이냐고 물어봤잖아요. (웃음)

장하나 우리가 말하는 집단모성은 사실 '사회 구성원 모두가 모성을 갖자'라는 이야기인데 '모성'이라고 하니까 사람들이 혼동할 수 있는 것 같아요. 그럼 또 '부모성'이라고 해야 하나 싶은데 그것도 아니고요. 부모가 아니어도 아이를 키울 수 있죠. 그럼 '양육자성'이라고 해야 하나? 그런 언어화에서 오는 혼돈이 있는 것 같아요. 지금까지는 양육의 역할이 너무 엄마에게 있어서 더 그런 것 같고요. 할머니가 엄마같이 되고, 아빠가 엄마같이 되고, 그런 식으로 양육에서 기대하는 어떤 역할을 모두 엄마의 것으로 상정하고 비유하다 보니 혼돈이 있는 거죠. 단어는 사실 더 명확해지면 편할 것 같긴 해요. 저희가 이야기하는 건 낳은 사람의 문제는 아니에요. 기르는 문제에 훨씬 가깝죠.

이고은 누군가가 '모두가 엄마다'라는 구호를 먼저 얘기했고, 그 구호에 다들 1차적으로 감화를 받았어요. 그 '모두'라는 단어에 누가 포함되는지에 대해서 지난하게 논의하면서 생물학적 여성뿐만 아니라 아빠, 이모, 삼촌, 나아가서 사회와 시스템까지도 '모두' 안에 포함되어야 한다, 라는 방향으로 계속 논의했죠.

그런 과정이 정치하는엄마들만의 수평적인 조직 문화 덕분에 가능했겠다는 생각이 드네요.

장하나 고은 언니가 깨졌다는 표현을 썼었는데, 안 깨진 사람이 없어요. (웃음) 말 안 하면 안 깨지지만 말하는 사람 중에 안 깨진 사람은 없어요.

조성실 아니 근데 말 안 해도 깨져요. 왜냐하면 내면에 있었던 생각이 깨지는 거죠.

장하나 그렇구나. (웃음) 근데 이렇게 깨지는데도 불구하고 계속할 수 있었던 건 대화를 하는 과정에서 지적도 당하고 깨짐도 당하고 아니면 스스로 생각이 바뀌는 깨짐도 당하지만 누가 이기고 지는 게 아니라는 걸 다들 알고 있기 때문인 것 같아요. 1년이 지나고 보니까 서로 다 깨지고 있어서 문제가 안 되기도 하고요. 우리가 대학교 동아리, 아니면 학생회, 직장 노조 이런 거였으면 더 자주 보고 서로가 어떤 사람인지 알고 얘기를 했을 텐데 주로 텔레그램으로 소통하니까 느릴 수밖에 없어요. 그런데도 불구하고 저는 오히려 자주 보고 가까이 있는 사람들보다 더 많이 가까워진 것 같다는 생각이 들어요. 지금도 가끔 오프라인 모임에서는 서먹하기도 한데 서로가 편견이 없다는 게 중요한 것 같아요. 우리 웬만하면 서로 어디 사는지도 잘 모르고, 남편이 있나 없나, 뭐 먹고 사나 이런 거 몰라요, 서로. 나이도 듣긴 들었지만 까먹고. 저 사람이 어디서 무슨 대학을 나왔나, 중학교를 나왔나, 뭘 전공했나, 이런 걸 서로 모르고 굳이 알려고 하지 않는 관계라는 것도 큰 것 같아요. 태어나서 이런 조직은 처음인데 이 문화가 우리에게 어마어마하게 기여를 한 것 같아요.

이고은 그런 문화를 형성하는 데 하나 언니가 '언니'라는 호칭을 쓰자고 제안한 것도 굉장히 영향이 컸죠.

조성실 호칭 얘기를 하니까 처음 모였을 때 제가 불편한 게 있었어요. 하나 언니가 저에게 사무국장을 제안해서 사람들이 저를 국장님이라고 불렀는데, 사실 저는 전업주부였거든요. 회원들 중에는 언론인들도 많이 계셨고, 여성단체 대표님도 오시고 하니까 아무래도 그 당시에는 다들 주저주저하면서 말도 잘 못하고 어색할 수밖에 없잖아요. 초반에 온라인상에서는 특히 더 심했다고 생각하는데, 그러다 보니 아무래도 발언하시는 분들은 다 직함이 있는 분들이셨어요. 그래서 서로 누구 기자님, 팀장님, 국장님 하고 부르는데 문득 그런 생각이 들더라고요. '내가 아무 직함이 없었으면 사람들은 나를 어떻게 부르지?' 그래서 제가 그날 밤에 바로 텔레그램에서 거의 처음 했던 얘기가 '우리 엄마로 모였으니까 사회적 직함을 빼고 ○○ 님이라고 부릅시다'였거든요. 이후에 다른 회원들과 일대일로 소통하면서 알게 된 건데, 다 같은 생각을 하고 있었던 거예요. 엄마로서 느끼는 문제들을 함께 해결하자고 해서 고무돼서 왔는데 여기서마저도 나는 관찰

자구나, 하는 상실감을 느꼈던 거죠. 그러면서 '내가 지속적으로 여기서 어떤 역할을 할 수 있을까?' 하고 주저하게 되고요. 그런 생각을 전업주부인 회원들이 많이 할 거라고 느꼈는데, 실제로도 그랬던 거죠. 그래서 그 지점에서 고민하면서 호칭에 대한 얘기로 자연스럽게 이어지고, 혁신적으로 '언니'라는 호칭을 쓰게 된 거예요. 깨지는 데 대해 제 감정 그대로를 표현하자면 서로가 연결되고 서로를 통해 깨지면서 제 세계가 확장되는 자유를 맛봤던 것 같아요. 제 세계가 단순히 깨지기만 하면 위축될 텐데 그게 아니라 서로가 연결되면서 제가 머리로는 알았지만 실체를 느끼지 못했던 어떤 현존하는 다른 세계가 있다, 그리고 그게 되게 가까이 있다, 하는 데서 오는 공통의 문제의식을 느끼면서 제 세계가 확장되는 거죠. 물리적으로는 이전에 살고 있던 세계와 똑같은 반경 안에 살고 있지만 훨씬 더 확장된 세계 속에 살고 있다는 느낌이 들어요.

장하나 50평? (웃음)

조성실 한 200평? (웃음) 그런 데서 자유로움을 느껴요.

이고은 또 다른 확장의 증거라고 볼 수 있는 게 서로 사전에 나눠왔던 대화와 합의점을 찾아가는 시간이 있었기 때문인지 우리가 가진 문제의식에 대한 해법이 결과적으로 비슷한 방

3부 그리고 못 다한 이야기들

향을 생각하는 경우가 많더라고요. 별다른 대화가 없었는데도 느껴지는 포인트들이 있는 거죠. 그래서 아, 이게 싸운 시간의 결과인가? 하는 생각도 들어요.

장하나 처음에는 호칭이 작지 않은 문제였어요. 저도 처음에 제가 국회의원인 걸 어떻게 깰 수 있을까 하는 게 개인적으로 큰 과제였거든요. (사람들이) '아무리 그래도 국회의원인데' 하고 생각하는 게 있잖아요. 그게 어떤 면에서는 정말 불쏘시개로 좋게 쓰인 면도 있겠죠. 다른 국회의원한테 연락도 할 수 있고, 얼마나 요긴하게 쓰일 수 있겠어요. 근데 그 외에 뭔가, 저의 괜한 얘기 하나가 자유로운 토론에 방해가 될까 봐 걱정이 됐어요. 아니면 사람들이 저기는 뭐 민주당이래, 국회의원 출신이래, 하는 것들이 저의 경계였는데. 개인적으로 노력은 했지만 그 경계를 혼자서 무너뜨릴 수 없잖아요. 근데 제가 워낙에 수수한 외모 때문인지 사람들이 저를 국회의원이라고 잘 안 믿어서. (웃음) 어쨌든 그런 저의 개인적인 고민에 성실 언니가 얘기한 대로, 사회적으로 어떤 직함들이 있기도 하고 나름의 문제의식도 있겠지만 그렇다고 해서 다들 운동을 해온 건 아닌 거잖아요. 그냥 서로 언니라고 부르면서 거의 1년이란 시간이 쌓이니까 이제 아주 우리에게 좋은 문화로 자리 잡은 것 같아요.

이고은 근데 진짜 궁금해요. 어떻게 그런 제안을 하게 된 거예요?

장하나 저는 개인적으로 한국 사회에서 직업도 그렇지만 나이로 위계 정하고 이러는 게 정말 싫어요. 함께 좋은 취지로 모여서 활동하면서도 시간이 지나면서 '어머, 밥 먹었니?' 이렇게 되는 거 너무 싫었거든요. 동료의식이 떨어지는 것 같고. 그리고 또 나이 따라서 누구는 대표 맡고, 누구는 운영위원 맡고, 누구는 사무국장 맡고, 누구는 '대표님 오셨어요' 소리 듣고 누구는 그냥 평회원이 되고… 이런 걸 여러 단체들에서 겪었기 때문에 처음부터 그런 걸 안 하겠다는 의지는 있었죠. 그래서 호칭을 어떻게 하면 좋을까 하다가 '언니'라는 말을 찾은 거고요. 일단 위계가 없어야겠다는 생각이었어요. 고은 님, 성실 님 해도 되지만 살갑게 한번 언니를 써본 거죠, 여자들끼리. (웃음) 그러다 보니까 남자 회원도 다 언니로 하기로 하고 그렇게 됐죠.

이고은 상대에게 다가가기 전에 저 사람을 내가 뭐라고 불러야 할지가 되게 고민스럽잖아요. 일단은 저 사람을 파악해야 할 것 같고, 저 사람이 어디 소속이고 직책이 뭔지를 알아야 예우할 수 있는 것 같기도 하고, 그런 게 있잖아요. 근데 저는 언니라는 호칭을 쓰면서부터 이 모임에서의 역할 외에 다른 모습에 대해서 전혀 신경 쓰지 않게 되는 게 너무 좋더라고요. 누구든지 언니라고 부르면 되니까 쉽게 가서 말을 걸 수 있고. 제가 저 사람 이름을 모르고, 또 사회에서 어떤 직함을 가지고 있는지 모르면 실수할까 봐 먼저 다가가기 힘든 적도 많았던 것 같거든요. 그게 없어지니까 좋았어요.

장하나 호칭이 정말 중요해요. 몇 학번이에요, 어디 학교 나왔어요, 이거 너무 싫지 않아요? 몇 학번이냐는 것도 몇 살인지를 돌려서 물어보는 거고, 또 대학을 안 나온 엄마들은 얼마나 듣기 싫겠어요. 그런 게 일절 없으니까 정말 편해요.

이고은 언니라는 호칭이 정치하는엄마들 내에서 서로의 마음을 더 열 수 있게 해주는 키워드처럼 작용한 것이 아닌가 싶어요.

장하나 어느 정당이든, 또 어느 조직이든, 가치 지향은 진보적인 데가 많지만 그 안에서 구성원들끼리 수평적으로 가는 건 또 힘든데 그런 점에서는 정치하는엄마들이 짱인 것 같아요. 꼭 짱이라고 써주세요. (웃음)

창립 당시 주요 쟁점으로 노동과 보육 문제를 꼽으셨는데, 그간의 성과는 무엇이라고 보시나요? 또 아쉬운 점도 있을 것 같은데요.

장하나 제가 생각하는 성과는 엄마들이나 아이들을 당사자로 하는 정책들을 입안할 때 당사자의 대표성을 가지고 목소리

를 낸 거예요. 관련 회의나 세미나가 있을 때, 그전에는 부르
래야 부를 사람도 없었거든요. 근데 정치하는엄마들이 생기
고 나서는 이제 우리를 많이 찾죠. 딱 거기까지가 성과인 것
같아요. 지금까지는 엄마들이 아예 그런 자리에 있지 못했으
니까요. 아쉬운 점은 엄마 안에서도 취업모는 취업모대로, 한
부모 가정은 한부모 가정대로 여러 주체들의 다양한 입장이
정책 입안 테이블에 더 많아져야 하는 거죠. 우리도 우리 안
의 여러 입장들을 녹여내려고 노력은 하지만 아무래도 한계
가 있잖아요. 예를 들어 교육 문제라고 하면 엄마뿐만 아니
라 학생이나 선생님이나 이런 당사자들이 더 많아야 해요.
지금은 공무원들, 전문가가 너무 많아요. 지금까지 수십 년
동안 이 정책을 말아먹은 사람들이 거기 앉아서, 개혁하겠
다 말만 하면서 같은 사람이 또 하고 그러거든요. 그런 것들
이 아쉬워요. 엄마 한 명 불러놓고 뭐 어떻게, 얼마나 변하겠
어요. 아까도 말했듯이 당사자 참여가 중요하다는 얘기를 꼭
드리고 싶어요. 또 한 가지 굳이 우리가 싸워야 하는 문제인
가 싶은 것들이 있죠. 예를 들어 비리 유치원들, 운영의 투명
성 문제에 대해서 우리가 문제 제기를 해도 아직까지 꿈쩍도
안 하고 있거든요? 근데 사실 그건 정상적인 사회에서는 누
가 문제 제기를 하지 않아도 비리가 일어나지 않아야 하죠.

그래서 우리가 그럼 비리 유치원 이름이라도 공개해달라고, 우리가 기피해서 안 보내기라도 하겠다는데 그조차도 알 수가 없어요. 엄마들로서는 우리 아이가 다니는 유치원이 감사에 걸렸는지 아닌지도 모르는 거죠. 이건 이익집단들이 말도 안 되는 우월적 지위를 남용하고 있는 거죠. 공무원들도 거기에 편승했었고.

이고은 성과라는 게 우리가 뭘 해서 어떤 정책이 통과됐습니다, 이런 것보다 엄마들이 겪는 고통이 공적인 문제라는 걸 사회에 보다 명확하게 알린 지점에 있는 것 같아요. 예전에는 엄마들이 힘들다고 하면 그걸 개인적인 문제로 여기고, 그래서 외부적인 요인 때문에 힘들다고 이야기했을 때 그 사람 개인을 예민한 사람처럼 취급하는 분위기가 있었던 것 같거든요. 저만 해도 둘째 육아휴직 쓸 때는 눈치도 많이 보이고, 육아휴직 쓸 건지를 물어보거나 쓰지 말라는 선배들도 있었고, 출산휴가 3개월까지만 쓰고 나오라고 말하는 사람들도 있었어요. 물론 지금도 첫째조차도 육아휴직을 쓰기 힘든 회사들이 있지만 그래도 그때보다는 조금은 더 상식처럼 여겨지는 것 같아요. 시국적인 영향도 있고, 그런 분위기 속에서 엄마들이 겪는 문제들이 더 이상 사적인 문제가 아니라 공적인 영역의 의제라는 것을 정치하는엄마들이 조직화해서 한목소

© 강미정

엄마로서 겪는 문제에 대해 얘기하면 과거에는 개인을 비난하곤 했다.
정치하는엄마들의 등장은 구조에서 해법을 찾자는 인식의 전환을 가져오는 데 일조했다.

리로 계속 얘기하다 보니까 사람들 인식 속에도 자리 잡게 된 면들이 있는 것 같아요. 그래서 이제 엄마로서 겪는 문제에 대해 얘기하면 '너 예민하니?' 아니면 '너 모성이 부족하니?' 이런 식으로 개인을 비난하는 식이 아니라 구조에서 해법을 찾으려고 하는 거죠. 그게 큰 성과라고 생각합니다.

장하나 인과관계가 뚜렷한 성과도 있는데요. 우리 지애 언니, 아이가 식이 알레르기가 있는 엄마인데 지애 언니처럼 식이 알레르기로 고통받고 있는 엄마들이 많아요. 아나필락시스 쇼크라고, 왜 우리 영화나 뉴스 보면 땅콩 같은 거 먹었을 때 아이가 갑자기 사망하고 이런 거 있잖아요. 그런 급성 쇼크성 알레르기는 1~3분 이내에 응급주사약인 에피펜 주사를 맞으면 심각한 고비는 넘길 수 있다고 해요. 근데 한국에서는 학교에 있는 선생님과 보건교사들이 그 주사를 놔주면 법적으로 문제가 생길 수 있어서 못 해줬거든요. 아이가 주사를 소지하고 있어도 쇼크가 왔을 때 그걸 쓰질 못하는 거죠. 아이가 스스로 주사할 수도 없는 거고요. 그래서 아이의 위험성이 심각할 경우에는 엄마가 하루 종일 학교에 있는다는 거예요. 그 이야기를 듣고 정치하는엄마들에서 어린이집부터 중학교, 고등학교까지 선생님들이 에피펜을 주사할 수 있도록 하자고 주장했죠. 국정감사 때도 열심히 얘기했고요.

관련 법안이 이미 발의가 되어 있는 상태였고, 통과가 안 되고 있었는데 그게 2017년 12월 9일에 국회 본회의를 통과했어요. 학교 보건법이 개정돼서 보건교사에 한해서는 학생에게 에피펜을 주사할 수 있게 된 거예요. 모든 선생님이 주사할 수 있도록 했다면 더 좋았겠지만, 그래도 일단 조금은 나아간 거죠. 저는 그런 일을 우리가 하게 될 줄은 상상도 못했지만 우리 구성원 중에 누군가가 그 법안이 굉장히 절실했고 그걸 정치하는엄마들의 활동으로 이뤄낸 거죠. 한 명이라도 살릴 수 있다면 그게 어디겠어요.

당사자가 아니면 불가능한 법안이네요.

장하나 사실 그전에도 식이 알레르기 환자 가족들의 온라인 커뮤니티가 있었고, 여러 활동도 했지만 정치 활동은 정말 전략이 필요해요. 예컨대 단체에서 우리에게 필요한 법안의 진행 상황을 다 알고, 국정감사 때 실제로 어떤 의원실을 섭외해서 질의안을 만들고, 그걸 정부에서 인정하도록 압박하고, 그래서 법 개정이 자연스럽게 이루어지는, 그런 것들은 법안을 발의한 의원이 집중해서 신경 안 쓰면 4년 후에 임기 만료 폐기되는 것들도 많아요. 법안은 좋지만 압박도 없고 당사자도 아니니 흐지부지되는 거죠. 결국 어떤 법안을 빨리 통과

시켜달라고 쫓아다니면서 얘기할 건 당사자들밖에 없는데, 당사자들은 또 그 과정을 잘 모른단 말이죠. 내가 어떻게 국회의원을 찾아가서 어떻게 말할 수 있는지 정말 몰라요. 그런 게 아쉬운 점이기도 하네요.

조성실 제가 지난 1년을 통해서 느낀 건 정치적인 해결을 하려면 전략과 기술이 필요하다는 거였어요. 이제까지 온라인 카페 같은 데가 그나마 엄마들이 좀 모여 있는 공간이었는데, 실제로 정치적 의제를 배제하는 카페도 많았고, 또 그런 이슈가 공론화되는 카페들조차도 이게 정치적 행동으로 이어질 수 있는 매개가 부족했던 것 같아요. 정치하는엄마들 구성원이 다양하고 각자가 가진 경험도 다양하다 보니까 그 조화가 가장 빛을 발하는 지점이 그런 포인트였다고 생각해요. 각자의 다양한 역량으로 팀워크를 이뤄서 활동했기 때문에 이런 성과가 가능하지 않았나. 그래서 저희가 자칭 엄벤저스라고. (웃음) 엄마들이 모여서 뭔가를 할 수 있다는 걸 상징적으로 보여주는 사건이기도 했고요. 또 실제로 2017년 한 해 동안 저희가 짧은 기간에 비해서 여러 요청들을 받았던 건 사회가 이런 존재를 필요로 했다는 방증이기도 하죠. 다만 어느 정도의 중요도를 두고 우리의 의견을 듣는지에 대해서는 아쉬움도 있고 앞으로 가야 할 길이 여전히 멀기도 하지만 그럼에도 불구하고 정치하는엄마들이 역할을 할 수 있는 부분은 최대한으로 해오지 않았나 싶습니다. 그래서 지난 1년의 활동을 돌아보면 개인적으로는 정말 조금의 아쉬움도 없는 것 같아요. 할 수 있는 것 이상으로 다들 너무 노력해왔다는 생각이 들고요. 다만 앞으로의 과제가 무엇인가를 생각했을 때, 사무국도 없고 실무진도 없는 상황에서 이 운동을 어떻게 지속 가능하게 할 것인가, 그리고 의제의 우선순위와 역량의 배치라고 해야 할까요, 그런 부분에서 어떻게 나아갈 것인가를 고민해야 할 것 같아요. 2017년 한 해 할 수 있는 역할은 충분히 했다고 생각합니다.

장하나 잘했다. (웃음)

〈한국일보〉와의 인터뷰에서 조성실 공동대표는 "엄마야말로 정치에 가장 적합한 인물"이라고 말씀하셨어요. 그렇다면 정치하는엄마들에서 국회의원이 나오는 것 또한 주요한 목표 중 하나인지요.

이고은 그런 질문을 많이 받았어요. 당사자 정치인이 나오는 것도 주요한 과제 중에 하나라고 생각하는데 그게 지금 있는 우리 회원들 중에 누가 당사자 정치인이 돼야 해, 그런 목표가 아니라 엄마인 당사자들이 엄마로서 정치의 주체가 될 수 있도록 토양을 만드는 것이 궁극적인 목표가 아닌가, 하는 생각이 들어요. 사실 실질적으로 운동을 계속 해가다 보면 열심히 하는 언니들 중에서 그 주체가 되는 사람이 분명히 나올 수 있을 거라고 생각하고요. 다만 사실상 엄마라는 당사자성은 시간이 갈수록 계속 조금씩 바뀌는 것 같아요. 길게 봤을 때 엄마라는 정체성은 계속 유지가 되지만 아이가 성장하면서 조금씩 변동이 있는 것 같거든요. 이제껏 엄마 당사자 조직이 생기기 어려웠던 지점도 거기에 있는 것 같고요. 당사자 정치인이 등장하는 것도 중요하지만 당사자들이 실질적으로 어떤 권한을 갖고 어떤 정책이나 제도를 디자인하고 구축해갈 수 있는 그런 체계를 형성하는 것도 우리에게 주어진 큰 과제고, 그게 일종의 정치적 토양이 될 수 있다는 생각이 들거든요. 정치라는 단어가 한국 사회에서는 너무 자극적으로, 특정 개인이 어떤 권력을 쥐고 한자리 얻는 그런 의미로 받아들여지기 때문에 오해하는 시각도 있을 수 있는데, 정치라는 행위 자체는 굉장히 건강한 것이고 그 행위를 좀 더 정정당당하게 할 수 있게끔 당사자들이 나올 수 있는 토양을 만들어주는 것, 그게 또 정치하는엄마들의 중요한 목표라고 볼 수 있을 것 같아요.

조성실 해당 인터뷰에서 장래 목표, 운동 목표가 뭐냐는 질문도 받았는데 그때 했던 이야기가 "정치와 엄마가 신선한 조합이

네요"라는 이야기를 더 이상 듣지 않는 거라고 답했었거든요. "정치에 방점이 있어요, 엄마에 방점이 있어요?" 이런 질문도 몇 번 받았는데, 그때마다 저는 '하는'에 있다고 답해요. 정치를 한다는 게 우리 사회에서는 되게 어색하고 익숙하지 않은 일이잖아요. 그런데 꼭 제도권 정치 안에 직업 정치인으로 들어가지 않아도 학교 운영위원회나 어린이집 운영위원회, 또 지역에서의 보육 반장이나 보육정책심의위원회 등 할 수 있는 역할들이 되게 많이 있거든요. 그리고 그런 역할에서 꼭 알아야 할 부분을 엄마들이 가장 잘 알기 때문에 해법도 가장 잘 제시할 수 있는 지점이고요. 그런 생활 정치에서부터 나아가서는 제도권 정치에서도 역할을 할 수 있는 사람들이 반드시 많아져야 한다, 그러니까 엄마가 됨으로써 겪는 사회적 모순과 부조리, 그리고 아이를 키우는 데 발생하는 문제들 전반을 정치적으로 해결해가는 게 목표인 거죠. 그러니 "아, 저희는 제도권 정치가 주요 목표는 아니고요"라고 말하는 것 자체가 모순일 것 같아요. 지금과 같은 상황에서 제도권 정치에 혼자 들어가서는 행동하기 어려운 지점이 있지만, 외부에 조직이 있고, 또 그 조직의 회원들이 지자체나 국회 곳곳에 흩어져 있어서 각자의 정치를 하면서도 같은 문제의식으로 연대할 수 있다면 정치하는엄마들이 할 수 있

3부 그리고 못 다한 이야기들

는 역할들도 점점 많아질 수 있을 거라고 생각해요. 여성 정치인의 경우 '엄마 정치'를 자신의 세일즈 포인트 정도로 활용하지, 엄마라는 역할에 대한 고민을 현장에서 씨름하거나 어떤 슬로건이나 문제의식의 시발점으로 삼는 경우는 사실상 없거든요. 결국 사회에서의 전문성에 플러스 요인 정도로 '엄마'인 것을 이야기해왔죠. 저희가 얘기하고 싶은 건 생활 정치든 제도권 정치든 엄마라는 당사자성 자체가 정치에서도 충분히 중요한 토양이자 자질이 될 수 있다는 것, 또 단순히 생물학적인 엄마뿐만 아니라 많은 사람들이 누군가를 양육하고 생활을 유지해가는 과정에서 학습할 수 있는 영역이기 때문에 그 역할을 사회가 함께 나눠야 한다는 것, 크게는 이런 방향으로의 운동이라고 볼 수 있을 것 같아요.

장하나 당연히 우리 회원들이 다 의원님들이 되셔야죠. 다 배지 다셔야죠. (웃음) 근데 그걸 이번 지방선거에, 아니면 다음 총선에 누가 나오고 누굴 만들 거냐 이런 고민보다는…. 모르겠어요, 여력이 되면 출마하는 것도 너무 좋죠. 저는 언니들 중에 누가 해도 기존 정치인들에게 빠지지 않는다고 생각해요. 상식이 있고 선한 의지가 있으면 정치하는엄마들뿐만 아니라 어떤 분들이 가서 하셔도 지금 하는 정치인들보다 못하지 않을 거예요. 저는 우리가 꾸준히 활동해서 다음 선거에서 어느 정당이 됐든 비례대표 후보를 찾을 때 정치하는엄마들 출신, 정치하는엄마들 활동가 출신들이 물망에 오르고 그랬으면 좋겠어요. 될 수 있다고 보고요. 근데 조성실이, 이고은이, 이렇게 사람 중심이 아니라 정치하는엄마들을 기반으로 활동한 모든 사람들은 누구보다 잘할 능력이 있는 사람들일 수 있다고 생각하는 거예요. 현재 여성 정치인들, 또 엄마들이 국회에 있다고 해도 아직도 너무 소수고. 한국 정치가 중년층·노년층 남성 위주라서 애 낳고 기르는 걸 모르고 관심도 전혀 없고 자기 아이 기저귀 한 번 안 갈아줘봤을 거고…. 출산율이 문제다 문제다 하지만 사실 그게 얼마나 와닿을 것이며 또 얼마나 문제겠어요, 본인들한테.

이고은 예전에 처음 여성 정치인들이 국회에 딱 들어갔을 때 기를 잡았대요. "너 가정을 버릴 수 있겠니?" 이렇게 물어본다는 거예요. 그 시대에, 그 시절에 여성들이 정치를 하거나 사회적인 성취를 이루려면 가정을 누군가에게 위탁하지 않고는 성공을 보장받을 수 없는 시대였잖아요. 근데 저는 만약에 정치하는엄마들 출신의 정치인이 탄생하게 되면, 구체적으로 어떤 형태일지는 모르겠지만 본인 사무실부터 성평등과 일·가정 양립을 실천하는, 아이가 사무실에 와서 같이 지낸다든지, 아니면 보좌관들도 같이 칼퇴근을 한다든지 하는

278   3부 그리고 못 다한 이야기들

식의 여러 가지 형태로 실질적인 삶에서 보여주는 모습을 기대해보는 건 어떨까 하는 생각도 들어요. 물론 국회가 힘들고 일이 많은 곳이지만 실천하는 정치인들의 모습이 정치하는엄마들의 당위성을 더 보여줄 수 있지 않을까? 그런 생각도 들고요.

조성실 우리가 바꾸고 맞서야 하는 사회적 편견이 되게 공고하다는 생각을 많이 해요. 저는 전체 텔레그램방에서도 인식이 많이 깨졌지만, 토론회 현장에서 비언어적이거나 언어적인 것들을 체감하면서 많은 부분 생각이 깨지고 투쟁 의식이 막 솟아나더라고요.

장하나 아줌마들이라고. (웃음)

조성실 네, 정치하는아줌마들이냐고 기자가 물어볼 정도니까. 그래서 토론회에 갈 때 개인적으로는 정말 해산의 고통을 안고 가요. (웃음) 왜냐하면 제가 만약 박사라는 타이틀로 간다, 그러면 토론회에서 보통만 해도 괜찮아요. 이미 박사라는 사회적 타이틀이 제 발언에 대해 어느 정도 보장해주는 게 있으니까요. 그런데 엄마 대표로 간다, 하면 이미 사람들의 기대 수준이 되게 낮아요. 그러다 보니까 평범하게 준비해 가서는 엄마가 정치적 의제를 풀 수 있는 주체다, 라는 메시지를 분명히 전달할 수 없다는 사명감에 불타기도 하고요.

장하나 이고은 아이고.

조성실 그리고 제일 화가 나는 건 이 지점이에요. 엄마 대표로 왔는데 발제와 토론을 잘하잖아요? 그러면 갑자기 개인으로 취급하는 거예요. "전업주부 아니네" "아, 조성실 대표님!" 이렇게 되는 거예요. 엄마들의 목소리를 대변하는 사람이 아니라 그냥 그중에서 한두 명 예외적 수준에 속하는 사람, 유능한 개인이 되는 거죠. 그래서 그런 편견과 한계를 뛰어넘고자 하는 목표가 우리가 직업 정치인을 배출해내는 목표와 연동이 돼야지, 앞서서 어떤 개개인이 정계에 진출하는 방식의 수적인 확보만으로는 이런 인식을 바꿀 수 없다는 한계를 많이 느끼게 되는 것 같아요.

장하나 아까도 얘기한 것처럼 요새는 엘리트 아닌 사람이 없어요. 검색하면 안 나오는 게 어딨어요, 논문이나 정부에서 발표하는 자료나 다 나오고 모든 내용들이 오픈되어 있어서 우리도 정치적인 해법이란 걸 생각할 때 구체적으로 무슨 제도가 문제고, 무슨 법이 문제고, 무슨 예산이 문제인지를 다 알 수 있어요. 그런데도 정책 입안하는 테이블에 가면 자기들은 박사고, 엄마들은 아는 게 없고, 이런 거 너무 옛날이야기죠. 이미 문제 해결 능력들이 다 있는데 서로 벽을 못 깨는 게 문제 같아요. 조성실 언니가 너무 훌륭한 개인이기도 한데, 저희 언니들 중에 훌륭한 언니들은 또 수두룩 빽빽(?)입니다.

조성실 그럼요, 그런 의견들을 모아서 가는 거고요.

장하나 개인적으로는 정치하는엄마들 시작부터 당사자 정치라는 것에 확신이 있었어요. 그전에는 운동도 정치도 주로 엘리트가 했던 거예요. 시민운동도 서울대, 연·고대 출신이 다 하고. 영화 〈1987〉을 막 우상화하면서 보는데 저는 되게 현기증 나고 싫어요. 30년 전에 SKY 나온 사람들 뭐, 그 사람들 국회의원 돼서 한 게 뭐 있으며 이 고루한 세상을 여기까지 이렇게 만들어왔잖아요. 근데 영화 나왔다고 막 우상화하고 이런 거 짜증나 죽겠어. 아주 보수적인 정치인들 보면, 그 사람들이 정신 차리고 제대로 했으면, 여성운동 출신에서 국회의원, 비례의원 하는 의원들이 그전에 미투를 하고 자기 가까이 있는 정치인들부터 팍팍 까발리면서 불편하고 부담스러운 존재가 되어야 하는데, 이미 그 권력 안에서 적응하고 순응하는 식으로 여성 정치인의 생명력을 이어와서….

조성실 불편하고 부담스러우신 분 여기 계시는데. (웃음)

장하나 그런가? 살아남으려면 나도 좀 순응했어야 하나. (웃음)

조성실 아녜요. 같이 불편해집시다.

장하나 여성운동 출신의 국회의원 많아요. 매년 비례대표로 몇 명씩 국회의원 되는데도 탁현민 행정관 하나 못 다그치는 거죠. 어쨌든 정치하는엄마들은 그런 면에서 당사자 정치의 전범이라는 거죠.

이고은 성실 언니가 현장에서 느꼈던 그런 분노를 저도 전해 들어서 알았고, 그 이후에 교육 관련한 토론회에 갈 기회가 있었는데 사전에 학습을 해서인지 저는 이런 생각을 하고 갔어요. 박사처럼 어떤 타이틀이 있고 명망 있는 사람들이 하는, 페이퍼에 국한된 그런 이야기들은 사실 누구나 할 수 있죠. 그러니까 실질적인 사례를 보편화할 수 있는 현상으로 포인트를 잡아서 엄마만이 할 수 있는 이야기를 하는 게 우리가 가장 강력하면서도 소위 말해 얕보이지 않는 방법이겠다는 생각이 들더라고요. 실제로 그런 일도 있었어요. 교육 관련한 세미나에 가서 '미취학 자녀를 둔 엄마들한테는 아이를 학교에 보내는 게 공포다' 이런 얘기를 했거든. 학교에서 '느금마'라는 표현이 공공연하게 쓰인다, 이런 상황에서 어느 엄마가 아이를 학교에 보내고 싶겠느냐, 이런 얘기를 했는데 그 세미나를 주관한 교수가 '느금마'라는 말을 처음 들어본 거죠. 현장을 전혀 모르는 전문가들에게 정치하는엄마들이 그 지점에서 중요한 역할을 한다는 걸, 전문가는 현장을 모르지만 우리는 현장에서 이런 것들을 읽고 있다는 걸 보여주는 게 좋지 않을까, 그런 생각이 들더라고요.

장하나 중요한 게, 요새는 정말 박사님들이 아는 데이터가, 제가 박사님만큼 논문은 못 쓰겠지만 박사님이 쓴 논문이 다 나와 있어서 그 데이터를 우리가 다 알아요. (웃음)

조성실 맞아요.

장하나 근데 그 분들은 현장을 무조건 몰라.

조성실 현장의 질감을 몰라. (웃음)

장하나 그들이 아는 걸 우리는 거의 다 알 수 있어요. 물론 그 사람이 발표한 연구물에 한해서겠지만. 또 통계청 통해서 통계 그 자체에도 접근을 할 수 있고요. 당사자 정치가 엄마 정치뿐만 아니라 모든 곳에서 필요한 이유가 이거예요. 지금 한국에서 정치하는 사람들이 현장성이 너무 없어요.

조성실 마침 오늘 56명의 국회의원이 공동주최한 국회 정책 토론회 「공공산후조리, 일하며 아이 키우기 행복한 대한민국」에 다녀왔어요. 56명 다 오진 않았지만 그래도 한 15~20명이 참석해서 한마디씩 하는데 결국엔 그 인식을 벗어나지 못하는 거예요. 출산율을 높이는 데 혼인율을 올리는 게 빠르냐, 유결혼자의 출산율을 높이는 게 빠르냐의 관점에서 접근하는 거죠. 또 다른 국회의원은 자기가 첫아이를 낳고 산후조리를 제대로 못했는데, 그 시대에 이런 게 있었다면 얼마나 좋았겠느냐, 환영받을 정책이다, 이렇게 얘기해요. 지금 산후조리 시장이 무분별하게 늘어나고 있고, 거기에 대해서 어떤 표본이 되거나 적정 모델을 제시해줄 수 있는 근거가 전혀 없어요. 품질관리도 전혀 안 되고요. 이건 생명의 안전하고도 직결되기 때문에 제도적으로, 또 법적으로 기준을 세우는 게 필요한데 정치권이 고민하는 건 항상 '그래서 이게 다음 선거에서 유리할 것인가 아닌가' 이게 포인트인 거예요. 제가 오늘 정책 토론회에서 이렇게 얘기했어요. '여기 중요한 자리니까 반드시 해야 하는 얘기를 하자면, 이 정책은 절대로 저출산을 해결할 수 없다. 왜냐하면 이렇게 한다고 해서 누가 아이를 더 낳겠느냐, 우리의 현실은 그대론데. 그렇지만, 그렇다고 해서 이게 필요하지 않다는 건 아니다. 제반의 정책들이 성평등한 사회에서 이런 정책이 이루어질 때에야 빛을 발하는 거지, 이것만 해서 저출산이 해결된 거란 식으로, 이게 정책 수요자들한테 인기가 있을까, 없을까? 이런 방식의 정책 진행은 너무 위험하다.' 그리고 갑론을박이 있겠지만 산후조리원 문화가 아이의 출생 초기부터 모든 육아의 설정을 엄마 중심으로 설계해요. 아빠들이 하는 일이 뭐냐면 출산휴가 며칠 받아서 산후조리원에 앉아서 하루 종일 DVD 보는 거예요. 할 일이 없어요, 아예. 아빠 교육도 없어요. 그러니 남성들의 출산휴가 사용률도 2015년 기준으로 8

퍼센트 미만이고요. 산후조리원은 엄마들의 마지막 만찬이 란 이야기가 공공연히 돌기도 하죠. 현재의 한국식 산후조리 원은 돌봄노동의 시장화가 반영된 결과이면서 동시에, 육아 부담의 불평등 및 가부장적 양육 문화에 대한 보상의 의미이 기도 하죠. 그런 문제의식을 갖지 못한 채 정책이 진행된다 면 그 자체로 심각한 문제라고 생각해요. 보육 시장 역시 시 장에 대한 문제의식 없이 민영 서비스를 무조건 공공으로 가 져오는 방식으로 진행하면서 문제가 더 많아졌거든요. 민영 에 있던 걸 공공성을 확보한다는 명목으로 공공으로 가져와 요, 그리고 위탁 방식으로 개체 수를 막 늘려요, 지금 어떻게 통제할 수 없는 시장이 형성됐어요. 산후조리원도 지금 단순 히 민간에 있는 걸 조금 저렴하게 쓸 수 있도록 개체 수 확 보에 목표를 두고, 그게 다음 선거 공고에 실을 수 있는 한두 줄이 되기 때문이라면 문제예요. 그런 정책은 투자하는 비용 대비 출산율로 당연히 직결되지 않을 것이기 때문에 비난받 을 거고, 지역에 따라 다르긴 하겠지만 재정적으로도 분명히 엄청난 부담이 될 텐데 이게 과연 왜 필요한지, 그리고 정말 필요한지에 대해서 얘기해야죠. 만약에 정말 정책적 설득이 필요한 지점이라면, 이렇게까지 지지율이 높은 정권에서야 말로 그런 부분에서 시도를 해야지 아니면 과연 어떤 정권이 그런 시도를 할 수 있겠나, 그런 답답한 마음도 들더라고요.
그 자리에 있던 어떤 분들은 아마 당황하셨을 거예요. 우리
가 전달하고자 하는 핵심 메시지는 결국엔 늘 똑같아요. (웃
음) 계속 불편한 존재가 되어야겠다, 그런 생각을 하죠. 오늘
도 56명 국회의원 중에 몇 명이나 공감을 했을지 잘 모르겠
어요. 그래도 돌봄 민주주의나 여성주의에 관심이 있으신 분
들, 또는 당사자로서의 경험이 있으신 분들은 아 하면 어 하
고 이해하는데. 그렇지 않은 분들은….

장하나 산후조리원이 뭐하는 데인지도 모른다니까요.

조성실 그래서 제가 아까 질문했거든요. 공공산후조리원 이렇
게 큰 비용 들여서 확대하겠다고 여기 모였는데, 직접 민간
산후조리원 가보신 분 계시느냐고. 아무도 없어요.

장하나 뭔지 몰라. 어휴, 환장해 그냥.

(일동 웃음)

**의제 쪽으로 넘어가보겠습니다. 주거 분야 쪽에서 정치하는엄마들이
내세우는 주장이나 정책이 있는지요.**

이고은 주거는 사실 개별 토론에서 이것도 문제다, 하는 식으로
많이 나오긴 했는데 제 생각에 영유아기 때부터 부동산 문제
가 삶에 침투하고 있다는 생각이 들어요. 이건 이제 주거 자

체보다는 한국 사회의 교육열, 학벌주의, 계급화와 연관이 되어 있는 것 같고요. 또 한국 교육을 사교육이 주도하고 있고, 그 시장 자체가 강남 위주로 구성되어 있잖아요. 주거 해법이 교육으로 이어지는 생각이기도 한데, 사교육이 아이들의 교육을 너무 짓누르고 좌지우지하고 있기 때문에 공교육이 좀 더 강화돼서, 공교육의 영향력이 더 커진다면 사실상 주거 문제의 근본적인 원인을 해결하는 데 더 중요한 지점이 아닌가 생각해요. 결국 그게 부동산에 영향을 미칠 거라는 생각이 들어요.

장하나 주거 문제는 개인적으로 엄마가 되기 전에도 심각하다고 느껴서 엄마가 되기 전후의 문제가 크게 달라지지 않았거든요. 근데 학군은 제가 잘 모르는 부분인데, 그걸 엄마들이 많이 힘들어하나요?

조성실 대중적 정서는 그렇죠.

이고은 힘들죠.

조성실 이번 특권학교 폐지 관련된 정책 수순을 밟으면서 강남 8학군을 중심으로 한 집값이 훨씬 뛰었다는 게 가장 중점적으로 비난받는 지점이고, 엄마들 중에서도 '더 박탈감만 느끼는데 그럴 바에야 차라리 특권학교 폐지 안 하는 게 낫다' 이렇게 말하는 분들도 꽤 많이 봤거든요. 근데 이제 저는 작게 보면…

장하나 아니, 근데 그건 주거 문제가 아니라 어쨌든 교육 문제 아닌가요?

조성실 그렇죠, 그러니까 결국에는 주거가 교육과 소득 격차의 문제라는 생각을 해요. 그래서 교육의 지점에서는 단기적으로는 특권학교 폐지가 당장 강남 8학군을 중심으로 한 집값 폭등으로 끝날 것처럼 보이지만, 궁극적으로 우리가 지향해야 하는 건 장기적으로 아이들에게 좋은 사회가 어떤 사회인가를 고민하는 거죠. 그래서 그 지점에서 교육 개혁을 위한 목소리를 내는 게 엄마 당사자로서 말할 수 있는 가장 주요한 의제라고 생각하고요. 그다음에 조금 단기적으로 적용할 수 있는 건 주거에 대한 직접적인 대안은 아니지만 지난 2017년 저출산 관련된 법무처 협의체를 서울시에서 만들었어요. 그때 총 몇 백 개의 정책 의제를 발굴해서 최종 10개를 투표에 부쳤는데, 최종 선정된 것 중 하나가 정치하는엄마들에서 낸 1개동 1개소 공동육아방이거든요. 이게 주거 비용에 관한 건 아니지만 양육에 적합한 주거 환경을 만드는 데는 굉장히 중요한 거라고 생각해요. 육아의 특성을 고려해서 한 동에서 도보 가능한 거리에 비슷한 생활패턴을 가진 사람들이 만날 수 있는 접점을 마련해주고, 거기에서 공동육아의 형태를 자발적으로 꾸릴 수 있도록 지원해줄 수 있는 공간을 확보하는 거죠. 하나 언니가 얘기했던 건데 "정치가 친구를 만들어줄 수는 없지만 공간은 줄 수 있으니까." 그런 지점에서의 정책들이 저희가 낼 수 있는 목소리라고 생각해요. 아이 키우기 좋은 주거 환경 개선을 위한 노력은 지금도 현재진행형으로 하고 있다고 볼 수 있을 것 같아요.

이고은 '양육 환경 자본'이라는 조어를 생각해봤는데, 제 경험을 얘기해보자면 제가 지금 살고 있는 동네가 마포거든요. 마포는 영유아를 둔 가정들이 적지 않은데, 제가 사는 아파트에서 친한 주민들하고 집값 얘기를 하다가 '우리 아파트값 올리려면 어떤 방법이 있을까요?' 하는 얘기가 나왔어요. 저는 아직 애가 어리니까 "애들도 많고 이러니까 아이 키우기 좋은 환경이면 사람들이 살고 싶어 하지 않을까요?" 그랬더니 어떤 분이 우리 아파트에서 SKY를 많이 보내면 아파트값이 오를 거라고… 그런 식인 거죠. 이 주거 환경이라는 게 그런 정서를 바탕으로 굴러가고, 집이라는 게 내가 살아가는 삶의 공간이 아니라 재테크와 자산이라는 인식이 공고하기 때문에 이 틀을 깨는 데 어느 정도의 화력이 필요할지 굉장히 좀 막막해지는 기분이었어요.

장하나 그게 옳지 않다는 공감들은 다들 하고 있을 거라고 저는 생각해요. 그러니까 그분들이 우리가 하는 활동에 동의하지 않아서 참석을 못하는 분들이 아니라는 거죠. 당장에 바뀌지 않을 거기 때문에, 그렇게 생각을 하시지만 저희의 이런 생각과 배치되는 생각을 갖고 계실 것 같진 않아요.

요즘 미세먼지가 심각한 문제입니다. 환경 분야에서는 정치하는엄마들이 어떤 목소리를 내고 있는지요?

이고은 저희가 실제로 활동한 게 탈핵, 그리고 원전 반대하는 연대체에 결합했던 것들인데 사실 환경 문제 자체를 전면에 내걸고 한 활동은 지금까지는 없었어요. 일단 기본적으로 미래적인 시각에서 봤을 때 공감대를 갖고 친환경적인 정책을 지지하는 정도의 방식이죠. 실질적으로 미세먼지와 같은 환경 문제로 인해 엄마 입장에서, 또 아이 입장에서 문제가 되는 건 놀 권리와 관련되는 문제이기도 해요. 환경 때문이기도 하고, 아이들이 놀 공간이 부족하잖아요. 놀 권리와 건강권을 접목한 관점에서 환경 문제에 접근해온 것 같아요.

조성실 저희가 미세먼지만을 주요 안건으로 해서 구체적인 활동을 이어가고 있지는 않지만 저희 단체에 미세먼지 관련한 시민단체에서도 활동하시는 분들이 있어요. 그런 분들을 통해서 같이 정보를 주고받으면서 간담회 같은 데 정치하는엄마을 회원들이 함께 참여하기도 하고요. 미세먼지 문제에만 집중해서 왕성하게 활동하면서 법안을 발의하고 있는 단체들이 있기 때문에 정치하는엄마들은 그런 단체와 연대할 수 있는 지점을 찾는 게 더 중요한 것 같아요. 최근에 세이브더칠드런에서 정치하는엄마들과 사교육걱정없는세상에 연대 제안을 해오셨어요. 아이들의 놀이터를 지키고 학교 내 놀이 시간을 확보하는 것만으로는 아이들의 놀 권리를 증진하기 어렵다는 판단을 하신 게 아닐까 싶어요. 아동권을 침해하는 요소들이 사회 전반에 촘촘히 스며들어 있는 상황에서, 여러 단체가 함께 모여 좀 더 큰 그림을 그려가보자는 제안이었어요. 놀이터가 점점 없어지고 있는데 새로 짓는 아파트는 점점 더 수준 높은 실내외 놀이터들을 완비하고 있거든요. 지난 몇 년간 1천 500개 정도의 놀이터가 폐쇄됐는데, 그게 다 주택 단지 쪽에 있는 놀이터들이에요. 아파트에 살지 않으면 밖에서도 놀 데가 없고, 그마저도 미세먼지 때문에 못 놀고, 실내 놀이터는 돈을 주고 가야 되고, 품질도 너무 떨어지고…. 그래서 세 단체가 그런 문제를 논의하기 위해서 모임을 가졌고 집담회 형태로 두 번째 모임을 기획하고 있는 상태예요. 미세먼지가 어떤 계기점이 되면 저희 안에서도 구체적인 대안을 내놓을 수도 있겠지만, 사실 지난 1년간은 환경 문제만 놓고 구체적인 정책을 제안한 경우는 없었던 것 같아요.

장하나 제가 환경단체에 있기는 하지만, 정치하는엄마들에서는 사실 환경 문제가 매일 이슈가 되지는 않았어요. 관심이 있는 사람들은 관심이 있지만 아닌 분들은 또 별로 관심이 없고, 이렇게 편차가 좀 있어서 제가 막 밀지는 못하고 있었어요. (웃음) 이제 엄마들의 목소리가 (자주 들리고 압박이 되면) 정치권에서도 더 불이 붙고 열심히 하기도 하는데, 정치하는엄마들이나 다른 당사자 조직에서도 사실 근본적으로는 운송 대책, 수송 대책 이런 거 있잖아요. 특히 서울 같은 대도시는 기본적으로 이렇게 좁은 땅에 900만 명씩 모여 살면 안 되는 거거든요. 그러니까 서울이 공기가 좋아질 수는 없어요. 원래 이렇게 좁은 데 모여서 살면 환경 문제뿐만 아니라 부동산 등 모든 게 (다 문제가 되고) 해결하기가 어려운 구조예요, 서울 또는 수도권 구조 자체가. 어쨌든 저희가 미세먼지 같은 환경 문제는 저희가 중심 주제로는 못하고 있긴 하네요. 올해 안에 석탄화력발전소 건설 현장에 가서 언니들하고 제가 '몸빵'을 한번. (웃음)

영어 조기 교육 얘기로 넘어가볼까요. 영어 조기 교육에 대한 엄마들

의 입장 차가 꽤 크다고 들었어요. 어떤 이야기들이 오가고 있는지요?

장하나 저는 아직 아이가 어리기도 하고, 장하나 개인으로서도 교육에 정말 관심이 없어요. 어떻게 하면 교육을 덜 시키고 더 놀게 할까, 이거에 꽂혀 있는 사람이라 사실 저한테는 되게 쉬운 문제였거든요. 저는 영어뿐만 아니라 수학 조기 교육도 싫고 국어도, 그냥 모든 교육이 싫어요. 심지어 후기 교육도 싫고. (웃음) 교육 자체에 회의적인 편이어서 영어 한 과목에 대한 조기 교육이 저한테는 별로 문제 될 게 없는 것 같아요. 근데 이것도 (정치하는엄마들 활동을 하면서) 깨진 거죠. 여기에서 다른 많은 언니들이 처해 있는 상황과 입장들을 보면서요. 예전에는 '무슨 교육이야' 하는 식으로 막연하게 반대했다면 언니들과 대화하면서 구체적으로 영어 조기 교육 반대 입장이 다져졌어요. 북유럽 국가들의 학생들이 한국 학생들보다 영어를 잘해요. 회화가 돼요. 우리보다 시수가 많은 것도 아니고 더 빨리 시작하는 것도 아닌데 그래요. 공교육만으로도 사람들이 웬만큼 다 영어를 하는 거죠. 한국은 시수도 많고, 시험도 많이 보고, 수능에서도 봐서 대학까지 가는데도 못하죠. 저는 그 부분에 집중해서, 결과적으로 아이가 회화를 잘하기 위해서는 영어 조기 교육을 안 해도 된다는 데 주목했어요. 제가 영어 조기 교육을 반대하면서 다른 언니들과 엄마들을 설득하고 싶은 건 조기 교육을 하지 않아도, 사교육을 하지 않아도 아이들이 영어를 잘하는 국가가 있는데 그럼 우리가 뭘 잘못했기에 그렇게 안 되는지에 대한 거예요. 초중고에서의 영어 교육을 그대로 두고 사교육으로, 조기 교육으로, 그렇게 돈으로 메꾸면서 아이한테 그런 고통을 왜 줘요. 현재 공교육의 영어 수업이 뭐가 문제인지 분석하고 그걸 잘 보완해서 아이들이 충분히 영어를 할 수 있다고 하면 그쪽이 모두에게 행복한 방향이죠. 추가 비용 안 들고, 아이들도 추가로 공부할 필요 없고, 그런 면에서요. 현재 공교육에는 손을 대지 않는 방식에서 아이를 조금 더 공부시키고, 부모가 능력이 되면 선생님을 붙이고, 더 돈이 되면 그 선생님을 원어민으로 붙이고, 능력이 안 되면 온라인 강의로라도 하고… 이런 식으로 하는 게 되게 안타까워요. 엄마들도 요구 사항을 구체화하고 좀 더 본질을 꿰뚫어야 할 것 같아요. 그 많은 시수에 콘텐츠만 좋으면 초중고만 나와도 다 잘할 수 있을 거라고 믿어요. 지금 그 시간을 낭비하고 있는 게 문제의 본질이라고 생각하는 편입니다. 그전에는 단순히 '왜 가르쳐, 왜 가르쳐' 생각했다가 언니들하고 얘기하면서 생각이 좀 깊어졌어요.

이고은 집단 토론회에서 영어 조기 교육 문제를 논의하면서 내부에서 어느 정도 모아졌던 의견은 엄마들한테 "영어 조기 교육 찬성하세요, 반대하세요?"라고 그 입장만을 묻는 사회의 시선이 문제라는 거였어요. 엄마들은 당사자로 내몰려 있는 입장에서, 당장 내 아이의 교육 문제가 걸린 상황에서 어떤 선택과 판단을 할 때 자신의 도덕적인 기준만을 잣대로 들이밀 수가 없거든요. 영어 조기 교육을 하느냐 마느냐, 그 선택을 가지고 개인을 판단할 수도 없는 문제고요.

조성실 다른 조건값은 바뀌지 않으니까요.

이고은 그렇거든요. 그러니까 (이렇게 찬반 의견이 팽팽한 문제의 경우) 엄마들한테 이런 걸 물어봤어야 한다고 생각해요. '영어 조기 교육 무엇이 문제라고 생각하나, 그것이 왜 문제인가, 어떻게 해결해야 하나' 그런 근본적인 질문을 해야 하는데 당사자 입장을 묻는다고 묻는 게 찬성이냐, 반대냐 이런 피상적인 것만 물어봤으니, 엄마들은 이분법적으로 판단해야 하는 상황이 된 거죠.

조성실 그러다 보면 결국, '엄마들 때문에' 교육 개혁이 실패했다는 식으로 묘사되고요. 보이는 현상만 놓고 보면 그럴 수있어요. 근데 여기에는 중요한 문제점이 있죠. 앞서 말한 것처럼, 근본적인 질문을 던지지 않고, 다른 조건값은 바뀌지 않은 상태에서 예스/노만 답하라고 질문을 하는 거죠. 누군들 쉽게 답하겠어요. 뜻이 있어도 지키기 쉽지 않아요. 결국 아이가 피해자가 될 거란 불안을 느끼니까요. 게다가 우리 사회는 자칫하면 낭떠러지 밑으로 떨어질 것 같은 위기감을 안고 살아가는 곳이잖아요. 그 당사자가 심지어 나도 아닌 내 아이가 된다고 생각해보세요. 저 역시도 함께하는 공동체가 없었다면 교육 철학이나 이런 부분을 지켜가기가 쉽지 않을 것 같아요. 이어서 말하고 싶은 건, 왜 모든 질문을 엄마에게만 묻느냐는 거예요. 보육도 교육도, 모든 데서 다 엄마에게 책임을 물어요. 사실은 양육자가 함께 고민해서 결정해야 하는 거죠. 이번 유치원 영어 사태 때처럼 결국 엄마들의 반대는 여성혐오하고도 묘하게 연결돼요. 결국 '엄마들 때문에', 그 엄마들이 누구냐면 바로 '맘충', 이런 식으로 이어지니까요.

이고은 그러니까 아이 교육에 대해 왜 엄마한테만 모든 책임이 몰려 있느냐 하는 것도 문제죠. 그걸 왜 엄마한테만 물어보느냐고, 아빠한테는 아무도 안 물어보고. 아이의 교육을 책임지고 아이들을 매니지먼트하는 그런 모든 역할이 엄마에게 있다고 상정하고 이 질문을 엄마한테만 하는 거죠.

조성실 '엄마의 치맛바람'이라는 단어를 상정하고.

장하나 '바짓바람'이라 그래야 돼. (웃음)

이고은 상속된 자본이 없는 평범한 맞벌이 부부 같은 경우에 아이를 위해서 할 수 있는 게 사실 교육밖에 없는 사회에서, 교육을 위해서 투자하는 것밖에는 자신이 아이들을 위해서 해줄 수 있는 게 없는 상황 속에서 '교육시킬 거예요, 안 시킬 거예요?' 이렇게 묻는 건 좀 폭력적인 거죠.

장하나 시킨 엄마, 안 시킨 엄마 이렇게 편을 가를 문제가 아니에요. 이런 고민들을 엄마들이 할 거 아니고, 엄마들이 찬성하거나 반대한다고 이럴 거 아니에요. 그럼 교육공무원이 왜 필요해요, 우리가 다 알아서 하지. 세금 안 내고 그 돈으로 그냥 영어 교육 시키면 되죠. 이건 우리나라의 교육 정책이 후지고, 그 정책을 만든 사람들의 문제라고 생각해요.

조성실 굉장히 구조적인 문제고, 우리 모두의 영역이라고 생각은 하고 있지만 개인적 경험에 가장 크게 기반해서 의사결정을 하게 되는 게 교육인 것 같아요. 아무래도 교육에 대한 상처가 되게 많은 대한민국이다 보니까. (웃음) 그리고 교육 자본을 상속하지 못했을 때 단순히 '삶의 질이 떨어질 거야' 하는 정도가 아니라 아예 추락한다는 인식이 만연해서 그 피해자가 내 아이가 되지는 않을까, 하는 불안이 양육자로서 느끼는 자연스러운 감정이고 책임감일 수 있다는 생각도 들어요. 정치하는엄마들에서도 처음에는 각자 의견이 되게 팽팽

했는데 결국 근본적인 합의점은, 교육에 대한 본질적인 질문부터 던져야 한다는 거죠. 그래서 어떻게 바뀌기를 원하는지, 실효성을 담보할 수 있는 구체적인 방안은 무엇일지를 묻는 방식이어야 된다, 이 정도로 정리가 될 것 같아요.

이런 사안처럼 입장이 갈리는 경우, 내부 갈등이 있을 것도 같은데요. 어떤 갈등이 있고 또 어떻게 해결해왔는지요?

장하나 그건 우리한테만 있는 문제는 아닌 것 같아요. 모든 단체들이 겪는 문제죠. 왜 우리한테만 이게 계속 질문이 되는지 모르겠어요.

이고은 많은 부분에서 사실 의견이 크게, 또는 자잘하게 갈리는 부분들이 있어요. 예를 들어 보육 기관에는 언제 보내는 게 좋은지 같은 개인의 상황에 따라 달라지는 의견들이 당연히 있고요. 육아휴직 같은 경우에도 언니들과 얘기하다 보면 유연근무제 도입이다, 육아휴직 실사용률의 평균치 향상이다, 이렇게 의견이 갈리기도 하고요. 근데 이번 영어 조기 교육 때 논의하면서 굉장히 기쁘고 좋았던 게, 저는 하나 언니처럼 '영어 조기 교육은 나와 거리가 먼 일이다' 하는 입장은 아니거든요. 그래서 저는 '그럼 나는 정치하는엄마들 활동을 하면서도 막상 내 삶에서는 실천할 수 없는, 나는 욕망덩어리 엄마인가?' 하는 생각 때문에 정말 괴로웠어요. '나는 이 조직에 맞지 않는 사람인가?' 이런 생각도 하고요. 근데 그런 의견들을 서로 끌어안고 흡수하고 다지는 과정을 거치면서 오히려 마음도 편안해졌고, 또 이 단체 안에서 모두가 어떤 접점을 찾아가는 과정 자체가 의미 있다는 생각도 들었고요. 현실적으로 단체가 더 커지면 막 계파가 생길 수도 있잖아요. 그렇게 되면 의결 구조도 좀 더 정교화할 필요가 있고요. 그래서 운영위를 열어서 (의결 과정을) 정교화하는 작업을 하자, 뭐 이런 얘기도 실질적으로 나오고 있는 상황이긴 해요. 그런 과정이 앞으로 우리에게 닥칠 거라는 생각이 들기는 하는데, 현재의 규모에서는 서로가 터놓고 이야기하고 직접 부딪치면서 접점을 찾아나가고 있어요. 근데 이 방식이 정교하게 구조화된다 하더라도 서로 터놓고 이야기하고 부딪치는 방식이 어느 정도는 계속 적용이 될 거라는 생각이 들어요.

장하나 어쨌든 저희는 지금까지 한자리에 모이면 모인 사람들이 다 한 명씩 이야기를 해왔어요. 누가 얘기하면 누구는 어떤 의견, 이렇게 의견만 가지고 풀어가는 게 아니라 중복에 상관없이 저희들 안에 있는 이야기를 다 하는 거죠. 그게 우리한테는 의견 조율 방법인 건데, 다른 단체에서는 그런 과정들이 많이 생략돼요. 보통 한 사람 한 사람의 이야기를 듣지 않죠. 목소리 큰 사람들이 있기 마련이고요. 근데 정치하는엄마들은 몇몇의 목소리가 주도하는 게 아니라서 우리가 이렇게 가는 것 같기도 해요. 누가 다른 의견을 내면 다른가 보다, 하고 마는 게 아니라 그 기회에 더 고민해보는 거죠. 제가 정말 옳다고 생각하는 게 있으면 사람들을 설득할 수 있는 논점을 찾아야 할 거고요. 그래서 '에잇, 영어 조기 교육 이거는 뭐 그냥 난장판이네' 하면서 '하면 하고 말면 말지' 이게 아니거든요. 이 과정에서 저도 되게 많이 배우는 거예요. 뜻이 같은 사람들끼리만 모이면, 자기들끼리는 되게 단단할 수 있지만 세상을 설득하진 못해요. 그럼 결국 세상을 별로 바꾸지 못하죠. 저도 그런 사람들과만 뭉쳐서 갇혀 있으면, 제 얘기는 탁 던질 수 있지만 세상에 별로 울리지 않죠.

조성실 영어 유치원은 아예 집담회를 가지기도 했었어요. 그때 오셨던 분들이 20명 정도 됐는데, 거의 2~3시간 동안 각자의 얘기를 다 들었어요. 그날 서로 얼굴 붉히는 일도 있었죠. 집담회가 너무 솔직하게 얘기하는 자리다 보니까 그동안 갖고 있던 문제의식을 '영어 유치원은 아동 학대다'라는 명제와 같이 격하게 표현하신 분이 있었어요. 그 의견에 대해서 다른 유치원 다 떨어져서 영어 유치원도 면접을 본 한 어머니가 '영어 유치원에 보내는 게 아동 학대라면 현실적으로 그런 선택을 할 수밖에 없는 경우'에 대해 얘기했고 또 자신의 교육 지향이 있지만 아이에 미래에 대해서도 고민을 할 수밖에 없다는 의견도 있었고… 다양한 의견들이 충돌하는 지점이 있었어요. 저는 그때 그 장면이 감동적이기도 했는데, 서로 얼굴도 붉히고 민망할 수 있지만 (서로의 차이를) 뛰어넘는 과정이 우리의 힘이라고 생각해요. 왜냐하면 정치가 결국은 내가 옳아서 되는 것만은 아니잖아요. 나의 옳은 주장을 상대에게 설득하고 마음을 얻어야지만 변화로 이어지는 거라고 생각하는데, 하나 언니가 얘기한 것처럼 비슷한 사람들끼리 모여서 명확한 한 방향을 얘기하면 그건 또 그것대로 효과는 있겠지만 누군가를 설득하는 데 있어서는 너무 지지부진할 수 있죠. 그 지점에서 우리가 서로를 설득해가고 우리의 지향을 찾아간다는 것 자체가 저는 새로운 정치 모델이고 실험이라고 생각해요.

장하나 실험이란 말은 안 써주시길 정중하게 부탁드리고 싶어요.

이고은 왜요?

장하나 우리는 다 실제로 하고 있다고. (웃음)

조성실 아. 정치 실현이요. 실현! 정치 행동.

장하나 실험은 인생 두 번 사는 사람이나, 실패해도 그만인 경

내부에도 갈등의 씨앗은 존재하지만 서로를 설득하고 마음을 얻어내는 과정 없이는
세상의 변화도 이끌어내지 못한다.

우에나 해당되는 거잖아요. 애 키우는 사람들은 절실해요. 실험할 상황은 아니죠. 어쨌든 저도 성실 언니랑 똑같이 생각하는 게, 제가 이름에 '민주'가 들어가는 정당에 있지만, 실제 그 사람들이 그렇게 민주적인 조직을 갖고 있느냐 하면 안 그렇고요. 그래서 대한민국이 이렇게 민주화가 더딘 것 같아요. 민주주의의 여러 가지 속성이 있죠. 그중에서도 선거가 민주주의의 꽃이라고 하잖아요. 근데 전 그 말도 싫어요. 토론이 꽃이에요, 토론이. 토론하고 토론하고 또 하고 또 해야 해요. 우리가 어떤 입장을 가지고서 찬성이나 반대에 표를 던지는 게 아니라 정말 우리가 처한 여러 가지 삶의 상황에 대해서 각자가 얘기해보고 듣는, 그런 게 정말 중요해요. 그런 토론이 쌓이고 쌓인 다음에, 그다음에 표결하는 거예요. 근데 한국은 너무 토론이 없고, 당내에서도 주도권 싸움, 힘 싸움이고 표 싸움밖에 안 되고 있죠. 다들 할 얘기가 없어서 안 하는 거 아니거든요. 그런 얘기를 서로 최대한 끄집어내는 게 되게 좋은 것 같아요. 하다 보니까 이게 누구한테 지적이나 비판 받지 않을 거라는 안심이 되면서 점점 더 말을 하게 되기도 하고요.

조성실 한 번 싸우고 나서 더 편하게 얘기하는. (웃음)

장하나 저도 처음에는, 저 같은 사람은 막 제가 다 맞는 거 같아요. (웃음) 그거에 꽂혀 있다가 계속 얘기하면서 저의 부족함을 알아가니까 얘기하면 또 되게 재미가 나고.

이고은 그런 재미가 온라인에서도 있어요. 2017년 한 해 성평등과 여성의 권리에 대한 여러 이슈가 있었잖아요. 그것과 관련해서 저희도 의견을 교류하다 보면 부딪히는 지점이 또 있어요. 그 과정에서 여기가 내가 있을 곳이 아닌 것 같다는 느낌을 받는다, 라는 고백을 한 언니들도 있었고. 근데 그러면서 하나 언니가 또 나도 똑같다, 라고 하고. (웃음) 그러니까 누구나 다 여기에서 어느 지점에서든 자기가 굉장히 외로운 것 같다는 느낌을 받는 게 있지만, 그럼에도 불구하고 내 이야기를 하고 그게 받아들여지고 서로 이해하는 그 과정을 통해 뭔가 치유돼가는 과정을 겪는 것 같아요.

조성실 어느 한 사람이 의견을 좌지우지할 수가 없어서 그런 것 같아요. 제안자인 하나 언니도 여기서 가끔은 외롭고 내가 여기 계속 있어야 되나 이런 고민을 한다는 건 어느 한 사람이 전체의 의견을 확 끌어갈 수 없는 구조라는 거죠. 그렇기 때문에 모두가 교집합을 만들고 있는 부분에 대해서는 굉장한 공감을 느끼고 위로를 받지만 나머지 영역에서는 여기에서도 차이를 인정할 수밖에 없는… 그런 거?

장하나 근데 정말 자기랑 뜻이 맞는 사람만 곁에 두고 소수로

똘똘 뭉쳐서 하는 그거 운동 안 된다니까요. 어느 단체든 나의 모든 문제들을 공감하고 있을까요? 전혀 아니죠. 그런 이상적인 곳은 없어요. 근데 정치하는엄마들은 제가 아는 한 서로의 다양한 의견에 대해서 그 어느 집단보다 포용력 넓게 어떤 의견이든 얘기할 수 있고 배타적이지 않은 곳인 것 같아요. 이런 토론과 이야기 속에 좀 더 성숙된 결과물들이 나오지, 나와 비슷한 사람만 찾고 찾아서 신앙적이고 정교한 집단이 된다고 해서 성숙한 결과물이 나오지 않아요. 만날 때마다 말은 통하겠지만 세상을 바꾸기에는 역부족이에요. 우리 안에서 설득의 과정이 없으면 더한 사람들을 어떻게 설득하고 바꾸나요?

조성실 정치하는엄마들이 급속도로 많은 일을 했어요. 그게 가능했던 이유가 우리가 각자 기능적으로 할 수 있는 역할을 하는데, 거기에 대해서 아무도 자기의 권리를 주장하지 않는 데 있는 것 같아요. 예를 들어 하나 언니가 제안자니까 예시로 얘기해보자면, 내가 의원이니까 거기에 대해서 어느 정도 권위를 차리거나 또는 뭔가 암묵적으로 누리는, 그런 게 없어요. 다른 언니들도 무슨 역할을 했을 때 우리가 또는 내가 얼마만큼 했다, 이런 거 굳이 티 내지 않거든요.

이고은 계속 우리 칭찬만 하고 있네. (웃음)

장하나 우리끼리의 관계에서도 평등하고 수평적인 관계를 추구하는 것처럼 우리 내부의 규범 같은 것들을 소중하게 여기는 게 저는 너무 자랑스러워요. 밖에서 하는 말은 되게 그럴싸하게 성평등이다 뭐다 하지만 내부에서도 평등하지 않으면서 무슨 성평등을 주장해요. 어차피 그게 인간으로서 평등하자는 거잖아요. 우리가 독박육아 안 된다고 외치면서 우리끼리는 막 수직적이야, 그게 뭐예요. 아마 다들 그렇지 않다는 자부심이 있어서 우리가 이렇게 잘, 안정적으로 가는 것 같아요. 그리고 잘될 겁니다. (웃음)

이고은 저는 연애하는 것 같은 기분이란 표현을 했었는데. 연애라는 게 막 그 사람한테 인정받고 나를 표현하고 그러면서도 싸우고 깨지고 이러면서 새로운 나를 발견해가는 과정인 거잖아요. 결혼을 해서 새로운 연애를 할 일도 없고. (웃음) 이제 나를 새롭게 발견하게 해주는 체험을 만나기가 쉽지 않잖아요. 이곳에서는 그런 언니들이 떼로, 다 같이, 나를 계속 발견해주는 거예요. 그러니까 이게 너무 설레고 신이 나고, 밤에 막 300개 400개씩 쌓여 있는 메시지를 읽고 하는 게 너무 설레고 즐거웠어요. 이 과정으로 인해서 나도 새롭게 발견되는, 그런 새로운 연애 같은.

장하나 저희도 근데 초반 3개월이 다 지나서 요새는 300개씩은

안 쌓여요. (웃음)

이고은 허니문이 좀 지나서. (웃음)

한국의 저출산 문제에 대해 얘기해보죠.

조성실 육아수당, 육아휴직급여, 가사서비스 등 보육 지출 전반
에 사용되는 정부의 지출 예산을 '가족 지출'이라고 지칭해
요. 대한민국의 가족 지출은 GDP 대비 0.32퍼센트로 OECD
국가 중 최하위예요. 그다음이 0.71퍼센트로 약 두 배인 미국
이고, 북유럽 국가들은 세 배가 넘어요. 우리가 100조 원을
썼다고 하지만, 주로 보육 중심으로 썼고 또 그렇게까지 많
이 쓴 비용도 아니에요. 그런데도 왜 성과가 없느냐, 하고 얘
기하는 이유는 그 정도 비용에 비해서도 성과가 없기 때문이
고요. 저는 (성과가 없는 이유를) 세 가지 정도로 생각하는
데, 첫째는 젠더 감수성이 부족했다는 거예요. 지금 대두되
는 본질적인 문제가 성불평등 때문에 저출산이 온다는 건데
성평등에 대한 고민 없이 탁아 패러다임으로 접근한다는 거
죠. "애 키우기가 힘들어? 오래 맡아줄게" 하는. 사실 저는 공
공산후조리원도 그런 접근이라고 생각해요. 이 책의 보육 부
분에서 다루기도 했지만, 이제 탁아 패러다임을 더 이상 선
호하지 않는 세대가 등장한 거죠. 여성이 전문적인 일을 하

려면 '가정을 버릴 수 있겠냐'고 묻는 게, 이전 세대는 가족을 버리고 사회적 명예를 얻는 게 훈장이었지만 이제는 일과 삶의 균형을 더 소중하게 생각하는 거예요. 작지만 확실한 행복을 지향하는 이 세대의 엄마들에게는 아이도 중요하고 자신도 중요해요. 그런데 (정부에서) 그것이 병행 가능한 구조로 만들고자 하려는 노력이, 그런 관점이 부족했다고 생각해요. 결국에는 비용을 지출하는 방식으로만 한 거죠. "너희가 아이를 안 낳아? 그럼 돈을 줄게." 근데 사실은 그게 아니라 체계를 만들었어야 해요. 공공성이 있는 체계를 만들고, 개인에게 부모가 될 시간을, 아이에게 부모를 줄 수 있는 시간을 확보하는 두 가지 관점에서 비용 지출이 돼야 하는데 그냥 어떤 행정을 했다, 이런 입법을 했다, 라는 생색내기 식에 그쳤기 때문에 지금까지 쓴 예산이 거의 낭비가 된 것 같아요. 보육 정책 경우에도 이미 너무 벌여놔서 손대기가 어려울 정도거든요. 안 쓰느니만 못한 부분도 많았다는 생각이 들어요. 그래서 향후에 정치하는엄마들이 저출산 관련해 발언할 때는 노동 환경을 개선하거나, 또 보육 정책의 경우에도 부모와 아이 모두 행복할 수 있는 권리를 확보하는 방식으로 변화하는 데 주안점을 두고 목소리를 내려고 합니다.

이고은 사실 저출산이 문제가 되는 건 '생산 가능한 노동 인구가 감소한다'의 차원이잖아요. 저출산과 동시에 고령화도 함께 이뤄지고 있는 상황에서, 고령 사회에 접어들면서 나이 드신 분들이 더 오랫동안 안정적으로 일할 수 있는 환경을 고민한다면 저출산이 과연 정말 문제일까, 하는 의문도 들어요. 그렇게 결과적으로 생산 가능한 인구가 줄어들지 않는다고 하면 저출산이 문제가 아닐 수도 있겠다는 생각이 들고요. 또 현재 위기에 처해 있는 사람들이 인간답게 살면서 삶의 균형을 찾을 수 있는 사회 구조라면 애 낳지 말라고 해도 낳지 않을까요. 지금 비출산을 선택한 사람들을 사회에 기여하지 않는 사람처럼 보는 시선도 문제인 것 같아요. 결론은 저출산 문제는 인구가 아니라 인간의 문제라는 겁니다. 인간 삶에 대한 관점으로 접근한다면 자연스럽게 저출산 문제도 해결되지 않을까, 뭐 이런 나이브한. (웃음)

조성실 어느 인터뷰에서 하나 언니가 '저출산 위기론'이라는 표현에 대해 어떻게 생각하느냐는 질문을 받았는데, "위기에 놓인 사람들의 삶에 집중하면 위기는 사라질 것이다" 이렇게 답했어요. 저는 그게 되게 인상적인 명제로 와닿았어요.

장하나 지금 우리나라의 문제는 저출산이 아니고 자살을 많이 하는 거예요, 우리 1등이잖아요. 아기를 왜 안 낳나요? 살맛이 안 나니까 안 낳죠. 불행지수 조사하면 청소년도 어른도 한국이 1등, 고령인 자살도 1등이에요. 한국의 위기는 그게 위기인 거죠. 불행한 게. 왜 다들 이렇게 불행하고, 열심히 일을 해도 불행하고…. 이 문제에 집중하다 보면 저출산이 됐든 뭐가 됐든 해결될 거예요. 저출산을 해결하려고 하지 말고요.

정치하는엄마들 활동 이후 달라진 점이 있다면 무엇일까요?

장하나 부부 싸움을 많이 했는데. (웃음)

조성실 잠이 부족해졌어요.

장하나 저 역시도 가정에서의 일을 사적인 영역으로, 가정과 가정 밖에서의 활동을 분리해서 생각하는 게 있었던 것 같아요. 달라진 점이라면 부부 싸움을 더 많이 하게 됐지만 자존감이랄까, 제 삶의 완결성이 훨씬 더 높아졌어요. 그래서 되게 좋아요. 한국 사회에서 여성으로 살면서 사실 되게 비참한 일이 많잖아요. 아이를 낳으면 말이 좋아 엄마지 아줌마가 되는 거여서 그 비참함이 배가 돼요. 어쨌든 저도, 예를 들어 명절 때 전 부치고 일하는 거, 예전이라면 그래도 시부모님 눈치도 보고 했던 게 이제는 스스로 B급 며느리가 되는 거죠. 그런 일에 대해서 천연덕스럽게 자기주장을 하는 캐릭터로 변했어요. 제가 사람들한테 그게 부당하다, 부당하다 말하다 보니 제 삶에도 자연스레 변화가 오는 거죠. 부부 싸움

3부 그리고 못 다한 이야기들

이라고 표현하니까 누가 옳고 그름을 논하는 것 같은데, 그냥 제 생활 안에서 제가 엄마이고 여성이고 아줌마로서 겪는 부당함에 대해서 의견을 내고 그렇게 자존감이 높아지고 있는 것 같아요. 제가 국회의원을 했었고 시민단체 활동을 하고 이런 것들이 집안에서의 장하나라는 사람을 숨기는 연막효과 같은 게 있어요. 근데 우리가 요즘 미투 운동을 보면서도 느끼는 거지만 사회적으로 부당한 것들에 대해 말하지 못했던, 여성이 굉장히 비참한 존재였던 거잖아요. 그런 면에서 정치하는엄마들 활동은 저를 굉장히 행복하게 만들어주는 것 같아요. 투쟁하기 위해서는 왜, 아까 말했잖아요. 좀 부담스럽고 불편한 존재가 돼야 한다고요. 그러니 집안에서도 저는 불편한 사람이 될 수밖에 없어요. 왜냐하면 그전에 제가 부당하게 살아왔기 때문에 그래요. 제가 나빠진 게 아니라, 우리 가족들이 나빠서도 아니고, 우리 사회가 그런 구조이기 때문이에요.

이고은 저는 생각해보면 아이 낳고 나서 사표도 쓰고, 그런 결정을 하게 된 게 어떤 면에서 보면 제 안에 가족을 위해서 희생하는 전통적인 모성상을 어느 정도 지지하는 마음이 있었기 때문인 것 같아요. 그래서 그것 때문에 괴롭기도 하고 제 선택에 합리화를 하기 위해서 되게 힘들었던 면이 있었어요.

사회적인 자아는 잃어버리고 싶지 않은데, 사회운동도 하고 싶고, 단순히 어떤 일을 하느냐를 떠나서 정치하는엄마들 활동을 하면서 제가 조금이라도 우리 사회를 바꿔가는 데 일말의 도움이 되는 역할을 하고 있다는 충족감도 어느 정도 생겼던 것 같고요. 그래서 기쁘면서도 한편으로는 제가 회사를 그만두는 결정을 할 수 있었던 것만큼 가정을 위해서 어느 정도 저의 무언가를 포기하고 아이와 남편을 위해서 좀 희생해야 하지 않나, 라는 마음이 있었던 것도 사실이고요. 그 사이에서 균형을 잡기가 굉장히 힘들었어요. 때로는 남편과 갈등도 생기고요. 제가 애들하고 있으면서 자꾸 딴생각하는 걸 남편도 느끼는 거예요. (웃음) 남편은 제가 회사도 그만뒀으니 애들한테 확실히 집중해주길 바라는 마음도 있는데, 약간 '너의 본연의 임무는 그게 아니다'라는 식으로 접근을 하는 게 있죠. 지금 현재 우리에게 주어진 상황, 우리 가정의 현실에서 최대의 결과값을 내기 위해서 저는 돌봄과 육아, 가사를 전담하는 역할을 맡고, 남편은 가장으로서 돈을 벌고 책임을 지는 역할을 맡고 있으면 각자의 역할에 좀 충실해줬으면 좋겠다는 마음이 그 사람의 입장에서도 생길 수밖에 없잖아요. 그러다 보니 갈등 요소들이 생기고요. 그런 상황에서 정치하는엄마들이 없었으면 그냥 그 전통적인 모성상에 맞취진 제 모습을 합리화하면서 '그래, 그러려고 회사도 그만 뒀으니까 애 잘 키우고 그래야지' 이런 식으로 제가 바뀌어 갔을 수 있었을 거란 생각이 들어요. 그런데 정치하는엄마들 활동을 하면서 앞으로도 저의 사회적 자아를 놓지 않고 살아 가야겠다는 어떤 고집 같은 게 생겨서 계속 저 스스로를 놓 지 않게 되는 면이 있어요.

장하나 한국에서 여성으로 태어나고, 한국에서 애 낳아서 아줌 마 된 게 우리 잘못은 아니잖아요. 정말 부끄러워해야 할 것 은 한국 사회의 구조지 제가 아니죠. 그래 나 아줌마고, 그래 나 한국 남자랑 결혼해서 이렇게 됐네, 그런 걸 거침없이 할 수록 자유로워지는 것 같아요. 고은 언니도 저 상황에서 정 치하는엄마들 활동도 그만두고 아이들한테 좋은 엄마 또는 (남편에게) 좋은 아내, 그런 역할만 한다면 언니가 얼마나 행 복할 자신이 있으세요? 이미 불행의 씨앗이 있지 않아요? 그 러면 정말 세대를 거듭하는 악순환이고, 이런 게 저는 강요 된 평화라고 생각해요. 어느 한 명이 피해를 보기 때문에 평 화로워 보이는 거지, 절대 평화로운 상황이 아니죠. 누구 한 명은 거기서 당하고 있으니까. 스스로는 바뀌지 않으면서 세 상에 대고 바꿔라, 바꿔라 하는 사람들이 수십 년째 이 세상 을 못 바꾸고 있죠. 우리는 잘될 거예요. (웃음) 혼자는 시도

하기 힘든 건데 이렇게 나의 든든한 지지자들이 한둘이 아니라 많이 있잖아요. 정치하는엄마들이라는 존재가.

이고은 다들 차이는 있겠지만, 계속 싸우지 않으면 안 되는 것 같아요.

장하나 한유총이 근본적 문제가 아닌 것과 똑같아요. 내 남편과 내 시댁과 내 가족이 문제의 본질이 아니에요.

조성실 저는 정치하는엄마들 시작하고 나서 제 안에 존재하는 '쌍년' 본능에 대해서 알게 됐어요. (웃음) 생각해보면 단체 이름이 정치하는엄마들이잖아요, 약간 투쟁 본능이 내재되어 있는 사람들이 관심을 가지고 오게 되는 것 같아요. 그러니까 저도 왔겠고. 근데 사실 제 안에 사회에 대한 비판 의식이라든가 차별과 부당함을 날카롭게 알아차리는 자질이 있다는 걸 저는 아주 어릴 때부터 알고 있었는데, 가정 환경과 성장 과정에서의 운이 착시 효과를 줬던 것 같아요. 저는 여중-여고-여대를 나왔거든요. 그래서 사실 저를 한정하고 있는 사회적 울타리를 보지 못하고, 그 안에서 제가 누리고 있는 자유가 완전한 성평등에 가깝다고 인식하면서 살았어요. 결혼하고 아이 낳기 전까지요. 그러니까 굳이 제가 그렇게까지 투쟁적으로 나서지 않아도 이미 누리고 있는 것들로 충분하다고 생각했던 것도 같고, 또 한편으로는 그냥 좋은 게 좋

3부 그리고 못 다한 이야기들

은 거지 하면서 지내고 싶은 모순적인 마음도 있었고요. 그런데 정치하는엄마들을 시작하면서 더 이상 갈등을 두려워하지 않게 되고, 어느 순간에는 싸우지 않으면 바꿀 수 없는 부분들이 있다는 것도 인정하게 된 것 같아요. 그래서 저 역시 더 많이 싸워야겠다는 생각을 하고요. (웃음) 정치하는엄마들 활동을 하면서 단체가 이뤄가고 있는 목표가 있지만 거꾸로 저의 삶에도 굉장히 역동적인 영향을 미치고 있다는 생각이 들어요.

앞으로 정치하는엄마들이 나아가고자 하는 방향은 어떤 건가요?

조성실 현재는 엄마가 되면서 겪는 부조리와 차별에 대해서 외치지만, 장기적으로는 육아에서 느낄 수 있는 경이로움과 환희에 대해서도 편안하게 같이 얘기할 수 있는 사회를 그릴 수 있으면 좋겠어요. 육아는 분명히 힘들지만 그렇다고 힘들기만 한 건 아니고, 육아만이 줄 수 있는 육아 본연의 가치가 있다고도 생각하거든요. 지금은 우리가 이런 상황 속에서 해결해야 하는 문제들에 집중해서 공감대를 형성하지만, 향후에는 더 많은 사람들이 육아만이 줄 수 있는 것들에 대해서 같이 얘기하면서 우리가 보다 나은 (양육자의) 모델을 제시하는 방향으로서의 운동을 아주 장기적인 비전으로 생각해요.

장하나 그런 면에서 좀 색다른 페미니즘 운동이기도 한 것 같아요.

마지막으로 모든 엄마들에게 하고 싶은 말로 이 대담을 마무리 지으면 좋을 것 같습니다.

장하나 아이들이 잘 자라려면 기본적으로 내가 잘 살아야 하잖아요. 우리가 아기 낳았다고 인생 끝난 게 아니잖아요? 저는 장하나의 남은 이 삶을 잘 살아가는 게, 더 관심 갖고 잊지 않고 하는 이런 것들이 아이들도 같이 잘 자라는 길인 것 같아요. 아이들만 잘 자라고 엄마는 성장을 멈추고, 이런 거 말고요. 정치하는엄마들 언니들하고 같이 해나가면서 제가 성장하는 걸 정말 크게 느꼈어요. 그리고 그게 우리 두리 성장에도 최고로 도움이 될 것 같아요. 다른 엄마들에게도 함께 잘 성장하고 싶다는 말씀을 드리고 싶습니다.

조성실 작년 한 해 정치하는 엄마로서의 제 활동을 보며 주변의 여러 사람들이 격려와 우려를 동시에 표하셨어요. 그렇게 하다가 쓰러지거나 지쳐서 그만두는 거 아니냐고요. 여러모로 너무 힘들지 않느냐고요. 그렇게 1년을 왔네요. 막상 제 자신은 크게 힘든 줄 모르고 오늘까지 온 것 같아요. 요즘 제가 가장 많이 하는 고민은요, 제가 언제까지 버틸 수 있을까, 이걸 지속할 수 있을까, 하는 게 아니에요. 그건 도리어 쉬운 문제인 것 같아요. 제 가장 큰 고민은 '어떻게 더 많은 엄마들과 함께 정치할 수 있을까'예요. 중요한 건 많은 엄마들이 함께 정치'하는' 엄마가 되는 일이죠. 정치하는엄마들을 후원하는 누군가가 되는 것을 넘어서요. 저도 여러 단체에 후원하거든요. 어떤 경우엔 기부만 하고 모든 활동을 그냥 단체에 일임해요. 믿고 맡기죠. 신의가 있기에 가능한 일이기도 하고, 단체 차원에서는 그런 후원자도 너무 고맙죠. 그런 후원자라도 만날 수 있기를 기다리고요. 그런데 정치하는엄마들 활동은 그런 후원 개념을 뛰어넘었으면 좋겠어요. 모두가 제도권 정치인이 될 필요는 없죠. 되기도 쉽지 않고요. 그런데 정치는 꼭 국회나 시의회에서 이뤄지지 않거든요. 몹시 일상적이고 소소한 일들을 포함합니다. 어린이집 운영위원이 되고, 정치 뉴스를 보고, 동네에서 일어나는 일련의 변화들을 알아채는, 그야말로 아주 작은 일에서부터 시작하는 거죠. 정치하는엄마들이 (많은 엄마들에게) 그런 일상의 변화를 불러일으키는 단체였으면 좋겠어요. 정치하는 엄마가 된 누군가의 삶이 꼭 실질적으로 변하기 시작했으면 좋겠고요. 무엇보다도 이 글을 끝까지 읽으신 분이라면 누구나, 또 한 명의 정치하는 엄마라고 생각해요. 우리 함께, 오래 정치하는 엄마였으면 좋겠어요. 응원만으로는 사회가 바뀌지 않아요.

함께 정치하는 엄마가 됩시다. 어서 오세요.

이고은 우리는 혼자가 아니다. 당신의 문제는 당신만의 문제가
아니다. 우리들의 아이는 좀 더 나은 세상에서 살아갈 수 있
다. 당신만 움직인다면. 당신이 바꾸고자 한다면. 그래서 우
리는 만나야 한다. 만나서 서로의 이야기에 귀 기울이다 보
면 세상은 조금씩 바뀐다. 더디더라도 옳은 방향으로 간다.
같이 가자. 만나자.

2017. 04. 22.	첫 번째 정기 모임, 「엄마 정치」
2017. 05. 13.	두 번째 정기 모임, 「엄마들의 정치 세력화 어떻게 할 것인가?」
2017. 06. 11.	정치하는엄마들 창립총회
2017. 06. 21.	「국회야, 일 안 하고 뭐 하니?」(칼퇴근법 및 보육 추경 6월 국회 통과 촉구) 기자회견, 국회 앞
2017. 06. 27.	광화문 1번가(국민인수위) 10대 요구안 전달
2017. 07. 04.	'특권학교폐지촛불시민행동' 출범 기자회견, 서울시 교육청 앞
2017. 07. 09.	네 번째 정기 모임, 「왜 지금 엄마 정치인가?」
2017. 07. 11.	「이언주는 '밥하는 아줌마'의 진정한 의미를 모르는가」 이언주 의원 사퇴 촉구 긴급 논평
2017. 07. 26.	「유아 교육·보육은 비즈니스가 아니다」 현장 성명서 발표(제2차 유아교육발전 5개년 기본 계획 4차 세미나 무산 관련 성명서), 서울시 교육청 행사장
2017. 08. 27.	다섯 번째 정기 모임, 「엄마들의 노동권 행사하기」
2017. 08. 30. ~ 2017. 10. 18.	카카오 스토리펀딩 〈그들은 왜 '정치하는 엄마'가 되었나〉
2017. 09. 07.	「페미니즘 교육과 페미니스트 교사들에 대한 공격을 멈춰라」 기자회견, 광화문 광장
2017. 09. 12.	「정치하는엄마들, 사립 유치원 집단 휴업 규탄한다」 긴급 논평

2017. 09. 18.	「대통령님, 우리도 떼쓰면 되는 겁니까?」(정부-한유총 졸속 합의 우려) 기자회견, 청와대 앞
2017. 10. 11.	「탈핵 엄마 아빠 선언」(신고리 5, 6호기 건설 중단 등 촉구) 기자회견, 광화문 광장
2017. 10. 14.	여섯 번째 정기 모임, 「낯익은 혐오, 낯선 인권」
2017. 11. 25.	일곱 번째 정기 모임, 「어게인 0422」
2017. 11. 31.	「국공립 40퍼센트 대신 아동수당? 스튜핏! 비리 유치원 감싸기, 베리베리 스튜핏!」(아동수당, 비리 유치원 감싸기 정부 규탄) 기자회견, 광화문 정부 서울청사 앞
2017. 12. 07.	저출산고령사회위원회-정치하는엄마들 비공개 간담회(김상희 부위원장 정책 간담회)
2017. 12. 21.	「크리스마스에는 무기 모방 장난감 말고 평화를 선물하세요」 기자회견, 서울시청 광장
2018. 02. 04.	여덟 번째 정기 모임, 「엄마가 쓰는 개헌안」
2018. 03. 04.	'보육 더하기 인권 함께하기' 출범 기자회견
2018. 04. 01.	정치하는엄마들-박원순 서울시장 간담회
2018. 04. 06.	10차 헌법 개정과 남녀동수 개헌 촉구를 위한 300인 선언
2018. 04. 11.	「18년생 김지영에게 경력단절, 독박육아 대신 '성평등 헌법'을!」 기자회견, 국회 앞
2018. 04. 12.	「지방선거 후보님, 어린이날까지 아동인권 실현 약속 해주세요!」(6.13 지방선거 광역단체장 후보와 교육감 후보 대상 아동인권 실현 지방선거 정책과 '인권 실현 아동 보육·교육 현장을 위한 사회적 협약' 체결 제안을 위한 공동 기자회견), 서울시청 앞
2018. 05. 10.	EBS 〈다큐 시선〉 '주인과 손님, 민주 선거 70년의 자화상(가제)' 출연(예정)

2017. 06. 21. 칼퇴근법 및 보육 추경 6월 국회 통과 촉구 기자회견, 국회 앞

「국회야, 일 안 하고 뭐 하니?」

엄마의 이름으로 6월 국회 정상화를 요구합니다!
– 야3당은 당장 민생법안, 민생예산 심의에 나서십시오

　야3당의 국회 상임위 보이콧으로 인해, 정권 교체 이후 처음 열리는 6월 국회는 촛불 대선을 만들어낸 국민들의 열망을 담은 '민생 국회'가 아니라 당리당략에 매몰된 '빈손 국회'가 될 기로에 섰습니다. 평균 재산 41억 원, 평균 연령 55.5세, 83퍼센트의 남성 의원들로 구성된 20대 국회는 '엄마'라는 두 글자의 무게를 너무 모릅니다. 그래서 오늘 우리는 아이를 들쳐 업고, 친정 부모님을 모시고, 남편과 함께 이곳 국회의 사당 앞까지 왔습니다.

　야3당 소속 국회의원 여러분, 협치를 핑계로 청와대와 야당 간의 기 싸움에 국민을 볼모로 삼는 건 옳지 않습니다. 싸우더라도 상임위에서 말로 싸우세요. 특히 자유한국당과 바른정당 모두 6월 국회 회기 기간 중 각각 자당 당 대표·최고위원 후보자 연설 및 토론회 일정이 잡혀 있습니다. 6월 국회는 이미 '빈손 국회'로 작정을 한 건가요? 아니라면 당

장 국회로 복귀하여 하루빨리 국회를 정상화하십시오.

정치하는엄마들은 6월 국회에 '칼퇴근법과 보육 추경'의 조속한 통과를 강력히 요구합니다.

대한민국 여성노동자의 육아휴직 사용률은 공무원의 경우 75.0퍼센트에 달하지만, 민간기업은 34.5퍼센트, 비정규직은 겨우 1.9퍼센트에 불과합니다(한국보건사회연구원, 「취업여성의 일·가정양립 실태와 정책적 함의」, 2016). 육아휴직을 못 쓰는 이유는 놀랍게도 사장님 눈치 때문이 아니라'동료 근로자의 업무 부담 증가가 부담되어서(51.4퍼센트)'(고용노동부, 「2016년 일·가정 양립 실태 조사」)입니다. OECD 최고 수준의 장시간 노동과 그에 따른 과도한 업무 부담을 해결하지 않고서는 엄마 아빠 노동자들이 육아휴직을 신청할 수조차 없습니다. 노동시간 단축 없이는 문재인 대통령이 공약한 '임금 삭감 없는 육아기 단축근로' 역시 그림의 떡입니다. 그래서 엄마들이 꼽은 노동 현안 1순위는 칼퇴근법 통과입니다. 이는 문재인 대통령뿐만 아니라 유승민 바른정당 전 대선 후보, 안철수 국민의당 전 대선 후보의 공약이기도 합니다. 야3당은 즉시 국회에 복귀하여 칼퇴근법을 심의하고 통과시키십시오.

또한 엄마들은 야3당에 보육 추경의 조속한 통과를 촉구합니다. 11조 규모의 추경안 중에는 시간제 보육 지원 예산 2억 5천만 원, 국공립 어린이집 확충 예산 205억 원, 어린이집 보조 교사·대체 교사 충원 예산 150억 원 등 총 358억 원 규모의 보육 추경이 포함되어 있습니다. 이번 추경안에는 2017년 국공립 어린이집·유치원을 당초 계획의 두 배인 360개소까지 확충하는 계획과 보육교사 처우 개선을 위한 보조 교사 4천 명, 대체교사 1천 명 충원 계획도 포함되어 있습니다. 정치하는엄마들은 하루빨리 추경안이 통과돼 국공립 어린이집이 늘어나고 보육교사 처우가 좋아지길 바랍니다. 또한 우리들은 이와는 별개로 민간 어린이집과 사립 유치원에 대한 관리 감독을 강화함으로써 국공립 시설과 민간 시설의 질적 격차를 줄일 것을 요구합니다. 국회는 당장 '유보통합특위'를 구성하고 엄마들과 일선 보육교사와 유치원교사들의 목소리를 반영하여 유보통합을 현실화하기 바랍니다.

하루 종일 아이와 씨름하느라 바쁜 엄마들은 그동안 정치는 먼 얘기라고 생각해왔습니다. 그러나 내가 바뀌지 않으면 세상이 바뀌지 않는다는 마음으로, 내가 행동하지 않으면 우리 아이들의 삶도 나와 같을 거라는 절박함으로 이 자리에 섰습니다. 정치하는엄마들은 엄마들의 직접적인 정치 참여를 통해 모든 엄마가 차별받지 않는 성평등 사회·모든 아이가 사람답게 사는 복지 사회·모든 생명이 평화롭게 공존하는 비폭력 사회·미래 세대의 권리를 옹호하는 생태 사회를 만들 때까지 정치 권력을 감시하고, 견제하고, 스스로 쟁취할 것입니다.

2017년 6월 21일
정치하는엄마들

「이언주는 '밥하는 아줌마'의 진정한 의미를 모르는가」

■ '밥하는 아줌마'는 우리를 위해 헌신하고 희생한 엄마의 또 다른 이름, 이 땅의 모든 '엄마들'에 대한 혐오의 표현을 멈춰야

■ 이 의원은 당장 수많은 '엄마들'에게 사과하고, 의원직을 사퇴하라

지난달 민주노총 총파업에 참여한 학교 비정규직 급식 노동자에 대해 이언주 의원(경기 광명시을, 국민의당 원내수석부대표)이 "아무것도 아니다. 그냥 급식소에서 밥하는 아줌마들"이라고 발언한 것이 지난 9일 언론 보도를 통해 알려졌다. 정치하는엄마들은 이 발언이 다음 두 가지 측면에서 중대한 인식의 문제를 내포하고 있다고 보고 이에 대해 심각한 우려를 표한다.

첫째, 돌봄노동을 천대하는 시각이다.

인간은 누구나 태어난 후 상당 기간 타인의 돌봄을 통해서만 생존할 수 있다. "밥하는"이라는 표현 속에는 '엄마'로 대변되는 돌봄 수행자의 돌봄과 가사노동의 의미가 축약되어 있다고 볼 수 있다. 이 의원 역시 엄마가 해주는 밥을 먹으며 돌봄과 가사노동을 토대로 자라왔을진대, 이에 대해 그림자 취급하고 그 고귀한 가치를 폄하하는 시각을 거리낌 없이 드러낸 데 심각한 유감을 표한다.

오늘날 우리 사회는 출산과 육아, 교육, 가사노동, 간호 등 돌봄의 영역에서 수많은 엄마들이 감내해온 노동을 그림자 취급하며 저평가하고 있다. 돌봄노동이 이 사회 시스템을 지탱하는 근원적 동력임에도 불구하고 사회는 그저 엄마들의 희생에 기댈 뿐 여전히 폭력적인 시각을 견인하고 있다는 데 정치하는엄마들은 분노를 표한다. 또한 이런 사회적

시각은 지금까지도 엄마들을 사회적으로 고립시키고 모독하는 폭력으로 작용하고 있음에도 정치인으로서 이를 개선하기는커녕 오히려 조장하고 있는 이 의원의 모습에 우려를 표한다.

둘째, 돌봄노동자에 대한 혐오 표현의 문제다.

이 의원이 "미친 놈"이라 칭한 "밥하는 아줌마"는 자신을 위해 헌신적으로 희생한 엄마의 또 다른 이름일 뿐만 아니라, 국민을 대표하는 국회의원이 섬겨야 할 국민이다. 그럼에도 아무런 죄의식 없이 주권자인 국민을 무시하고 비하하는 표현을 쏟아내는 이 의원의 작태는 우리 사회를 또다시 '혐오'의 시선으로 편 가르기 하는 꼴이다. 게다가 스스로 엄마이면서 자신의 엄마뻘인 존재를 무시하는 모습은 인간으로서 안타까운, 이율배반적 모습이 아닐 수 없다.

대한민국은 비정규직과 정규직이라는 계급으로 구성된 신분제 사회가 아니라 누구나 행복을 추구하고 인간다운 삶을 살 권리를 가지고 있는 자유민주주의 국가이다. 이를 실현하기 위해 헌법으로도 보장된 노동3권을 행사하고 있는 또 다른 '엄마들'의 싸움에 정치하는엄마들 역시 연대의 뜻을 보낸다.

이 의원은 왜 정치를 시작했는가? 소중한 가족과 자녀들에게 더 나은 대한민국을 만들어주기 위함이 아닌가? 그렇다면 노동에 대한 가치를 올바르게 인식하고 노동자를 존중하라. 또한 이 땅의 수많은 '엄마들'에게 진심 어린 사과를 하고, 의원직을 당장 사퇴하길 바란다.

2017년 7월 11일
정치하는엄마들

「유아 교육·보육은 비즈니스가 아니다!」

'한유총'의 무력행사를 지켜본 엄마들이 문재인 정부에 요구한다

정치하는엄마들은 지난 25일 서울시 교육청에서 열린 '제2차 유아교육발전 5개년 기본 계획 4차 세미나'가 한국유치원총연합회의 무력행사로 무산되는 과정을 현장에서 똑똑히 목격했다. 너무나 경악스럽고 참담하다. 우리는 아이들과 맞벌이 부모들을 볼모로 "집단 휴원도 불사하겠다"는 사립 유치원 원장들에게서 교육자가 아닌 '사업자'의 진면목을 보았다.

유치원에서는 품위와 경륜을 자랑하던 원장님들이었지만, 세미나를 원천 봉쇄하는 교육자의 이미지는 산산조각 났다. 세미나가 무산됐다고 박수와 환호를 보내는 모습에 경악을 금치 못했다. 향후 5년간 대한민국의 유아 교육 정책과 방향성을 논의해야 할 자리인데, 다른 누구도 아닌 사립 유치원 원장들에 의해 풍비박산 나는 광경을 지켜본 학부모의 마음은 한없이 참담할 따름이다.

정치하는엄마들은 문재인 정부의 국공립 유치원 40퍼센트 확대 공약을 환영한다. 공약 이행을 위해 국회가 관련 예산을 대폭 증액할 것도 요구하고 있다. 국공립 시설의 확대는 모든 부모들이 원하는 방향이다. 아이를 믿고 맡기기 위해서는 유아 교육·보육의 공공성을 확보해야만 한다는 것을 경험적으로 알기 때문이다.

하지만 대한민국 유아 교육·보육의 공공성 수준은 낮다. 유치원 수는 국공립과 사립이 각각 4천 696곳, 4천 291곳(2016년 11월 기준)으로 큰 차이가 없어 보이지만, 국공립 유치원 이용 아동 수는 전체 24.1퍼센트

(17만 349명)에 그치고 있다. 그리고 학부모들이 가장 선호하는 공립 단설 유치원은 305곳, 즉 3.4퍼센트에 불과하다. 해외의 경우, 유아 교육·보육 시설은 국공립이 대부분이며 민간이 맡더라도 대부분 개인이 아닌 비영리법인에 운영을 맡겨 공공성을 확보하고 있다. 프랑스의 유아 학교는 100퍼센트 공립이고, 일본의 경우 국공립 보육소가 48.6퍼센트, 민간은 51.4퍼센트지만 민간 시설 가운데 90퍼센트를 사회복지법인이 운영하고 있다.

　정부는 유아 교육·보육의 질을 높이기 위해 유치원, 어린이집에 무작정 재정 투입을 늘리는 것보다 먼저 기관의 공공성을 확보하는 방안을 논의하고 실행해야 한다. 가장 우선시해야 할 조건은 국공립 시설의 전면 확대이고, 제2차 유아교육발전 기본 계획에 제시된 사립 유치원의 공영화도 좋은 방법이라고 본다. 정부는 사립 유치원 종사자들이 생업에 대한 불안감으로 유아 교육·보육의 미래를 스스로 망가뜨리고 있는 비극을 막기 위해 유치원 종사자들 간의 상생 방안도 마련해주길 바란다.

　정치하는엄마들은 전국 모든 유치원과 어린이집의 회계 관리가 투명해지길 바란다. 정부는 지난 2월 정부통합 부패척결추진단이 발표한 「유치원 어린이집 실태 조사 결과 및 개선 방안」에 따라 "유치원 어린이집 재정 운영 투명성 제고를 위한 회계 관리 정보 시스템을 구축하겠다"는 계획을 즉각 실시해야 한다. 국공립 유치원은 '회계 관리 시스템(에듀파인)'을 통해 예·결산 내역을 모두 공개하고 있다. 사립 유치원 역시 예·결산 내용을 당연히 학부모들에게 투명하게 공개해야 한다. 사립 유치원도 누리과정 지원금, 교사 인건비 등을 지원받는 만큼, 정부가 제대로 관리 감독할 의무가 있으며 그에 합당한 시스템을 만들어야 할 것이다.

　마지막으로, 관계 공무원과 기관 종사자들로만 이뤄진 논의 테이블에서는 제대로 된 정책과 대안이 나올 수 없다는 점을 강조하고자 한다.

유아 교육·보육의 당사자인 부모와 아이들이 정책 입안의 주체로 참여하지 않으면 예산은 낭비되고 기관 운영은 질적으로 하락할 것이다. 정치하는엄마들은 한유총에 의한 유아 교육 공공성 퇴보를 심히 우려하며, '유아교육발전 5개년 기본 계획'을 수립하고 실행하는 전 과정에 엄마들의 참여를 제도적으로 보장하기 위해 김상곤 교육부총리와의 조속한 면담을 요청한다.

2017년 7월 26일
정치하는엄마들

「정치하는엄마들, 사립 유치원 집단 휴업 규탄한다」

아이들 볼모로 잡는 사립 유치원장들, 교육자라 할 수 없다
— 집단 휴업으로 스스로 교육자의 본령을 저버릴 셈인가?

　정치하는엄마들은 11일 전국 사립 유치원 원장들의 연합체인 한국유치원총연합회가 집단 휴업을 앞두고 대대적으로 개최한 집회를 지켜보며 처참한 기분을 감출 수 없었다.

　한유총은 이미 지난 7월, 서울시 교육청에서 열린 '제2차 유아교육발전 5개년 기본 계획 4차 세미나'를 무력행사를 통해 저지함으로써, 국공립 어린이집 40퍼센트 확대 등 유아 교육 공공성을 위한 정부의 움직임에 강력한 제동을 걸어 왔다. 당시 무력행사의 현장을 지켜본 정치하는엄마들은 과연 사립 유치원 원장들이 우리 아이들을 믿고 맡길 수 있는 존재인지부터 의심할 수밖에 없었다. 우리는 사립 유치원 원장들의 행태를 보면서, 이들이 유아 교육을 자신들의 비즈니스 대상으로만 여기고 있음을 확신했다.

　아니나 다를까, 이번에는 자신들이 사명감으로 가르치고 사랑으로 돌봐야 할 아이들을 볼모로 집단 휴업을 예고하고 있다. 이들은 정부의 재정 지원 확대와 국공립 유치원 증설 정책 폐기를 요구하며, 오는 18일 제1차 집단 휴업을 시행하고 이후 정부의 태도 변화가 없으면 25~29일 5일에 걸쳐 2차 집단 휴업을 강행하겠다고 밝혔다.

　한유총은 지난 8일 기자회견에서 "유치원에 다니는 어린이의 76퍼센트가 사립 교육을 받는데도 정부는 국공립 우선 정책"이라며 "공사립 구분 없이 모든 유아에게 학비를 똑같이 지원하라"고 밝혔다. 이들은 정부

재정 지원 확대를 요구하는 근거로 사립 유치원에 지급되는 정부 지원금이 국공립 유치원의 3분의 1 수준이라는 점을 주장하지만, 이는 사실과 다르다. 애초에 이들이 비교한 사립 유치원의 누리과정 지원 단가(29만 원)와 국공립 유치원의 정부 지원금(2014년 공시 기준 98만 원, 교사 인건비, 시설비, 운영비 등 포함)은 비교 대상이 못 된다. 스스로 기준으로 내세운 누리과정 명목의 지원 단가를 비교하자면 국공립은 11만 원으로, 오히려 사립 유치원의 3분의 1 수준이다. 사립 유치원에는 교사 및 원장, 원감에게 직접 지원되는 인건비 등 기타 지원 항목이 존재함에도, 아전인수 격인 주장을 위해 그 내용은 쏙 빼놓고 있다.

더군다나 회계 부정, 급식 및 간식 재료 횡령, 교재비 및 특성화 프로그램비 착복, 교육비의 사적 유용 등 사립 유치원의 부정부패를 말해주는 사건 사고가 하루가 멀다 하고 언론을 장식하고 있다. 이것이 과연 일부 몰지각한 사립 유치원만의 사례라 할 수 있는가? 사립 유치원 원장들은 불법 부당행위가 만연한 현실에는 눈감은 채, 사유재산권 보장을 이유로 회계감사 등 정부의 관리 감독을 거부하고 있다. 상황이 이런데도 국공립 유치원 확대를 막고 사립 유치원의 지원금 확대를 주장하는 것은, 결국 아이들을 돈벌이 수단으로만 생각하는 발상임을 자인하는 꼴이다.

이번 집단 휴업에는 전국 사립유치원 4천 1백여 곳 가운데 90퍼센트가량이 참여할 것이라고 한다. 그 피해는 사립 유치원에 아이를 보내는 부모는 물론이고, 재원 중인 아이들에게 고스란히 돌아갈 것이다. 사립 유치원의 집단 휴업 행동은 정부를 압박하려는 수준을 넘어서서, 선택권이 없는 부모들을 인질로 삼아 자신들이 원하는 것만을 관철하려는 협박의 행태와 크게 다르지 않다. 사립 유치원 원장들은 국공립 유치원이나 학부모들에 비해 상대적으로 강력한 이익단체의 정치력을 발판 삼아 정부의 유아 교육 정책을 좌지우지해왔다. 이 과정에서 우리는 사립 유치원이 국가의 유아 교육을 고민하거나 미래 세대를 위한 투자와 준비를 하는 교육자로서의 모습이 아닌, 사업자의 모습만을 드러냈다고 본다. 그들이 스스로 '110년 유아 교육·보육을 책임져왔다'는 자부심을 말할 자격이 있는지 묻고 싶다.

이번 사립 유치원 집단 휴업에 대해 정부는 이미 '불법 휴업'으로 못박고 제재를 요구하고 있다. 「유아교육법」 제31조에 따르면, 유치원은 관할청이 재해 등의 긴급한 사유로 정상적인 교육이 불가능하다고 인정하는 경우에 휴업을 할 수 있다. 그러나 사전에 유치원 운영위원회의 결정 없이 시·도교육청에 보고하지 않은 이번 집단 휴업은 행정 제재의 대상이라 볼 수 있다. 「유아교육법」 제30조는 관할청의 명령이나 유치원 규칙을 위반한 경우 해당 유치원에 시정 또는 변경 명령을 할 수 있으며, 이행하지 않는 유치원에는 정원 감축과 학급 감축 또는 유아 모집 정지나 차등적인 재정 지원 등의 조치를 취할 수 있도록 규정하고 있다.

정치하는엄마들은 전국 사립 유치원장들의 불법적인 집단 휴업과 조직적인 일탈 행위를 규탄하고, 다시는 이런 일이 발생하지 않도록 정부가 나서서 유아 교육·보육의 공공성 확보를 적극 요구하는 바이다. 이를 위해 우리는 다음과 같은 사항을 요구한다.

첫째, 정부는 유아 교육·보육의 질을 높이기 위해 기관의 공공성 확보 공약을 재천명하고, 사립 유치원 원장들에 의한 아이들과 부모들의 피해가 재발되지 않도록 근본적 대책을 마련하라. 이미 문재인 정부가 내세운 바 있는 국공립 유치원의 재원 아동 40퍼센트 확대 공약을 그대로 이행하라. 공약 이행을 위한 예산 및 인력 확보에 주력하고, 이를 지렛대 삼아 실효성 있는 사립 유치원 개혁에 박차를 가해야 할 것이다.

둘째, 유아 교육·보육 기관은 투명한 재무 회계 관리를 통해 공공성을 확보하라. 사립 유치원은 누리과정 지원금, 교사 인건비 등을 지원받고 있다. 따라서 예산 및 결산 내역을 부모와 일반 국민들에게 투명하게 공개해 신뢰를 회복해야 한다. 정부 또한 사립 기관에 대한 관리 감독 체계를 구축하는 등 사립 기관 투명성 향상을 위한 조치를 적극 마련해야 한다.

셋째, 유아 교육·보육 기관 운영과 관련한 정책 결정에 당사자인 부모와 아이들이 참여할 수 있는 제도적 장치를 마련하라. 특정 이해집단에 의해 유아 교육·보육 정책이 휘둘리는 동안, 그 피해는 고스란히 아이들과 부모들에게 돌아오고 있다. 정책 당사자인 아이들과 부모들이 유아 교육·보육 정책 입안 과정에 적극 참여할 수 있고, 개별 기관 운영에도 참여가 보장될 수 있도록 제도적 장치를 마련해야 한다. 또한 현재 운영되는 유치원 운영위원회를 더욱 의무화하고 실질적 권한을 부여함으로써, 유치원 원장에게만 집중된 권한을 분산시켜 부모와 아이들이 기관 운영의 중심에 서도록 해야 한다. 마지막으로 모든 부모들이 기관 운영에 참여하는 것을 의무화해, 노동자인 부모가 근로기준법 제10조에 따른 공민권公民權을 행사할 수 있도록 보장해야 한다.

2017년 9월 12일
정치하는엄마들

「대통령님 우리도 뗴쓰면 되는 겁니까?」

엄마들에게 발언권이 아닌 결정권을 달라!
— 유아 교육·보육 정상화를 위한 정치하는엄마들의 3대 요구
— 국공립 확대·사립 공공성 강화·당사자 참여 보장

최근 우리는 사립 유치원 원장들의 민낯을 보았다. 교육자가 아닌 비즈니스맨으로서, 그들의 진면목을 말이다. '과연 우리 아이들을 믿고 맡길 수 있는 사람들인가?'라는 의문이 들었다. 휴업을 '한다, 안 한다, 한다, 안 한다'를 반복한 것은 엄마들의 숨통을 쥐락펴락한 것이다. 무엇보다 한국유치원총연합회가 예고했던 불법 집단 휴업은 납득할 명분이 전혀 없었다. 한유총은 국공립 유치원 확대를 반대하고, 사립 유치원에 대한 회계감사 강화를 반대하면서, 동시에 국민 혈세로 나가는 유아학비 및 방과후 과정비는 올려달라고 생떼를 썼다. 그러면서 아이들과 엄마들을 인질로 삼다니. 우리는 결코 용서하지 않을 것이다.

그러나 '사립 유치원 집단 휴업 번복·재번복 사태'는 단지 원장들만의 잘못은 아니다. 결론부터 말하면 이것은 국가 정책의 실패다. 2016년 현재 유치원에 다니는 70만 명의 아이들 가운데 약 24퍼센트인 17만 명이 국공립 유치원에 다니고 있다. 어린이집의 경우 145만 명 가운데 약 12퍼센트인 17만 6천명이 국공립 어린이집에 다니고 있다. 대한민국 정부는 유아 교육과 보육이라는 국가의 역할을 민간, 즉 시장에 떠넘겨왔고, 그 결과 오늘의 대혼란을 야기했다. 이번 집단 휴업 번복 사태의 일차적인 책임은 유아 교육을 가지고 장사를 할 수 있도록 허용한 정부에 있다. 전국 4천 291개 사립 유치원의 원장들은 애초에 돈이 되니까 유치

원 사업을 시작한 사람들이고, 비즈니스맨일 수밖에 없는 것이다.

다행히 새 정부의 수장인 문재인 대통령은 임기 내에 국공립 유치원과 어린이집을 이용 아동 수 기준 40퍼센트까지 올리겠다고 공약한 바 있다. 과거 정부들에 비해 매우 전향적인 태도에 엄마들은 지지를 보낸다. 하지만 이는 지극히 상식적이고 온건한 공약일 뿐이다. 유아 교육·보육 선진국에 비하면 아직 턱없이 부족한 목표치이기 때문에 우리는 국공립 확대 공약의 조기 달성·추가 달성을 촉구한다. 또한 국공립을 40퍼센트로 끌어올려도 나머지 60퍼센트는 여전히 사립 유치원·어린이집이기 때문에, 정부는 사립 기관의 공공성 강화 방안을 적극적으로 모색해야 한다. '국공립 확대와 사립 공공성 강화'는 망가진 유아 교육·보육 제도를 바로잡기 위한 좌우의 날개이다. 어느 한쪽이라도 접거나 잘라서는 날 수 없을 것이다.

지난 2월 정부합동 부패척결추진단이 대규모 사립 기관 95곳에 대한 종합 점검을 실시한 결과 사립 유치원 55곳 중 54곳에서 위반 사항 398건, 부당사용 금액 182억 원이 적발되었다. 위반 사례를 보면 친인척 해외여행 경비, 자녀 학비, 노래방·유흥주점 등 기관 운영비를 개인 쌈짓돈으로 사용하는 낯 뜨거운 내용이 대부분이었다. 이에 정부가 내놓은 공공성 강화 방안은 ▲「재무회계규칙」 개정을 통해 운영자금의 출처와 사용처를 명확히 하고 ▲ 회계관리전산시스템, 인사관리시스템, 입학관리시스템을 도입해서 운영 정보를 투명하게 공개하는 것, 즉 국공립 유치원처럼 운영하라는 것이다. 그러나 한유총은 이를 거부하고 결국 집단 휴업을 예고하기에 이르렀다. 지원금을 끊어도 모자랄 판에 지원금을 더 달라고 생떼를 쓰는 모습을 똑똑히 보았다. 이제 세상은 바뀌었고, 사립 유치원도 생존을 위해서는 변화에 적응해야 할 것이다. 과거를 고집하는 사립 유치원이 가장 먼저 도태될 테니까 말이다.

이제 한유총보다 더 걱정되는 것은 1차 휴업 철회 직전 한유총과 졸속 합의한 교육부다. 언론 보도를 통해 교육부가 「재무회계규칙」 개정 연기, 국공립 확대 목표 축소, 지원금 인상 등 한유총의 요구를 일부 수용했다는 소식을 접하고 엄마들은 좌절했다. 원장들의 떼쓰기가 먹힐 줄은 몰랐고, 그런 결정을 내리는 과정에 아이들과 엄마들과 평교사들의 목소리는 전혀 반영되지 않았다는 게 서글펐다. 그 점에 있어서는 새 정부도 과거 정부들과 다를 바가 없어 보였다. 엄마들은 원장들처럼 수백, 수천 명이 한날한시에 모여 무력행사를 할 수 없다. 대한민국 엄마들은 육아에 치이고 일에 치여 살기 때문이다. 그러나 정부와 정치권은 안철수 전 대선 후보의 단설 유치원 신설 자제 발언의 후폭풍을 상기하기 바란다. 엄마들은 유권자다. 이제 엄마들은 표로 심판한다.

문재인 정부는 '국공립 확대·사립 공공성 강화'와 동시에 유아 교육·보육 정책 결정에 '당사자의 참여를 보장'하는 제도적 장치를 마련해야 한다. 또한 개별 기관 운영에 있어서도 당사자의 참여를 보장해주기 바란다. 아이들과 부모들과 평교사들이 모두 행복한 유아 교육 현장을 만들기 위해서, 우리에게 발언권 아닌 결정권을 달라!

2017년 9월 18일
정치하는엄마들

「국공립 40퍼센트 대신 아동수당? 스튜핏! 비리 유치원 감싸기, 베리베리 스튜핏!」

– 정치하는엄마들, 30일 기자회견 '비리 유치원 공개 및 엄벌' 촉구
– 아동수당 예산 1조 1천억, 국공립 어린이집 확충 713억? 공공성 강화가 먼저다!
– 한유총 감싸기, 비리 유치원 명단 비공개하는 국무조정실·경기도 교육청 규탄한다!

국공립 40퍼센트 공약 차질 없이 이행하라!
공공성 강화 없는 아동수당은 재정 낭비다!
비리 유치원 명단 공개하고 투명성 강화하라!

어제는 온라인 유치원 선발 시스템인 '처음학교로'를 통해 2018학년도 일반 유치원 입학생을 선발하는 날이었다. 유아 교육의 공공성과 투명성을 바닥을 치는 가운데 아이를 좋은 유치원에 보내는 일이 로또 당첨에 비견되는 것이 대한민국의 현실이다.

유치원 입학을 위해 부모는 연차를 내고 할머니, 할아버지, 이모, 삼촌까지 온 가족이 동원되어 추첨에 나서야 하는 고충을 해소하고자, 정부가 도입한 '처음학교로'가 올해부터 사립 유치원에 확장됐다. 그러나 '처음학교로'에 참여하는 유치원 수가 절반에 지나지 않아 올해도 유치원 대란이 불가피한 실정이다. 국공립 유치원은 100퍼센트 참여하지만, 사립 유치원의 참여율이 불과 2.7퍼센트에 그쳤기 때문이다. 전국 유치원 47.4퍼센트(취원율 75퍼센트)를 차지하는 사립 유치원 4천 282곳 가운데 115곳만이 '처음학교로'를 통해 신입 원아를 받고 있다. 대한민국 부모들이 겪는 고충을 외면하고 '처음학교로'에 참여하지 않은 전국 4

천 167개소의 사립 유치원 원장들에게 유감을 표한다.

사립 유치원 원장들의 이익집단인 한국유치원총연합회는 지난 9일 국회에서 '2018년 누리과정 예산 확보'를 주제로 기자회견과 정책 토론회를 개최하고, 학부모 부담을 줄이기 위해 현재 22만 원인 누리과정 지원금을 최소 3만 원 이상 올려달라고 주장했다. 한유총은 학부모들이 국공립 유치원을 선호하는 이유가 단지 비용 때문이라고 주장하며, 정부의 국공립 확충 공약을 반대하고 사립 유치원에 대한 관리 감독 강화를 거부하지만 이는 사실과 다르다. 학부모들이 국공립 유치원을 선호하는 이유는 단지 교육비 때문이 아니다. 사립 유치원의 불투명한 회계와 일상적인 비리는 물론이고, 툭하면 아이들을 볼모로 삼아 집단 휴업 카드를 들이밀며 부모들을 겁박하는 작태까지! 교육자임을 포기하고 학부모의 불신을 자초한 것은 사립 유치원 자신이다.

이 와중에 정부마저 부모들에게 실망감을 안겨주고 있다. 정치하는엄마들이 2018년 예산안을 분석한 결과 문재인 정부 임기 내 국공립 40퍼센트 공약 이행이 불투명하고, 차질이 불가피하기 때문이다. 교육부 유아교육정책과에 확인한 결과, 내년도 국공립 유치원 신·증설을 위한 지방재정교부금 1천 287억 원이 편성돼 있으며, 이는 현재 25퍼센트인 국공립 유치원 취원율을 불과 3퍼센트 높일 수 있는 액수에 불과하다. 또한 보건복지부 공공보육팀에 문의한 결과, 정부는 내년에 714억 원을 들여 국공립 어린이집을 452개소 확충할 계획이라고 한다. 2016년도 전국 어린이집 재원 아동 수(약 140만 명)를 기준으로 국공립 어린이집 취원율 40퍼센트(약 58만 명)를 달성하려면, 문재인 정부 임기 5년간 매년 8만 명을 늘려야 한다. 즉, 452개소 확충안은 예상 목표치의 절반 수준인 것이다. 이 속도로는 국공립 취원율 40퍼센트 공약 이행이 불가능하다.

반면 내년에 처음 도입되는 아동수당에 편성된 금액은 1조 1천억 원에 달한다. 장시간 저임금 노동이 만연한 현실에서 월 10만 원의 수당도 절실하겠지만, 공공성 확보 없는 수당 도입은 결국 유아 교육·보육 시장만 배불리는 결과를 낳을 것이다. 매년 유치원 대란을 겪는 학부모들에게는 아동수당 예산을 줄여서 국공립 확충 및 보육교사 처우 개선에 우선 투입하는 것이 더 절실하다. 정부가 아동수당으로 생색은 내고, 공공성 및 투명성 강화는 포기하는 게 아닌지 의문이다.

게다가 정부는 아직 국공립 40퍼센트 공약 달성을 위한 세부 계획을 제시하지 않고 있다. 지난 7월 한유총은 물리력을 동원해 '유아교육발전 5개년 기본 계획 세미나'를 무산시키는 등 정부의 유아 교육 공공성 강화 정책에 대놓고 훼방을 놓은 바 있다. 정부의 공약 이행 의지가 약화되는 것이 한유총의 압박에 의한 건 아닌지 의심스럽다. 일부 국회의원조차 한유총의 편에서 누리과정 지원금 인상 기자회견과 국회 토론회를 개최하는 데 협조하고 있다. 지난 대선 기간 안철수 전 후보의 단설 유치원 자제 발언이 초래한 파장을 기억하기 바란다. 내년 지방선거를 앞두고 정부 여당과 국회가 한유총과 부적절한 밀월관계를 맺지는 않는지 학부모들이 지켜보고 있음을 명심하기 바란다.

또한 정부는 겉으로 아동수당을 도입하고 속으로는 한유총 감싸기에 급급한 이율배반적 행태를 당장 그만두기 바란다. 지난 2월 정부합동 부패척결추진단(국무조정실 총괄)은 대형 사립 유치원·어린이집 95곳을 점검한 결과, 91개 시설에서 609건의 위반 사항과 205억 원의 부당 사용금액이 적발됐다고 발표했다. 또한 지난 9월 경기도 교육청이 발표한 '2017년 상반기 사립 유치원 특정 감사 결과'에 따르면 21개 감사 대상 유치원에서 152건의 부정회계와 부당사용금액 28억 3천만 원, 탈세·탈루 의혹 금액 85억 6천만 원이 적발된 바 있다.

이에 정치하는엄마들은 학부모의 알 권리 보장과 사립 유치원·어린이집 투명성 강화를 위해 적발된 비리 유치원의 명단 공개를 요청했고, 국무조정실과 경기도 교육청에 정보공개 청구를 실시했다. 그 결과 국무조정실과 경기도 교육청 양측으로부터 비리 유치원 명단을 밝힐 수 없다는 공식적인 답변을 들었다. 내 아이가 다니는 유치원이 비리 유치원인지 아닌지도 알 수 없는 상황에서 한유총의 지원금 인상 요구를 지켜봐야 하는 학부모들은 분노하지 않을 수 없다. 이 상태로는 아동수당 월 10만 원이 비리 유치원 원장 계좌로 고스란히 들어갈 판이다. 과연 정부는 누구를 위해, 무엇을 위해 비리 유치원 명단을 감추는 것인지 묻고 싶다.

정치하는엄마들은 다음과 같이 요구한다.

첫째, 대통령 임기 내 국공립 유치원·어린이집 취원율 40퍼센트 공약 달성을 위한 연도별 이행 계획을 공개하라.

둘째, 정부 및 교육청 감사에서 적발된 비리 유치원·어린이집의 명단을 즉각 공개하고 엄중 처벌하라.

셋째, 아동수당 예산을 줄이고 국공립 확충 및 보육교사 처우 개선, 아동 대 교사 비율 제고에 국가 재정을 우선 투입하라.

2017년 11월 30일
정치하는엄마들

「크리스마스에는 무기 모방 장난감 말고 평화를 선물하세요」

– 무기 모방 장난감은 아이들이 폭력을 자연스럽게 수용하게 되는 매개체
– 편 가르고 싸우는 문화보다 평화롭게 공존하는 방법을 아이들과 함께 배워야

"크리스마스에는 무기 장난감 말고 평화를 선물하세요!"

왜 우리는 나와 다른 사람을 쉽게 '없애야 할 적'으로 구분 짓고 적대감을 표출하는 사회에 살고 있는가?

정치하는엄마들의 폭력에 대한 문제의식은 아이들 장난감에서부터 시작한다. '고작' 작은 장난감을 들고서 어느새 다른 존재에게 해코지하려는 아이를 통해 우리는 비로소 의심하게 된다. 아이가 보는 우리는 어떤 존재인가? 우리가 사는 사회는 어떠한가?

자기반성 없는 국가 권력을 의심할 기회조차 주지 않았던 교육과 사회가 지향하는 국가주의, 군사주의는 우리 일상에 아주 촘촘히 스며들어 있다. 정치권은 분단국가라는 특수성을 들며 군사주의를 옹호하고, 문화계는 영화, 애니메이션, TV 프로그램 등 각종 미디어를 통해 반성 없는 폭력의 정당성을 공고히 하고 있다. 또한 자본은 게임이나 놀잇감으로 군사주의 캐릭터들을 상품화하여 폭력을 즐기고 소비하도록 한다. 가정과 학교는 물론 사회 곳곳에 폭력이 흐르는 일상을 살아내고 있는 우리와 아이들 손에 총과 칼이 놀잇감으로 쥐어지게 된 것은 결코 우연이 아니다.

미비한 안전 검증으로 유통되고 있는 무기 모방 장난감은 물리적으로 굉장히 위험한 경우가 많다. 아이들이 장난감을 사람이나 동물에게 조

준하여 일어나는 사건 사고가 빈번하다. 무엇보다 이러한 장난감들은 아이들의 심리 발달에 악영향을 미친다. 아동기 무기 장난감에서 청소년기 살상 게임으로 자연스럽게 연결되는 소비 구조는, 자신과 다른 존재를 처음부터 적대적 관계로 상정하여, 자신에게 가해지는 억압에 대한 무력감, 분노를 타자에게 폭력적으로 표출하도록 한다. 사회는 무기 모방 장난감으로 발생한 사고 책임 대부분을 아이와 양육자에게 지우지만 우리는 되묻는다. 누가 우리들 손에 무기 장난감을 쥐어주었는가?

지난 2017년 6월 3일, 국가인권위원회는 아동 대상 총기 체험은 아동이 평화와 관용의 가치 대신 폭력과 적대감을 경험하게 한 것으로 보았다. 유엔 아동권리협약 제3조 「아동 최선의 이익의 원칙」 및 제29조 「이해, 평화, 관용과 우정의 정신에 입각한 아동 교육」 규정 등의 취지에 반하는 것으로, 향후 아동을 대상으로 총기 체험 행사는 하지 않는 것이 바람직하다고 판단했다. 아이들이 다른 생명을 해칠 수 있는 자신의 힘을 경계하고 다스리도록 하는 것이 아닌, 적대감으로 발산하도록 유도하는 것은 명백한 아동인권 침해이다. 점점 늘어나고 있는 아동 학대 및 학교폭력 문제는 폭력을 정당화하고 무감각하게 만든 사회, 교육 분위기와도 결을 같이한다.

정치하는엄마들은 무기 모방 장난감을 그저 한낱 놀잇감으로 치부하며 폭력을 방치하고, 소비를 조장하는 기성 사회에 문제를 제기한다. 우리는 어른들을 통하여 자기 세계를 만들어가고 있는 아이들의 세상이, 해쳐야 할 적이 아닌 더불어 사는 이웃들로 가득한 평화로운 곳이기를 간절히 바란다.

우리는 앞으로 1) 무기 모방 장난감의 사회적 의미를 재정의하고 2) 가정은 물론 교육·보육 기관에서 사라지도록 관계 부처에 요구하며 3) 백화점 및 대형 유통점에서 판매하지 않도록 하는 협약 체결을 추진할 계획이다. 이에 오늘 정치하는엄마들은 크리스마스를 맞이하여 여러분과 함께 무기 모방 장난감을 없애는 「무기 장난감, 안녕!」 운동을 선포한다.

무기 장난감 선물하지 마세요! 크리스마스엔 평화를 선물하세요!

2017년 12월 21일
정치하는엄마들

「18년생 김지영에게 경력단절·독박육아 말고 '성평등 헌법'을!」

우리는 '18년생 김지영'에게 독박육아·경력단절이 아닌 '성평등 헌법'을 줄 것이다!

□ 1987년 6월 민주항쟁을 통해 대한민국 헌법이 바뀐 지 30년이 지났다. 87년 체제의 한계는 사회 전역에서 지적된 지 오래다. 1997년 IMF 외환위기 직후 무분별하게 도입된 비정규직 차별 문제, 2013년 초 남양유업 사태로 대두된 대기업 갑질 문제, 이명박 정권이 특권학교(특목고·자사고)를 양산함으로써 심화된 교육양극화, 최근의 미투운동으로 드러난 성폭력의 일상화 등 민주적인 사회를 건설하기 위해 우리가 극복해야할 적폐는 산더미다. 그와 더불어 87년 체제는 '82년생 김지영'의 삶을 조금도 바꾸지 못했다. 오늘 우리가 10차 개헌에 요구하는 것은 성평등-복지국가의 가치를 헌법에 명시함으로써 우리 자신이 아닌 우리 아이들, 즉 '18년생 김지영'의 미래를 바꿔야 하기 때문이다.

□ 새 헌법이 개별 법률에 반영되고, 이를 바탕으로 새로운 제도와 정책이 시행되고 자리 잡는 데 수십 년이 걸릴 것이다. 즉 10차 개헌은 '82년생 김지영'이 아닌 '18년생 김지영'을 위한 개헌인 것이다. 최근 금융감독원 조사를 통해 KEB하나은행과 KB국민은행의 성차별 채용비리가 밝혀졌고, 지난해 말에는 구미의 한 새마을금고가 여성 직원을 결혼과 동시에 퇴사시킨 사건이 폭로되었다. 대형병원에 만연한 '임신순번제'도 더 이상 놀라운 뉴스가 아니다. 기혼 여성, 특히 엄마

노동자에 대한 차별은 사건도 사고도 아닌 대한민국 모든 여성의 공동 운명일 뿐이다.

□ 한국보건사회연구원에 따르면 첫째 자녀 출산 시 경력단절 비율은 공무원 11.2퍼센트, 민간 기업 종사자 49.8퍼센트, 비정규직 71.1퍼센트에 달한다. 즉 여성 노동자 2명 중 1명은 출산과 동시에 직장을 그만두고 있다. 공무원의 경력단절 비율과 비교하면 여성 노동자의 대다수가 비자발적 퇴사, 즉 사회적인 부당해고에 직면한다는 뜻이다. 87년 체제는 여성의 일할 권리, 직업 선택의 자유, 모성권과 아동권 어느 하나 보장하지 못했다. 육아휴직도 마찬가지다. 첫째 자녀 출산 시 육아휴직 사용률은 공무원 75퍼센트, 민간 기업 종사자 34.5퍼센트, 비정규직 1.9퍼센트로 엄마의 직업에 따라 아이들의 돌봄받을 권리가 태어나면서부터 극심한 차별 상태에 놓이고 있다. 대한민국이 세계 최저의 초저출산율 국가가 된 것은 당연한 결과다.

□ 87년 체제가 대한민국 여성의 교육권을 보장했는지는 몰라도, 여성의 노동권을 지키지는 못했다. 2009년 여성의 대학 진학률이 처음으로 남성을 앞지른 이후 2015년까지 그 격차는 점점 벌어졌다(남성 67.3퍼센트, 여성 74.6퍼센트). 반면 2017년 12월 현재 성 · 연령별 고용률을 보면 20대에서는 55.8퍼센트 대 59.9퍼센트로 여성이 앞서고 있으나, 30대에서는 남성 90.3퍼센트 대 여성 59.2퍼센트, 40대에서는 남성 92.6퍼센트 대 여성 65.6퍼센트로 여성 노동자가 일과 육아를 병행할 수 없는 사회 구조가 통계수치로 여실히 드러나고 있다. 교육권과 노동권 사이의 간극이 벌어질수록 혼인율과 출산율은 자연히 떨어질 수밖에 없다. 지금처럼 정치권이 '출산율' 자체에 매몰되어 있으면 저출산 현상은 심화될 것이다. 아이를 낳고 기르는 사람과 태

어나고 자라는 사람의 인권, 그리고 그들의 삶의 질을 제고하지 않으면 우리 사회는 한 발짝도 나아가지 못할 것이다. 여성에 대한 경제적 차별이 '맘충' 논란이나 미투운동으로 드러나고 있는 사회적 차별과 혐오 현상으로 직결되고 있음은 말할 것도 없다.

□ 헌법 개정안이 국회에서 의결되려면 재적의원 3분의 2 이상의 찬성이 필요하다. 현재 국회 재적인원 293명 가운데 196명이 찬성해야만 6월 개헌이 가능하다는 뜻이다. 반면 개헌 저지선은 98석이다. 의석수 116석을 확보하고 있는 자유한국당이 어제(10일) '사회주의 개헌·정책 저지 투쟁본부(공동위원장 김무성·김문수·이재오)'를 가동하고 장내·외 결사투쟁을 선언한 것이 한낱 정치 쇼에 불과한 까닭이다. 정상적인 국회 일정에 따라 개헌안을 심의·부결시켜도 될 것을 지난 3월 26일 발의된 대통령 개헌안에 대해 '독재 개헌', '관제 개헌'이라 하더니 급기야 '사회주의 개헌'이라는 궤변으로 속 보이는 선거운동을 하고 있다. 더불어민주당 국회의원 평균 재산이 55억 원으로 자유한국당(43억)보다 많은데, 생산수단 및 토지 국유화가 될 말인가.

□ 우리는 대통령 개헌안에 대한 아쉬움을 가지고 국회의 개헌 논의를 고대하고 있다. 대통령 개헌안의 성평등 조항이나 아동권 조항은 지난 1월 발표된 국회헌법개정특별위원회 자문위원회 안보다 후퇴해 있기 때문이다. 자문위 안은 '제15조 제1항 국가는 고용, 노동, 복지, 재정 등 모든 영역에서 성평등을 보장한다. 제15조 제2항 국가는 선출직·임명직 공직 진출에 있어 남녀의 동등한 참여를 촉진하고, 직업적·사회적 지위에 동등하게 접근할 기회를 보장한다' 등 성평등 가치를 강화하고 구체화하고 있다. 반면 대통령 안은 '제33조 제5항

모든 국민은 고용·임금 및 그 밖의 노동 조건에서 임신·출산·육아 등으로 부당하게 차별을 받지 않으며, 국가는 이를 위해 여성의 노동을 보호하는 정책을 시행해야 한다. 제33조 제6항 연소자의 노동은 특별한 보호를 받는다'고 되어 있다. 즉 여성의 노동권을 연소자와 마찬가지로 보호의 대상으로 명시함으로써 87년 체제에서 크게 나아가지 못하는 한계를 안고 있다.

□ 또한 자문위 안은 아동권을 별도 조항으로 신설하여 '제16조 제1항 아동은 자신의 행복을 위하여 보호를 받을 권리가 있으며, 아동과 관련한 모든 공적·사적 조치는 아동의 이익을 우선적으로 고려하여야 한다. 제16조 제2항 아동은 독립된 인격체로 존중받고, 자유롭게 의사를 표현하며, 자신에게 영향을 주는 결정에 참여할 권리를 가진다. 제16조 제3항 아동은 차별받지 아니하며, 부모와 가족 그리고 사회 공동체 및 국가의 보살핌을 받을 권리를 가진다. 제16조 제4항 아동은 모든 형태의 학대와 방임, 폭력과 착취로부터 보호받으며 적절한 휴식과 여가를 누릴 권리를 가진다'고 제안하고 있다. 이는 아동이 부양이나 복지의 대상일 뿐만 아니라, 성인과 마찬가지로 주권자이며 독립된 인격체라는 점을 헌법에 명시한 것이다. 그러나 대통령안은 '제36조 제1항 어린이와 청소년은 독립된 인격주체로서 존중과 보호를 받을 권리를 가진다'라고 하는 데 그치고 있다.

□ 기본권 개헌은 립서비스가 아니다. 우리는 ▲ 성평등 개헌 ▲ 복지국가 개헌 ▲ 아동권과 돌봄권(돌봄받을 권리)을 헌법에 명시할 것을 요구한다. 가사노동·육아노동·간병노동과 같은 돌봄과 살림의 책임을 개인에게 전가하지 않고 국가가 함께 책임진다는 복지국가의 가치를 헌법에 명시하고, 특히 가족 구성원 중에서도 '엄마'에게 그 책

임이 전가되지 않도록 성평등 개헌을 해야 한다. 우리는 '18년생 김지영'이 독박육아와 경력단절을 겪지 않는 10차 개헌이 되도록 목소리를 낼 것이다. 우리는 아동의 주권과 행복추구권과 놀 권리와 생명권과 안전권, 그리고 직업 선택의 자유를 보장하는 10차 개헌으로 '18년생 김지영'이 더욱 행복하고 자유롭고 주체적인 삶을 살 수 있도록 싸울 것이다. 결사투쟁을 해야 할 사람은 자유한국당이 아니라 이 땅의 엄마들, 대한민국의 여성들이다.

□ 이 사회가 인정하지 않더라도 '엄마'는 세상에서 가장 멋진 직업이고, 가장 가치 있는 일이다. 그래서 우리는 누구보다 멋지다. 우리는 엄마라서 행복하다. 하지만 지금부터 세상이 바뀌지 않는다면 나는 내 아이들에게 부모가 되라고 말할 수 없을 것 같다. 그래서 오늘 우리는 선언한다. 정치하는엄마들은 6월 국민투표로 미래 세대에게 성평등-복지국가 헌법을 줄 것이다!

2018년 4월 11일
정치하는엄마들

1부 우리는 왜 정치하는엄마들이 되었나

정치하는엄마들의 탄생

1) 정치하는엄마들 창립을 준비한 준비위원회의 오프라인 실무 모임은 두 달
간 총 5회가 열렸다. 모임에는 남궁수진, 이고은, 이지혜, 이한나, 임아영,
장하나, 조성실 등(가나다 순)이 참석했다.

언니들의 민주주의

2) 이후부터는 정치하는엄마들 회원에 대한 호칭을 모두 '언니'로 통일한다.

2부 정치하는엄마들이 세상에 던지는 질문들

보육: 아이답게 자랄 수 있는 권리

3) 유아 교육과 유아 보육을 통칭해 보육 정책으로 분류하기로 한다.

4) 서울 종로구 서울시 교육청 학교보건진흥원에서 오후 세 시 개최 예정이었
던 '제2차 유아교육발전 5개년(2018~2022년) 기본 계획' 수립을 위한 제
4차 세미나는 한유총 회원 500여 명(경찰 측 추산)에 의해 행사장 입구가
점거돼 무산되었다.

5) 4일 전인 2017년 7월 21일, 대전에서 개최된 제3차 세미나 역시 한유총 관
계자들의 점거와 고성 농성으로 개회 10분 만에 종료되었다.

6) 2017년 4월 11일, 한국유치원총연합회가 주최한 '2017 사립 유치원 유아
교육자 대회'에 참석한 안철수 후보는 "유치원 과정에 대해서는 대형 단설
유치원에 대해서는 자제하고, 지금 현재 사립 유치원에 대해서는 독립 운

영을 보장하고, 시설 특성과 그에 따른 운영 인정할 겁니다"라며 대형 단설 유치원 신설 자제 발언을 했다가 지지율에 타격을 입었다. 문재인 대통령 과 오차 범위 내에서 접전을 벌이던 안 후보의 지지율은 4월 11일 발언 이 후 하락세를 보였는데, 그중에서도 여성 유권자들의 지지율이 해당 발언을 전후로 10퍼센트포인트가량 벌어지면서 젊은 엄마 그룹이 양강 구도에 균 열을 만들었다는 분석도 이어졌다. 국민의당 대선평가위원회 역시 「19대 대통령 선거 평가 보고서」를 통해 '유치원 공약'을 최악의 공약으로 꼽기도 했다.

7) 정치하는엄마들은 창립총회 당시 보육 관련 5대 과제로 정책 설계 및 집행 과정에 부모 참여 의무화, 아동가족복지 지출 예산 GDP 대비 3퍼센트 수 준으로 증액, 보육 바우처 누수가 없도록 보육 기관 관리·감독 강화, 보육 기관 정보 공개 및 경영 투명화, 유·보 통합 5년 로드맵 제시를 요구했다.

8) 만 3~5세 유아에게 공통적으로 제공하는 보육·교육 과정이다.

9) 2013년 기준 OECD 회원국 평균 공립 유치원 대 사립 유치원 비율은 각각 68.6퍼센트, 31.4퍼센트다. 반면 한국의 경우 2016학년도 교육 통계 연보 기준 전국 평균 국공립 유치원 취원율은 24.2퍼센트에 불과하다.

10) 2017년 고용 동향에 따르면 대한민국의 노동시간은 OECD 국가 중 두 번째다.

11) OECD 주요국의 GDP 대비 가족 지출 비율과 비교하기 위해 2013년 자 료를 기준으로 기술했다.

12) 2013년 8월 발표된 국가인권위원회의 「보육교사 인권 상황 실태 조사」 및 2012년 국공립 보육교사 인건비 지급 기준 참고.

13) 2016년 2월, 보건복지부는 「2016년 보육 사업 안내」 지침을 통해 각 시· 도지사가 어린이집 원아 수 기준(반별 정원)을 총정원의 범위 내에서 탄 력적으로 편성할 수 있도록 허용했다.

14) 2012년 「영유아보육법 시행령」 개정안을 통해 어린이집 학부모 참여 운

영위원회 설치가 의무화되었지만 형식적 설치에 불과한 경우가 많다.

교육: 상생하는 미래를 위한 투자

15) 2001년 도입된 자립형 사립고는 정부 보조금 없이 학생 선발과 교육비 책정, 교육 과정 운영을 학교 자체적으로 책임진다. 민족사관 고등학교, 광양 제철 고등학교, 포항 제철 고등학교 등이 대표적 사례다. 2007년 대선 후보였던 이명박 전 대통령은 자립형 사립고 개념과 큰 차이는 없지만 설립과 운영의 자율성을 더욱 강화한다는 의미에서 '자율형 사립고'란 용어를 택했다.

16) 점, 선, 면, 입체로 구성된 조각을 이용하여 다양한 모양을 만들어보는 놀이 교구. 놀이를 통해 자연스럽게 숫자, 언어, 과학 등의 개념을 익힐 수 있다고 광고되고 있다.

17) 어미 돼지가 새끼를 데리고 다니듯 주로 학원가에서 다른 엄마들을 거느리고 다니는 엄마를 가리킨다. 뜨거운 교육열로 자식을 대학 입시에 성공시키기 위해 사교육에 대한 투자를 아끼지 않는 엄마들을 일컫는다.

공동체: 연대의 힘

18) 치마만다 응고지 아디치에는 『엄마는 페미니스트』에서 페미니즘의 첫 번째 전제를 "나도 똑같이 중요하다"라고 꼽은 바 있다.

19) 건강보험 가입 임산부를 위한 임신·출산 진료비 지원 바우처다. '고운맘 카드'는 2015년 5월 1일부터 '국민행복카드'로 통합되었다. 2018년 3월 기준, 단태아의 경우 50만 원, 다태아의 경우 90만 원이 국민행복카드(체크카드 또는 신용카드)로 지급된다.

20) 관련 정책 정보 및 전문가 정보를 포함한다.

21) 문화적 다양성, 정부의 지역 사회 및 가족서비스에 대한 관점, 부모를 위한 재정적·물적 지원 서비스 등이다.

22) 2017년 10월 19일, 「2017 국제 인구 콘퍼런스」(보건복지부, 한국보건사
회연구원, OECD, UNFPA 공동 주최).

23) 이전과는 다른 상태로 나아가는 이행의 과정을 설명하기 위한 사회학적
개념이다.

24) 2018년 2월 22일, 유엔 여성차별철폐위원회(CEDAW)는 정현백 여성가
족부 장관을 포함한 관계 8개 부처 관계자들과의 회의에서 대한민국의 성
별 임금 격차를 혹평한 바 있다.

25) 마을 단위의 소규모 공동체를 회복시켜 정치·경제·문화 등 다양한 분야
의 지역 현안을 주민 스스로 해결하는 것을 지원하는 사업이다. 서울시의
경우 서울시지원사업(공동육아 활성화 사업·공동주택 공동체 활성화 사
업·부모 커뮤니티 활성화 사업 등)·서울마을센터지원사업(찾아가는 동
주민센터 마을 계획 사업·마을과 학교 연계 사업 상생지원 등)과 같이 각
자치구에서 지원 사업을 진행 중이다.

정치하는 엄마가 이긴다

1판 1쇄 펴냄 | 2018년 5월 21일

지은이 | 정치하는엄마들
발행인 | 김병준
편 집 | 한의영
디자인 | 김은영·이순연
일러스트 | 강미정
발행처 | 생각의힘

등록 | 2011. 10. 27. 제406-2011-000127호
주소 | 경기도 파주시 회동길 37-42 파주출판도시
전화 | 031-955-1318(편집), 031-955-1321(영업)
팩스 | 031-955-1322
전자우편 | tpbook1@tpbook.co.kr
홈페이지 | www.tpbook.co.kr

ISBN 979-11-85585-52-9 03330

이 도서의 국립중앙도서관 출판시도서목록(CIP)은
서지정보유통지원시스템 홈페이지(http://seoji.nl.go.kr)와
국가자료공동목록시스템(http://www.nl.go.kr/kolisnet)에서
이용하실 수 있습니다.(CIP제어번호: CIP 2018014239)